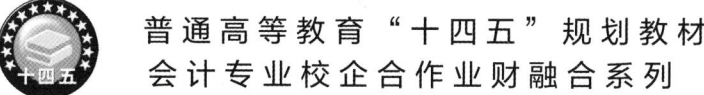

普通高等教育"十四五"规划教材
会计专业校企合作业财融合系列

税法实务

（第三版）

高玉莲　聂秀萍 / 主　编
张亚珍　利　雅　黄　璐 / 副主编

图书在版编目(CIP)数据

税法实务 / 高玉莲，聂秀萍主编．—3版．—上海：立信会计出版社，2023.10
 ISBN 978-7-5429-7419-8

Ⅰ．①税… Ⅱ．①高… ②聂… Ⅲ．①税法－中国 Ⅳ．①D922.22

中国国家版本馆CIP数据核字(2023)第152693号

策划编辑　王悠然
责任编辑　郭　光
助理编辑　王悠然
美术编辑　吴博闻

税法实务(第三版)

SHUIFA SHIWU

出版发行	立信会计出版社	
地　　址	上海市中山西路2230号　邮政编码　200235	
电　　话	(021)64411389　传　真　(021)64411325	
网　　址	www.lixinaph.com　电子邮箱　lixinaph2019@126.com	
网上书店	http://lixin.jd.com　http://lxkjcbs.tmall.com	
经　　销	各地新华书店	
印　　刷	上海盛通时代印刷有限公司	
开　　本	787毫米×1092毫米　1/16	
印　　张	17.25	
字　　数	398千字	
版　　次	2023年10月第3版	
印　　次	2023年10月第1次	
书　　号	ISBN 978-7-5429-7419-8/D	
定　　价	49.00元	

如有印订差错，请与本社联系调换

第三版前言

税法课程是经管类专业的必修课程。近年来,国家进行了一系列重大的税制改革,税收政策的变化及企业对税务工作的重视,对税法课程提出了新的要求和挑战。

优化教材是深化教育教学改革的重要途径之一,并在一定意义上起着先导作用。本教材以我国最新的税收法律、法规为主要依据,系统地介绍了税法基本理论与实务,并按照税法体系和税种进行了详细分析和阐述,具有系统性、全面性的特点。本教材不仅可以作为高等学校经管类、法学类专业学生的相关教材,亦可作为在职财会人员、税务人员等的学习参考用书。

根据建设"数字中国"的战略决策,我国正在经历从"以票管税"到"以数治税"的华丽转身。本次修订对增值税法、消费税法、企业所得税法等内容进行细化,使之贴近实务。同时,因为个人所得税法、印花税法有所调整,个人所得税综合所得汇算清缴、印花税征收管理等内容也依据最新的税收法律、法规进行了修订。

与同类教材相比,本教材具有以下几个特点。

1. 融入思政元素

本教材吸收了最新的税法理论和税收法律、法规内容,体现了我国税制改革的最新动态,与时俱进,内容新颖,适时融入思政元素。本教材每章都以案例做引导,章后附知识拓展,有利于学生理解知识背后的原理,在一定程度上提高学生学习的积极性。同时,激发学生爱岗敬业的工作态度,增强学生对工作岗位的自我认同感和职业道德素养。

2. 教材结构科学合理

在基本框架上,本教材分为税法基本理论、税收实体法和税收程序法三部分,结构合理。在内容上,本教材按增值税法、消费税法、关税法、企业所得税法、个人所得税法依次编排,知识点全面,主次突出,内容合理。

3. 突出实用性和可操作性

税法多表现为枯燥的法条,本教材按照高等学校教学的要求,尽可能地体现理论与实务的紧密结合,配有大量精准案例及课后练习题,全面覆盖所学知识点,循序渐进,由表及里,可满足不同层次的教学需要。

本教材在写作过程中,得益于多部优秀税法教材的启发,也凝聚了编者多年税法教学的心得体会。本教材由高玉莲、聂秀萍担任主编，张亚珍、利雅、黄璐担任副主编，林艳华、李英杰、林桃杏参与了编写工作。广州市福思特科技有限公司、广东立信嘉州会计师事务所有限公司、广州市天河区文正税务师事务所对本教材的编写提供了大量的支持和帮助，在此一并表示感谢。

由于此次教材修订时间紧迫，且当前正是我国税制改革及税收政策频繁调整的特殊时期，难免存在不足之处，恭请广大同仁及读者批评指正。

编　者

2023 年 8 月

目　　录

项目一　税法实务概论 ··· 1
　　任务一　税法概述 ··· 2
　　任务二　税法要素 ··· 7
　　任务三　税法原则 ·· 13
　　任务四　税收立法与我国现行税法体系 ·· 16
　　课后练习题 ·· 28

项目二　增值税法律制度 ·· 32
　　任务一　增值税纳税人、征税范围和税率 ·· 32
　　任务二　一般纳税人应纳税额计算 ·· 43
　　任务三　小规模纳税人应纳税额计算 ··· 51
　　任务四　增值税的税收优惠 ··· 53
　　任务五　增值税的征收管理 ··· 56
　　课后练习题 ·· 61

项目三　消费税法律制度 ·· 71
　　任务一　消费税纳税人、征税范围和税率 ·· 71
　　任务二　计税依据 ··· 78
　　任务三　应纳税额的计算 ·· 80
　　任务四　征收管理 ··· 87
　　课后练习题 ·· 90

项目四　关税法律制度 ··· 95
　　任务一　关税概述 ··· 95
　　任务二　关税完税价格 ··· 99
　　任务三　关税应纳税额的计算 ··· 102
　　任务四　关税的税收优惠 ··· 104

任务五　征收管理 ·· 104
　　课后练习题 ··· 109

项目五　企业所得税法律制度 ·· 114
　　任务一　企业所得税纳税义务人、征税对象和税率 ································ 115
　　任务二　企业所得税应纳税额的计算 ·· 117
　　任务三　资产的税务处理 ··· 126
　　任务四　企业所得税的税收优惠 ·· 129
　　任务五　征收管理 ·· 135
　　课后练习题 ··· 140

项目六　个人所得税法律制度 ·· 145
　　任务一　个人所得税概述 ··· 146
　　任务二　个人所得税应纳税额的计算 ·· 151
　　任务三　个人所得税的税收优惠 ·· 168
　　任务四　征收管理 ·· 170
　　课后练习题 ··· 175

项目七　资源税类法律制度 ··· 181
　　任务一　资源税法律制度 ··· 181
　　任务二　城镇土地使用税法律制度 ··· 186
　　任务三　土地增值税法律制度 ·· 190
　　课后练习题 ··· 198

项目八　财产税类法律制度 ··· 202
　　任务一　房产税法律制度 ··· 202
　　任务二　契税法律制度 ·· 209
　　任务三　车船税法律制度 ··· 214
　　课后练习题 ··· 219

项目九　目的税和行为税类法律制度 ·· 223
　　任务一　城市维护建设税法律制度 ··· 223
　　任务二　教育费附加法律制度 ·· 226
　　任务三　印花税法律制度 ··· 227
　　任务四　车辆购置税法律制度 ·· 232

课后练习题 ··· 237

项目十　税收征收管理法 ··· 241
　　任务一　税收征收管理法概述 ··· 241
　　任务二　税务管理 ··· 243
　　任务三　税款征收与税务检查 ··· 252
　　任务四　法律责任 ··· 260
　　任务五　税务行政复议与诉讼 ··· 262
　　课后练习题 ··· 267

项目一　税法实务概论

学习目标

1. **知识目标**
- 理解税收和税法的概念
- 理解税收法律关系
- 熟悉和掌握税法的要素
- 理解税法原则
- 理解税收立法
- 掌握我国现行税法体系

2. **能力目标**
- 把握税制的演变规律及发展趋势
- 理解并能够分析税收立法
- 理解并能够分析税收实体法和税收程序法

【导入案例】

推进税费服务智能化　持续优化税收营商环境
——三管齐下解决纳税人缴费人疑难问题

2023年1至7月，厦门市新增税务登记户6.4万户。市场迸发活力的同时，更加精细化、个性化的税费服务需求随之而来。为此，厦门市税务部门打造了以"预先导""实时导""远程导"为支撑的"智能导航"体系。

厦门市税务局深入挖掘税收大数据，打造企业特色标签体系，动态构建937个特色标签，通过将标识标签与政策库关联，向企业精准推送相关税收政策，做到了政策找人"预先导"，实现了服务模式由"被动响应"到"主动预判"的转变。据统计，2023年推出以来，"预先导"已服务企业229.85万户次。

依托智能交互设备"税小夏"及电子税务局征纳互动平台，厦门市税务局为纳税人缴费人提供"实时导"服务，纳税人缴费人可以通过在线咨询的方式，实现全程自助办理税费业务。

在"预先导""实时导"的基础上，厦门市税务局持续探索云端办税"远程导"服务，兜底解

决纳税人缴费人的疑难问题。当纳税人缴费人遇到"预先导""实时导"解决不了的问题时，在"远程帮办"平台可以直连由公职律师、税务师、注册会计师等业务骨干组成的"远程坐席"团队，享受他们通过屏幕共享、桌面协同技术提供的"远程导"服务，实现"咨询—辅导—办税—反馈"的流程闭环。

资料来源：国家税务总局厦门市税务局．厦门：推进税费服务智能化持续优化税收营商环境[EB/OL]．[2023-08-30][2023-09-01]．https://www.chinatax.gov.cn/chinatax/n810219/n810739/c5211320/content.html．

任务一　税　法　概　述

一、税收的概念

要掌握税法的概念，必须深入理解什么是税收。

税收是国家为了满足社会公共需要，凭借其政治权力，强制、无偿地取得财政收入的一种形式。理解税收的内涵需要从国家税权、税收本质和税收目的三个方面来把握。

（一）税收的内涵

1. 国家征税的依据是政治权力，不同于按生产要素进行的分配

国家通过征税，从纳税人手中征收社会财富，将一部分社会产品由纳税人所有转变为国家所有，所以国家征税的过程实质上是国家参与社会产品的分配过程。国家与纳税人之间形成的这种分配关系与社会再生产中的一般分配关系不同。

分配问题涉及两个基本问题：一是分配的依据；二是分配的主体。税收分配是国家凭借政治权利进行的分配，是以国家为主体所进行的分配，更多考虑公平和公正问题；而一般分配则是基于生产要素进行的分配，是以各生产要素的所有者为主体所进行的分配，更多考虑效率和效益问题。

关于国家征税的依据，即国家为什么可以对公民征税这个问题，从税收史来看有多种观点，如公需说、保险说、交换说、社会政策说等。随着市场经济的发展，我国税收理论界有部分学者认为"交换说"更能说明政府和纳税人之间的关系。从政府方面来讲，政府依据符合宪法的法律对公民和法人行使一种请求权，体现的关系为类似公法上的债权债务关系，即政府依据税法拥有对公民和法人某些财产或收入的债权，公民或法人则对政府承担了债务，这种债务就是税收。公民或法人缴纳税收即偿还了债务以后，即拥有了享受政府提供的公共产品的权利，此时公民或法人与政府应该具有某种等价交换的关系，国家在行使请求权的同时，负有向纳税人提供高质有效的公共产品的义务。从纳税人方面来讲，纳税人在享受政府提供的公共产品的同时，也依法负有纳税的义务。在这种等价交换的过程中，税收体现了一种平等性，即国家和纳税人之间的平等和对等。

税收是国家凭政治权力进行的分配，是马克思主义的基本观点，也是我国税收理论界长期以来的主流认识。正如马克思指出的"赋税是政府机器的经济基础，而不是其他任何东

西"。恩格斯在《家庭、私有制和国家起源》中也指出:"为了维持这种公共权利,就需要公民缴纳费用——捐税。"

2. 税收是国家取得财政收入的重要工具,其本质是分配关系

国家要行使职能必须要有一定的财政收入作为保障,取得财政收入的手段多种多样,如税收、发行国债、收费、罚没等,而税收则是大部分国家取得财政收入的主要形式。自我国1994年税制改革以来,税收收入占财政收入的比重大多数年份都维持在90%以上,但随着非税收入(如土地拍卖收入等)的增加,税收收入占财政收入的比重有时也低于90%。

在社会再生产过程中,分配是连接生产与消费的必要环节,在市场经济条件下,分配主要是对社会产品价值的分割。税收解决的是一个分配问题,它处于社会再生产的分配环节,因而在本质上它体现的是一种分配关系。

3. 国家课征税款的目的是满足社会公共需要

国家在履行其公共职能的过程中必然要有一定的公共支出。公共产品的特殊性决定了公共支出一般情况下不可能由企业或公民个人采取自愿出价的方式承担,而只能由国家或政府强制征税的方式让单位、经济组织和个人来负担。征税的目的是满足国家提供公共产品的需要,其中包括政府弥补市场失灵、促进公平分配等的需要。同时,国家征税也要受到所提供公共产品规模和质量的制约。

(二) 税收的特征

税收特征,亦称税收的形式特征,是指税收分配形式区别于其他财政分配形式的质的规定性。税收特征是由税收的本质决定的,是税收本质属性的外在表现,是税收区别于非税的外在尺度和标志。税收的形式特征通常概括为税收"三性",即强制性、无偿性和固定性。

1. 税收的强制性

任何制度下的税收都是国家凭借其政治权力,通过法律形式对社会产品进行的强制性分配,而非纳税人的一种自愿交纳,纳税人必须依法纳税、按时足额缴纳税款,否则会受到法律制裁。强制性是国家权力在税收上的法律体现,是国家取得税收收入的根本前提。它也是与税收的无偿性特征相对应的一个特征,正因为税收具有无偿性,国家才需要通过税收法律的形式规范征纳双方的权利和义务。对纳税人而言,依法纳税是一种权利,更是一种义务。

2. 税收的无偿性

税收是国家对纳税人的无偿征收,征收的货币或实物成为国家的财政收入,国家征税以后对具体纳税人既不需要直接偿还,也不付出任何直接形式的报酬,纳税人从政府支出所获得利益通常与其支付的税款不完全成一一对应的比例关系。列宁曾经说过:"所谓赋税,就是国家不付任何报酬而向居民取得的东西。"无偿性是税收的关键特征,它使税收明显地区别于国债等财政收入形式,决定了税收是国家筹集财政收入的主要手段,并成为调节经济和矫正社会分配不公的有力工具。

3. 税收的固定性

国家通过法律形式预先规定了对什么征税及其征收比例等税制要素,并保持相对的连

续性和稳定性。即使国家会因经济发展水平、国家经济政策的变化对税制要素的具体内容进行必要的改革和调整,但这种改革和调整也总是要通过法律形式事先规定,而且改革调整后要保持一定时期的相对稳定。基于法律的税收固定性始终是税收的固有形式特征,税收固定性对国家和纳税人都具有非常重要的意义。对国家来讲,税收可以保证财政收入的及时、稳定和可靠,可以防止国家不顾客观经济条件和纳税人的负担能力,滥用征税权力;对纳税人来讲,税收可以保护其合法权益不受侵犯,增强其依法纳税的法律意识,同时也有利于纳税人通过税收筹划选择合理的经营规模、经营方式和经营结构等,降低经营成本。

税收的三个特征是相互联系、缺一不可的。税收的无偿性要求它必须具有强制性,强制性是无偿性得以实现的保证。无偿性与纳税人的经济利益关系极大,因而要求税收具有固定性,这样对纳税人来说比较容易接受,对国家来说可以保证财政收入的稳定。所以,无偿性是核心,强制性是保障,固定性是对强制性和无偿性的一种规范和约束。税收"三性"是一个相辅相成、缺一不可的完整的统一体。

二、税法的概念

税收制度是在税收分配活动中税收征纳双方所应遵守的行为规范的总和。其内容主要包括各税种的法律法规和为了保证这些税法得以实施的税收征管制度。其中,税法是税收制度的核心内容。

税法是国家制定的用以调整国家与纳税人之间在征纳税方面的权利及义务关系的法律规范的总称。它构建了国家和纳税人依法征税、依法纳税的行为准则体系,其目的是保障国家利益和纳税人的合法权益,维护正常的税收秩序,保证国家的财政收入。

从法律性质上看,税法属于义务性法规,以规定纳税人的义务为主,纳税人的权利是建立在其纳税义务的基础之上,处于从属地位。税法属于义务性法规的这一特点是由税收的无偿性和强制性特点决定的。税法的另一特点是具有综合性,它是由一系列单行税收法律法规和行政规章制度组成的体系,税法的综合性特点是由税收制度所调整的税收分配关系和税收法律关系的复杂性所决定的。

三、税收与税法的关系

税收与税法关系的基础是国家强制力。税法是我国法律体系的重要组成部分,税法在我国法律体系中的地位是由税收在国家经济活动中的重要性决定的。第一,税收收入是政府取得财政收入的基本来源,而财政收入是维持国家机器正常运转的经济基础。第二,税收是国家宏观调控的重要手段,因为它是调整国家与企业和公民个人分配关系的最基本、最直接的方式。尤其是在市场经济条件下,税收的上述两项作用表现得特别明显。税收与税法密不可分,有税必有法,无法不成税。现代国家大多奉行立宪征税、依法治税的原则,即政府的征税权由宪法授予,税收法律须经立法机关批准,税务机关履行职责必须依法办事,税务争讼要按法定程序解决。总之,国家的一切税收活动均以法定方式表现出来,税收在国家经济活动中的重要性决定了税法在法律体系中的重要地位。

税收与税法存在着紧密的联系,在现代法制国家,税收活动必须依据税法的规定进行,国家不得法外征税,税法是税收的法律依据和法律保障,而税法又必须以保障税收活动的有序进行为其存在的理由和根据。税收作为一种经济活动,属于经济基础范畴,侧重解决分配关系;而税法是一种法律制度,属于上层建筑范畴,侧重解决权利义务关系。

【案例 1-1】单选题

以下关于税法概念的理解,不正确的是( )。

A. 税法是税收制度的法律表现形式

B. 税收的无偿性和强制性的特点决定税法属于权利性法规

C. 税法是税收制度的核心内容

D. 税法属于综合性法规

【答案解析】 B

作为税收制度的法律表现形式,税法所确定的具体内容就是税收制度;税法是税收制度的核心内容;税法属于义务性法规这一特点是由税收的无偿性和强制性特点决定的;税法的另一特点是具有综合性。故选项 A、C、D 正确,选项 B 错误。

四、税收法律关系

税收法律关系是税法所确认和调整的国家与纳税人之间、国家与国家之间,以及各级政府之间在税收分配过程中形成的权利与义务关系。国家征税与纳税人纳税形式上表现为利益分配的关系,但经过法律明确其双方的权利与义务后,这种关系实质上已上升为一种特定的法律关系。熟悉税收法律关系,对于正确理解国家税法的本质,严格依法征税、依法纳税都具有深刻意义。

(一) 税收法律关系的构成

税收法律关系在总体上与其他法律关系一样,都是由税收法律关系的主体、客体和内容三方面构成,但在三方面的内涵上,税收法律关系则具有特殊性。

1. 税收法律关系的主体

法律关系的主体是指法律关系的参加者。税收法律关系的主体即税收法律关系中享有权利和承担义务的当事人。在我国税收法律关系中,权利主体一方是代表国家行使征税职责的国家行政机关,包括国家各级税务机关、海关和财政机关;另一方是履行纳税义务的人,包括法人、自然人和其他组织,在华的外国企业、组织、外籍人、无国籍人,以及在华虽然没有机构、场所但有来源于中国境内所得的外国企业或组织。对税收法律关系中权利主体另一方的确定,我国采取的是属地兼属人的原则。

在税收法律关系中,权利主体双方法律地位平等,但是由于主体双方是行政管理者与被管理者的关系,双方的权利与义务不对等。这点和一般民事法律关系中主体双方权利与义务对等是不同的,这是税收法律关系的一个重要特征。

2. 税收法律关系的客体

法律关系的客体是指税收法律关系主体的权利、义务所共同指向的对象,即征税对象。例如,所得税法律关系客体就是生产经营所得与其他所得,财产税法律关系客体就是财产,流转税法律关系客体就是货物销售收入或劳务收入。税收法律关系客体也是国家利用税收杠杆调整和控制的目标,国家在一定时期根据客观经济形势发展的需要,通过扩大或缩小征税范围调整征税对象,从而达到限制或鼓励国民经济中某些产业、行业发展的目的。

3. 税收法律关系的内容

税收法律关系的内容是指权利主体所享有的权利和所应承担的义务,这是税收法律关系中最实质的东西,即税法的灵魂。它规定权利主体可以有什么行为,不可以有什么行为,如违反了这些规定,必须承担相应的法律责任。

税务行政机关的权利主要表现在依法进行征税、税务检查,以及对违章者进行处罚。其义务主要是向纳税人宣传、咨询、辅导解读税法,及时把征收的税款解缴国库,依法受理纳税人对税收争议的复议等。

纳税义务人的权利主要有多缴税款申请退还权、延期纳税权、依法申请减免税权、申请复议和提起诉讼权等。其义务主要是按税法规定办理税务登记、进行纳税申报、接受税务检查、依法缴纳税款等。

(二) 税收法律关系的产生、变更与消灭

税法是引起税收法律关系的前提条件,但税法本身并不能产生具体的税收法律关系。税收法律关系的产生、变更和消灭必须有能够引起税收法律关系产生、变更或消灭的客观情况,即由税收法律事实来决定。

税收法律事实可以分为税收法律事件和税收法律行为,税收法律事件是指不以税收法律关系权利主体的意志为转移的客观事件,例如,自然灾害,它可以导致税收减免,从而改变税收法律关系内容的变化。税收法律行为是指税收法律关系主体在正常意志支配下作出的活动。例如,纳税人开业经营,它导致税收法律关系产生;纳税人转业或停业,它造成税收法律关系的变更或消灭。

(三) 税收法律关系的保护

税收法律关系是同国家利益及企业和个人的权益相联系的。保护税收法律关系,实质上就是保护国家正常的经济秩序,保障国家财政收入,维护纳税人的合法权益。税收法律关系的保护是国家通过行政和法律手段保证税收法律关系主体实现权利和履行义务,主体不履行义务将承担一定的法律后果。税收法律关系的保护对权利主体双方是平等的,不能只对一方予以保护,而对另一方不予保护。

税收法律关系的保护形式和方法多种多样,主要包括行政手段和司法手段。税法中关于限期纳税、征收滞纳金和罚款的规定,刑法对构成逃税、抗税罪给予刑罚的规定,以及税法中对纳税人不服税务机关征税处理决定时可以申请复议或提出诉讼的规定等都是对税收法律关系的直接保护。

【案例1-2】单选题

下列关于税收法律关系的表述中,正确的是(　　)。

A. 税收法律关系总体上与其他法律关系一样,都是由权利主体、权利客体两方面构成

B. 代表国家行使征税职责的国家各级税务机关是税收法律关系中的主体之一

C. 税收法律关系的保护对权利主体双方是不平等的

D. 税法是引起法律关系的前提条件,税法可以产生具体的税收法律关系

【答案解析】B

税收法律关系在总体上与其他法律关系一样,都是由税收法律关系的主体、权利和内容三方面构成的,故选项A错误。税收法律关系的保护对权利主体双方是平等的,故选项C错误。税法是引起法律关系的前提条件,但税法本身不能产生具体的税收法律关系。税收法律关系的产生、变更和消灭是由税收法律事实决定的,故选项D错误。

任务二 税法要素

税法要素又称课税要素,是指各种单行税法具有的共同的基本要素的总称。税法要素包括以下两个基本含义:第一,税法要素既包括实体性的,也包括程序性的;第二,税法要素是所有完善的单行税法都具备的,仅为某一税法所单独具有而非普遍性的内容,不构成税法要素,如扣缴义务人。

任何国家开征一个税种,都要在该税种的税收法规中规定以下内容:向谁征税、根据什么征收、征收多少和怎样征收等。每一个税种都必须具备这些内容,这些内容构成了每一种税法的基本要素。

税法要素一般包括总则、纳税义务人、征税对象、税率、纳税环节、纳税期限、纳税地点、减税免税、罚则、附则等项目。

一、总则

总则主要包括立法依据、立法目的、适用原则等。

二、纳税义务人的相关概念

(一) 纳税义务人

纳税义务人又称纳税人、纳税主体,是指税法规定的直接负有纳税义务的单位和个人。任何一个税种首先要解决的就是国家对谁征税的重要问题。

从法律角度看,纳税人有自然人和法人两种基本形式。自然人和法人是两个相对称的法律概念。自然人是基于自然规律而出生的,有民事权利和义务的主体,包括本国公民,也包括外国人和无国籍人。法人是自然人的对称,《中华人民共和国民法典》(以下简称《民法典》)第五十七条规定,法人是具有民事权利能力和民事行为能力,依法独立享有民事权利和承担民事义务的组织。我国的法人主要有机关法人、事业法人、企业法人和社团法人四种。

税法中按照不同的目的和标准,还可以对自然人和法人进行多种详细的分类,这些分类对国家制定区别对待的税收政策,发挥税收的经济调节作用,具有十分重要的意义。例如,自然人可划分为居民纳税人和非居民纳税人、个体经营者和其他个人等;法人可划分为居民企业和非居民企业,还可按企业的不同所有制性质进行分类等。

与纳税义务人相关的概念有负税人、代扣代缴义务人和代收代缴义务人。

(二) 负税人

负税人是经济学中的概念,即税收的实际负担者,就是最终负担国家所征税款的单位和个人。纳税人是法律用语,即依法缴纳税收的人。有的税种,税收由纳税人自己负担,纳税人本身就是负税人,各种所得税通常属于这种情况。有的税种和税目,纳税人与负税人是不一致的,如消费税的一些税目,纳税人虽然是企业,但税款已包含在商品的价格之中,负税人是消费者,这就是通常所讲的"税负转嫁"。税法中并没有负税人的规定,国家在制定税法时,只规定由谁负责缴纳税款,并没有规定税款最终由谁负担,而税收制度和税收政策在客观上均存在着税收负担,即谁是负税人的问题。

(三)代扣代缴义务人

代扣代缴义务人是指虽不承担纳税义务,但依照相关规定,在向纳税人支付收入、结算货款、收取费用时,有义务代扣代缴其应纳税款的单位和个人,如出版社代扣作者稿酬所得应纳的个人所得税等。如果代扣代缴义务人按规定履行了代扣代缴义务,税务机关将向其支付一定的手续费;反之,没有按规定代扣代缴税款,造成应纳税款流失或将已扣缴的税款私自截留挪用、不按时缴入国库的代扣代缴义务人,一旦被税务机关发现,就要承担相应的法律责任。

(四)代收代缴义务人

代收代缴义务人是指虽不承担纳税义务,但依照相关规定,在向纳税人收取商品或劳务收入时,有义务代收代缴其应纳税款的单位和个人。例如,《中华人民共和国消费税暂行条例》规定,委托加工的应税消费品,由受托方在向委托方交货时代收代缴委托方应缴纳的消费税,此时委托方是纳税人,受托方是代收代缴义务人。

三、征税对象的相关概念

(一)征税对象

征税对象又称征税客体、课税对象,是指税法规定对什么征税,是征纳税双方权利义务共同指向的客体或标的物,是区别一种税与另一种税的重要标志。例如,房产税的征税对象是房屋,消费税的征税对象是消费税条例所列举的应税消费品等。征税对象体现着征税的最基本界限,它是税法最基本的要素,决定着某一种税的基本征税范围,即国家依据它规定对什么征税、对什么不征税。同时,征税对象也决定了各个不同税种的名称,如增值税、消费税、企业所得税等。这些税种因为征税对象不同、性质不同,所以税名也不同。征税对象按其性质不同,一般划分为流转额、所得额、财产、资源、特定行为五大类,相对应地,通常也将税收分为五大类,即流转税、所得税、财产税、资源税和特定行为税。

与征税对象相关的概念有计税依据和税目。

(二)计税依据

计税依据又称税基,是据以计算征税对象应纳税款的直接数量依据,它解决对征税对象课税的计算问题,是对征税对象的量的规定。例如,企业所得税应纳税额的基本计算方法是应纳税所得额乘以适用税率,其中,应纳税所得额是据以计算所得税应纳税额的数量基础,是所得税的计税依据。

计税依据按照计量单位的性质可划分为两种基本形态:价值形态和物理形态。价值形态包括应纳税所得额、销售收入、营业收入等,物理形态包括面积、体积、容积、重量等。一种是以价值形态作为税基,称为从价计征,即按征税对象的货币价值计算,如生产销售香烟应纳消费税税额是由香烟的销售收入乘以适用税率计算产生,其税基为销售收入,属于从价计征的方法。另一种是以物理形态作为税基,称为从量计征,即直接按征税对象的自然单位计算,如城镇土地使用税应纳税额是由占用土地面积乘以每单位面积应纳税额计算产生,其税基为占用土地的面积,属于从量计征的方法。

(三)税目

征税对象只规定了征税的标的物,一般是概括性的,应作出具体的解释,而税目是在税法中对征税对象分类规定的具体的征税项目,反映具体的征税范围,是对征税对象质的界定。设置税目可以明确具体的征税范围,凡列入税目的即为应税项目,未列入税目的则不属于应税项目。划分税目也可以贯彻国家税收调节政策,国家可根据不同项目的利润水平及国家经济政策等为依据制定高低不同的税率,来体现不同的税收政策。

并非所有的税种都需要规定税目,有些税种不分课税对象的具体项目,一律按照课税对象的应税数额采用同一税率计征税款,因此一般无须设置税目,如企业所得税。有些税种具体课税对象比较复杂,需要规定税目,如消费税,一般都规定有不同的税目。

【案例1-3】单选题

下列税法要素中,规定具体征税范围,体现征税广度的是( )。

A. 税率
B. 征税对象
C. 税目
D. 纳税环节

【答案解析】C

税目是在税法中对征税对象分类规定的具体的征税项目,反映具体的征税范围,是对征税对象的质的界定。

四、税率

税率是对征税对象的征收比例或征收额度。税率既是计算税额的尺度,又是衡量税负轻重与否的重要标志。税率是体现税收政策的中心环节,反映了征税的深度。我国现行税率主要包括以下几种。

(一)比例税率

比例税率是指对同一征税对象,不分数额大小,规定相同的征收比例。我国的企业所得税、增值税、城市维护建设税等采用的是比例税率。其特点是税率不随着征税对象税额的变动而变动。比例税率在具体运用上又可分为三种具体形式。

1. 单一比例税率

单一比例税率是指对同一征税对象的所有纳税人都适用同一比例税率,如企业所得税采用的基本税率是25%。

2. 差别比例税率

差别比例税率是指对同一征税对象的不同纳税人适用不同的比例征税。我国现行税法按产品、行业和地区的不同将差别比例税率进一步划分为以下三种：一是产品差别比例税率，即对不同产品分别适用不同的比例税率，对同一产品采用同一比例税率，如关税、消费税等；二是行业差别比例税率，即对不同行业分别适用不同的比例税率，对同一行业采用同一比例税率；三是地区差别比例税率，即区分不同地区分别适用不同的比例税率，对同一地区采用同一比例税率，如我国城市维护建设税等。

3. 幅度比例税率

幅度比例税率是指对同一征税对象，税法只规定最低税率和最高税率，各地区在该幅度内确定具体的适用税率。

比例税率计算简单、税负透明度高，有利于保证财政收入，有利于纳税人公平竞争，符合税收效率原则。但比例税率在调节纳税人的收入水平上有局限性，难以体现税收的公平原则。

（二）累进税率

累进税率是指随着征税对象数量增大而随之提高的税率，即按征税对象数额的大小划分为若干等级，不同等级的征税数额分别适用不同的税率，征税数额越大，适用税率越高。累进税率一般在所得课税中使用，可以充分体现对纳税人收入多的多征、收入少的少征、无收入的不征的税收原则，从而有效地调节纳税人的收入，正确处理税收负担的纵向公平问题。

1. 全额累进税率

全额累进税率是指把征税对象的数额划分成若干等级，每一等级规定相应税率，当税基超过某个级距时，征税对象的全部数额都按照提高后级距的相应税率征税。某四级全额累进税率表如表 1-1 所示。

表 1-1 某四级全额累进税率表

级数	全月应纳税所得额（元）	税率
1	0—5 000	10%
2	5 000—10 000	20%
3	10 000—30 000	30%
4	30 000 元以上	40%

下面举例说明全额累进税率的计算。

【案例 1-4】

某纳税人某月应纳税所得额为 13 000 元，适用表 1-1 的第三级，按全额累进税率计算。

要求：按表 1-1 所列税率计算应纳税额。

【案例分析】

其应纳税额 = 13 000 × 30% = 3 900（元）

运用全额累进税率的关键是查找纳税人应纳税所得额在税率表中所属的级次，找到级次，与其相对应的税率就是该纳税人所适用的税率，用全部应纳税所得额乘以适用税率就可计算出应纳税额。

全额累进税率原理浅显,计算方法简便,但税收负担不合理,尤其是在划分级距的临界点附近,税负呈跳跃式递增,不利于鼓励纳税人增加收入,目前一般税收实践上不采用这种方法。

2. 超额累进税率

超额累进税率是指把征税对象按数额的大小分成若干等级,每一等级规定一个税率,税率依次提高,但每一纳税人的征税对象则依所属等级同时适用几个税率分别计算,将计算结果相加后得出应纳税款。某四级超额累进税率表如表1-2所示。

表1-2　　　　　　　　某四级超额累进税率表

级数	全月应纳税所得额(元)	税率	速算扣除数
1	0—5 000	10%	0
2	5 000—10 000	20%	500
3	10 000—30 000	30%	1 500
4	30 000 元以上的	40%	4 500

下面举例说明超额累进税率的计算。

【案例 1-5】

某纳税人某月应纳税所得额为 13 000 元,按表 1-2 所列税率,适用第三级,如采用超额累进税率。

要求:计算应纳税额。

【案例解析】

第一级的 5 000 元适用 10% 的税率:应纳税额=5 000×10%=500(元)

第二级的 5 000 元适用 20% 的税率:应纳税额=5 000×20%=1 000(元)

第三级的 3 000 元适用 30% 的税率:应纳税额=3 000×30%=900(元)

该纳税人该月应纳税额=500+1 000+900=2 400(元)

各国普遍采用超额累进税率。目前,我国采用这种税率计算个人所得税。但在级数较多的情况下,分级计算再相加的方法较烦琐。为了简化计算,实际工作中运用"速算扣除数",不用分级计算,即速算法。

"速算扣除数"反映的具体内容是按全额累进税率和超额累进税率计算的应纳税额的差额,用公式表示为:

速算扣除数=按全额累进方法计算的税额-按超额累进方法计算的税额

公式移项得:

按超额累进方法计算的税额=按全额累进方法计算的税额-速算扣除数

用速算法计算[案例1-5],纳税人应纳税所得额为 13 000 元,按表1-2所列税率,适用第三级,确定适用税率为 30%、速算扣除数为 1 500,其应纳税额 2 400(元)(13 000×30%-1 500)。

可见,速算法与分步计算的结果相同。

运用超额累进税率的关键是查找每一纳税人应纳税所得额在税率表中所属的级次,找到了应纳税所得额所属级次,与其相对应的税率便是该纳税人所适用的税率,用全部应纳税所得额乘以适用税率再减去速算扣除数即可计算出应纳税额。

(三) 定额税率

定额税率是指按征税对象确定的计算单位,直接规定一个固定的税额。目前采用定额税率的有车船税、城镇土地使用税等。

(四) 超率累进税率

超率累进税率以征税对象数额的相对率划分若干级距,分别规定相应的差别税率,相对率每超过一个级距的,对超过的部分就按高一级的税率计算征税。目前实行这种税率的仅有土地增值税。

五、纳税环节

纳税环节是指税法规定的征税对象在从生产到消费的流转过程中应当缴纳税款的环节,如流转税在生产和流通环节纳税、所得税在分配环节纳税等。纳税环节有广义和狭义之分。广义的纳税环节是指全部课税对象在再生产中的分布情况。例如,资源税分布在资源生产环节,商品税分布在生产或流通环节,所得税分布在分配环节等。狭义的纳税环节是特指应税商品在流转过程中应纳税的环节。商品从生产到消费要经历诸多流转环节,各环节都存在销售额,都可能成为纳税环节。但考虑到税收对经济的影响、财政收入的需要及税收征管的能力等因素,国家常常对在商品流转过程中所征税种规定不同的纳税环节。按照某种税征税环节的多少,可以将税种划分为一次课征制和多次课征制。合理选择纳税环节,对加强税收征管、有效控制税源、保证国家财政收入的及时、稳定、可靠,方便纳税人生产经营活动和财务核算,灵活机动地发挥税收调节经济的作用,具有十分重要的理论和实践意义。

六、纳税期限

纳税期限是指税法规定的关于税款缴纳时间方面的限定。税法关于纳税期限的规定,有三个概念:

一是纳税义务发生时间。纳税义务发生时间是指应税行为发生的时间。例如,《中华人民共和国增值税暂行条例》(以下简称《增值税暂行条例》)规定采取预收货款方式销售货物的,其纳税义务发生时间为货物发出的当天。

二是纳税期限。纳税人每次发生纳税义务后,不可能马上去缴纳税款,税法规定了每种税的纳税期限。例如,《增值税暂行条例》规定,增值税的具体纳税期限分别为1日、3日、5日、10日、15日、1个月或者1个季度。纳税人的具体纳税期限,由主管税务机关根据纳税人应纳税额的大小分别核定;不能按照固定期限纳税的,可以按次纳税。

三是缴库期限,即税法规定的纳税期满后,纳税人将应纳税款缴入国库的期限。例如,《增值税暂行条例》规定,纳税人以1个月或者1个季度为1个纳税期的,自期满之日起15日内申报纳税;以1日、3日、5日、10日或者15日为1个纳税期的,自期满之日起5日内预缴税款,于次月1日起15日内申报纳税并结清上月应纳税款。

七、纳税地点

纳税地点主要是指根据各个税种纳税对象的纳税环节和有利于对税款的源泉控制而规定的纳税人(包括代征、代扣、代缴义务人)的具体纳税地点。

八、减税免税

减税免税主要是指对某些纳税人和征税对象采取减少征税或者免予征税的特殊规定。

九、罚则

罚则主要是指对纳税人违反税法的行为采取的处罚措施。

十、附则

附则一般都规定与税法紧密相关的内容,如解释权、生效时间等。

任务三 税法原则

税法原则反映税收活动的根本属性,是税收法律制度建立的基础。税法原则包括税法基本原则和税法适用原则。

一、税法基本原则

税法基本原则是统领所有税收规范的根本准则,为包括税收立法、执法、司法在内的一切税收活动所必须遵守。

(一) 税收法定原则

税收法定原则又称税收法定主义,是指税法主体的权利义务必须由法律加以规定,税法的各类构成要素皆必须且只能由法律予以明确。党的十八届三中全会审议通过的《中共中央关于全面深化改革若干重大问题的决定》提出了"落实税收法定原则",这是党的重要纲领性文件第一次明确提出税法原则中这一最根本的一条原则。税收法定原则是税法基本原则中的核心。

税收法定主义认为如果没有相应法律作前提,政府就不能征税,公民也没有纳税的义务。税收法定原则贯穿税收立法和执法的全部领域,其内容包括税收要件法定原则和税务合法性原则。税收要件法定原则是指有关纳税人、课税对象、课税标准等税收要件必须以法律形式作出规定,且有关课税要素的规定必须尽量明确。税务合法性原则是指税务机关按法定程序依法征税,不得随意减征、停征或免征,无法律依据不征税。

(二) 税收公平原则

税收公平原则是近代平等性的政治和宪法原则在税收法律制度中的具体体现。现代大多数国家的税收法律都特别强调"禁止不平等对待"的法理,所有纳税人的地位都应该是平等的,禁止对特定纳税人给予歧视性对待,也禁止在没有正当理由的情况下对特定纳税人给

予特别优惠。

目前,学术界对税收公平原则的理解主要是"负担能力说"观点,认为税收公平原则包括税收横向公平和纵向公平,即税收负担必须根据纳税人的负担能力分配,负担能力相等,税负相同;负担能力不等,税负不同。

(三)税收效率原则

通常认为,税收效率原则就是要以最低的成本费用取得最多的税收收入,并利用税收的经济调控作用最大限度地促进经济发展,或最大限度地减少税收对经济发展的妨碍。

税收效率原则包括两个方面,一是经济效率,二是行政效率。前者要求税法的制定应有利于资源的有效配置和经济体制的有效运行,其检验标准就是税收的额外负担最小化和额外收益最大化;后者要求提高税收行政效率,节约税收征管成本。

(四)实质课税原则

实质课税原则是指应根据客观事实确定纳税人是否符合课税要件,并根据纳税人的真实负担能力决定纳税人的税负,而不能仅考虑相关外观和形式。

二、税法适用原则

税法适用原则是指税务行政机关和司法机关运用税收法律规范解决具体问题所必须遵循的准则。税法适用原则并不违背税法基本原则,而且在一定程度上体现着税法基本原则。但是与其相比,税法适用原则含有更多的法律技术性准则,更为具体化。

(一)法律优位原则

法律优位原则的基本含义是法律的效力高于行政立法的效力。由于社会经济的复杂性、多变性,税收法规体系变得越来越复杂,立法的层次越来越多,正确界定不同层次税法的效力非常重要。法律优位原则在税法中的作用主要体现在处理不同等级税法的关系上。法律优位原则明确了税收法律的效力高于税收行政法规的效力,进一步推论出税收行政法规的效力优于税收行政规章的效力。当效力低的税法与效力高的税法发生冲突时,效力低的税法是无效的。

【案例1-6】单选题

以下不符合法律优位原则的说法是(   )。

A. 法律的效力高于行政法规的效力

B. 我国税收法律与行政法规具有同等效力

C. 税收行政法规的效力高于税收部门规章的效力

D. 效力低的税法与效力高的税法发生冲突时,效力低的税法是无效的

【答案解析】B

法律优位原则的基本含义是法律的效力高于行政立法的效力。

(二)法律不溯及既往原则

法律不溯及既往原则是绝大多数国家所遵循的法律程序技术原则。其基本含义是:一部新法实施后,对新法实施之前人们的行为只能沿用旧法,不得适用新法。税法领域内坚持这一原则,目的在于维护税法的稳定性和可预测性,使纳税人可以在知道纳税结果的前提下

作出相应的经济决策,税收的调节作用才会较为有效。

(三) 新法优于旧法原则

新法优于旧法原则也称后法优于先法原则,其含义为:新法、旧法对同一应税事项有不同规定时,新法的效力优于旧法。其作用在于避免因法律修订带来新法、旧法对同一事项有不同的规定,而给法律适用带来的困惑和混乱,为法律的更新与完善提供法律适用上的保障。新法优于旧法原则在税法中普遍适用,但是当新税法与旧税法之间是普通法与特别法的关系时,以及某些程序性税法引用"实体从旧,程序从新原则"时,可以例外。

(四) 特别法优于普通法原则

特别法优于普通法原则的含义是对同一事项两部法律分别订有一般和特别规定时,特别规定的效力高于一般规定的效力。特别法优于普通法原则打破了税法效力等级的限制,即居于特别法地位、级别较低的税法,其效力可以高于作为普通法的级别较高的税法。

(五) 实体从旧、程序从新原则

实体从旧、程序从新原则的含义包含两个方面:一是实体税法不具备溯及力。在纳税义务的确定上,以纳税义务发生时的税法规定为准,即一项新税法公布实施之前发生的应税行为,应沿用旧法。二是程序性税法在特定条件下具备一定的溯及力,即对于在新税法公布实施之前发生、而在新税法公布实施之后进入税款征收程序的纳税义务,原则上新税法具有约束力。

(六) 程序优于实体原则

程序优于实体原则是关于税收争讼法的原则,其基本含义为:在诉讼发生时,税收程序法优于税收实体法,即纳税义务人在通过行政复议或行政诉讼寻求法律保护之前,必须履行税务行政机关认定的纳税义务,并且不管这项纳税义务实际上是否完全发生;否则,税务行政机关或司法机关不受理纳税人的申诉。适用程序优于实体原则是为了确保国家课税权的实现,不因争议的发生而影响税款的及时足额入库。

【案例1-7】单选题

某市自2013年8月1日起开始对交通运输业进行"营改增",2013年12月查出该市甲运输公司隐瞒其在2013年7月取得的不含税交通运输服务收入10万元,如果甲运输公司被追征了1.1万元的增值税。这样处理违背了税法适用原则中的(   )。

A. 实体从旧,程序从新原则
B. 特别法优于普通法的原则
C. 法律不溯及既往原则
D. 新法优于旧法原则

【答案解析】C

法律不溯及既往原则的基本含义是:一部新法实施后,对新法实施之前人们的行为只能沿用旧法,不得适用新法。本题甲运输公司2013年7月的收入,仍应按规定计算缴纳营业税,不缴纳增值税。因此上述处理违背了法律不溯及既往原则。

任务四　税收立法与我国现行税法体系

税收立法是指有权的机关依据一定的程序,遵循一定的原则,运用一定的技术,制定、公布、修改、补充和废止有关税收法律、法规、规章的活动。税收立法是税法实施的前提,科学立法,严格执法,公正司法,全民守法,是税收立法与税法实施过程中必须遵循的基本原则。

一、税收立法原则

税收立法原则是指在税收立法活动中必须遵循的准则。我国的税收立法原则是根据我国的社会性质和具体国情确定的,是立法机关根据社会经济活动、经济关系,特别是税收征纳双方的特点确定的,并贯穿于税收立法工作始终的指导方针。税收立法主要应遵循以下几个原则。

(一)从实际出发原则

从实际出发,这是唯物主义的思想路线在税收立法实践中的运用和体现。贯彻这个原则,首先,税收立法必须根据经济、政治发展的客观需要,反映客观规律,即从中国国情出发,充分尊重社会经济发展规律和税收分配理论。其次,税收立法要客观反映一定时期国家、社会、政治、经济等各方面的实际情况,既不能被某些条条框框所束缚,也不能盲目抄袭别国的立法模式。在此基础上,充分运用科学知识和技术手段,不断丰富税收立法理论,完善税法体系,以适应社会主义市场经济发展的客观需要。

(二)公平原则

在税收立法中一定要体现公平原则。所谓公平,就是要体现合理负担原则。在市场经济体制下,参加市场竞争的各个主体需要有一个平等竞争的环境,而税收的公平是实现平等竞争的重要条件。公平主要体现在三个方面:一是从税收负担能力上看,负担能力大的应多纳税,负担能力小的应少纳税,没有负担能力的不纳税。二是从纳税人所处的生产和经营环境看,由于客观环境优越而取得超额收入或级差收益者应多纳税,反之少纳税。三是从税负平衡看,不同地区、不同行业间及多种经济成分之间的实际税负必须尽可能公平。

(三)民主决策原则

民主决策原则主要是指税收立法必须充分倾听群众的意见,严格按照法定程序进行,确保税收法律能体现广大群众的根本利益。坚持这个原则,要求税收立法的主体应以人民代表大会及其常务委员会为主,按照法定程序进行;对税收法案的审议,要进行充分的辩论,倾听各方面意见;税收立法过程要公开化,让广大公众及时了解税收立法的全过程,以及立法过程中各个环节是如何达成共识的。

(四)原则性与灵活性相结合原则

立法机关制定税法时需要明确、具体、严谨、周密。但是,为了保证税法制定后在全国范围内都能贯彻执行,不致与现实脱节,又要求立法机关在制定税法时,不能规定得过细过死,这就要求必须坚持原则性与灵活性相结合的原则。具体讲,就是必须贯彻法制的统一性与因时、因地制宜相结合。法制的统一性,表现在税收立法上,就是税收立法权只能由国家最高权力机关来行使,各地区、各部门不能擅自制定违背国家宪法和法律的"土政策""土规定"。但是,我国又是一个幅员辽阔、人口众多、多民族的国家,各地区的经济文化发展不平衡。因此,为了照顾不同地区,尤其是少数民族地区不同的情况和特点,为了充分发挥地方的积极性,在某些情况下,允许地方在遵守国家法律、法规的前提下,制定适合当地的实施办法等。因此,只有贯彻这个原则,才能制定出既符合全国统一性要求,又能适应各地区实际情况的税法。

(五) 法律的稳定性、连续性与废、改、立相结合原则

制定税法是与一定经济基础相适应的,税法一旦制定,在一定阶段内就要保持其稳定性,不能朝令夕改,变化不定。如果税法经常变动,不仅会破坏税法的权威和严肃性,而且会给国民经济生活造成很不利的影响。但是,这种稳定性不是绝对的,因为社会政治、经济状况是不断变化的,税法也要进行相应的变化。这种变化具体表现在:有的税法,已经过时,需要废除;有的税法,部分失去效力,需要修改、补充;根据新的情况,需要制定新的税法。此外,还必须注意保持税法的连续性,即税法不能中断,在新的税法未制定前,原有的税法不应随便中止失效;在修改、补充或制定新的税法时,应保持与原有税法的承续关系,应在原有税法的基础上,结合新的实践经验,修改、补充原有的税法和制定新的税法。只有遵循这个原则,才能制定出符合社会政治、经济发展规律的税法。

【案例 1-8】多选题

税收立法包括( )活动。

A. 制定有关税收法律、法规、规章
B. 公布有关税收法律、法规、规章
C. 修改有关税收法律、法规、规章
D. 废止有关税收法律、法规、规章

【答案解析】 ABCD

税收立法是指有权的机关依据一定的程序,遵循一定的原则,运用一定的技术,制定、公布、修改、补充和废止有关税收法律、法规、规章的活动。

二、税收立法权及其划分

税收立法权是制定、修改、解释或废止税收法律、法规、规章和规范性文件的权力。它包括两个方面:一是什么机关有税收立法权;二是各级机关的税收立法权是如何划分的。

(一) 税收立法权的划分

税收立法权的明确有利于保证国家税法的统一制定和贯彻执行,充分、准确地发挥各级有权机关管理税收的职能作用,防止各种越权自定章法、随意减免税收现象的发生。

税收立法权的划分可以按以下不同方式进行划分。

1. 按税种类型的不同来划分

税收立法权可以根据商品和劳务税类、所得税类、地方税类来划分。有关特定税收领域的税收立法权一般全部给予特定一级的政府。

2. 根据税种的基本要素来划分

任何税种的结构都由几个要素构成：纳税人、征税对象、税基、税率、税目、纳税环节等。理论上，税种的某一要素如税基和税率的立法权，可授予某级政府。但在实践中，这种做法很少。

3. 根据税收执法的级次来划分

这是一种传统的划分方法，能适用于任何类型的立法权。根据这种模式，有关纳税主体、税基和税率的基本法规的立法权归中央政府，更具体的税收实施规定的立法权归较低级次政府或政府机构。所以，需要指定某级政府或政府机构制定不同级次的法规。

(二) 我国税收立法权划分的现状

1. 中央税、中央与地方共享税以及全国统一实行的地方税的立法权集中在中央

中央税、中央与地方共享税以及全国统一实行的地方税的立法权集中在中央，以保证中央政令统一，维护全国统一市场和企业平等竞争。其中，中央税是指维护国家权益、实施宏观调控所必需的税种，具体包括消费税、关税、车辆购置税等。中央与地方共享税是指同经济发展直接相关的主要税种，具体包括增值税、企业所得税、个人所得税。地方税具体包括资源税、土地增值税、印花税、城市维护建设税、城镇土地使用税、房产税、车船税等。

2. 依法赋予地方适当的地方税收立法权

我国地域辽阔，地区间经济发展水平很不平衡，经济资源包括税源都存在着较大差异，这种状况给全国统一制定税收法律带来一定的难度。因此，随着分税制改革的进行，有前提地、适当地给地方下放一些税收立法权，使地方可以实事求是地根据自己特有的税源开征新的税种，促进地方经济的发展。这样，既有利于地方因地制宜地发挥当地的经济优势，也便于同国际税收惯例对接。

3. 我国税收立法权划分的具体层次

(1) 全国性税种的立法权，即包括全部中央税、中央与地方共享税和在全国范围内征收的地方税税法的制定、公布和税种的开征、停征权，属于全国人民代表大会及其常务委员会。

(2) 经全国人民代表大会及其常务委员会授权，全国性税种可先由国务院以"条例"或"暂行条例"的形式发布施行。经一段时期后，再修订并通过立法程序，由全国人民代表大会及其常务委员会正式立法。

(3) 经全国人民代表大会及其常务委员会授权，国务院有制定税法实施细则、增减税目和调整税率的权力。

(4) 经全国人民代表大会及其常务委员会的授权，国务院有税法的解释权；经国务院授权，国家税务主管部门（财政部、国家税务总局和海关总署）有税收条例的解释权和制定税收条例实施细则的权力。

(5) 经国务院授权，省级人民政府有本地区地方税法的解释权和制定税法实施细则、调整税目、税率的权力，也可在上述规定的前提下，制定一些税收征收办法，还可以在全国性地方税条例规定的幅度内，确定本地区适用的税率或税额。上述权力除税法解释权，在行使后和发布实施前须报国务院备案。

地区性地方税收的立法权应只限于省级立法机关或经省级立法机关授权同级政府，不能层层下放。所立税法可在全省（自治区、直辖市）范围内执行，也可只在部分地区执行。

定和公布施行,也为全国人民代表大会及常务委员会立法工作提供了有益的经验和条件,将这些条例在条件成熟时上升为法律做好了准备。

(三)国务院制定的税收行政法规

国务院作为最高国家权力机关的执行机关,是最高的国家行政机关,拥有广泛的行政立法权。我国《宪法》规定,国务院可"根据宪法和法律,规定行政措施,制定行政法规,发布决定和命令"。行政法规作为一种法律形式,在中国法律形式中处于低于宪法、法律和高于地方法规、部门规章、地方规章的地位,也是在全国范围内普遍适用的。行政法规的立法目的在于保证宪法和法律的实施,行政法规不得与宪法、法律相抵触,否则无效。国务院发布的《中华人民共和国企业所得税法实施条例》《中华人民共和国税收征收管理法实施细则》等,都是税收行政法规。

(四)地方人民代表大会及其常委会制定的税收地方性法规

根据《地方各级人民代表大会和地方各级人民政府组织法》的规定,省、自治区、直辖市的人民代表大会,以及省、自治区的人民政府所在地的市和经国务院批准的较大的市的人民代表大会有制定地方性法规的权力。我国在税收立法上坚持"统一税法"的原则,因此地方权力机关制定税收地方法规不是没有限制的,而是要严格按照税收法律的授权行事。目前,除了海南省、民族自治地方按照全国人民代表大会授权立法规定,在遵循宪法、法律和行政法规的原则基础上,可以制定有关税收的地方性法规,其他省、市通常都无权自定税收地方性法规。

(五)国务院税务主管部门制定的税收部门规章

《宪法》第九十条规定:"各部、各委员会根据法律和国务院的行政法规、决定、命令,在本部门的权限内,发布命令、指示和规章。"有权制定税收部门规章的税务主管机关是财政部、国家税务总局及海关总署。其制定规章的范围包括:对有关税收法律、法规的具体解释、税收征收管理的具体规定、办法等,税收部门规章在全国范围内具有普遍适用效力,但不得与税收法律、行政法规相抵触。例如,财政部颁发的《中华人民共和国增值税暂行条例实施细则》、国家税务总局颁发的《税务代理试行办法》等都属于税收部门规章。

(六)地方政府制定的税收地方规章

《中华人民共和国地方各级人民代表大会和地方各级人民政府组织法》规定:"省、自治区、直辖市以及省、自治区的人民政府所在地的市和国务院批准的较大的市的人民政府,可以根据法律和国务院的行政法规,制定规章。"按照"统一税法"的原则,上述地方政府制定税收规章,都必须在税收法律、法规明确授权的前提下进行,并且不得与税收法律、行政法规相抵触。没有税收法律、法规的授权,地方政府是无权自定税收规章的,凡越权自定的税收规章没有法律效力。例如,国务院发布实施的城市维护建设税、车船税、房产税等地方性税种暂行条例,都规定省、自治区、直辖市人民政府可根据条例制定实施细则。

【案例1-9】多选题

下列各项中,有权制定税收规章的税务主管机关有(   )。

A. 国家税务总局

B. 国务院办公厅

三、税收立法机关

根据我国《中华人民共和国宪法》(以下简称《宪法》)《中华人民共和国全国人民代表大会组织法》《中华人民共和国国务院组织法》《中华人民共和国地方各级人民代表大会和地方各级人民政府组织法》的规定,我国的立法体制是:全国人民代表大会及其常务委员会行使立法权,制定法律;国务院及所属各部委,有权根据宪法和法律制定行政法规和规章;地方人民代表大会及其常务委员会,在不与宪法、法律、行政法规抵触的前提下,有权制定地方性法规,但要报全国人民代表大会及其常务委员会和国务院备案;民族自治地方的人大有权依照当地民族政治、经济和文化的特点,制定自治条例和单行条例。

各有权机关根据国家立法体制规定所制定的一系列税收法律、法规、规章和规范性文件,构成了我国的税收法律体系。需要说明的是,我们平时所说的税法,有广义和狭义之分。广义概念上的税法包括所有调整税收关系的法律、法规、规章和规范性文件,是税法体系的总称;而狭义概念上的税法是特指由全国人民代表大会及其常务委员会制定和颁布的税收法律。由于制定税收法律、法规和规章的机关不同,其法律级次不同,因此其法律效力也不同。

(一) 全国人民代表大会和全国人民代表大会及其常务委员会制定的税收法律

《宪法》第五十八条规定:"全国人民代表大会和全国人民代表大会常务委员会行使国家立法权。"上述规定确定了我国税收法律的立法权由全国人民代表大会及其常务委员会行使,其他任何机关都没有制定税收法律的权力。在国家税收中,凡是基本的、全局性的问题,例如,国家税收的性质,税收法律关系中征纳双方权利与义务的确定,税种的设置,税目、税率的确定等,都需要由全国人民代表大会及其常务委员会以税收法律的形式制定、实施,并且在全国范围内,无论对国内纳税人,还是涉外纳税人都普遍适用。在现行税法中,如《中华人民共和国企业所得税法》《中华人民共和国个人所得税法》《中华人民共和国税收征收管理法》,以及1993年12月全国人民代表大会及其常务委员会通过的《关于外商投资企业和外国企业适用增值税、消费税等税收暂行条例的决定》都是税收法律。除了《宪法》,在税收法律体系中,税收法律具有最高的法律效力,是其他机关制定税收法规、规章的法律依据,其他各级机关制定的税收法规、规章,都不得与《宪法》和税收法律相抵触。

(二) 全国人民代表大会或人大常委会授权立法

授权立法是指全国人民代表大会及其常务委员会根据需要授权国务院制定某些具有法律效力的暂行规定或者条例。授权立法与制定行政法规不同。国务院经授权立法所制定的规定或条例等,具有国家法律的性质和地位,它的法律效力高于行政法规,在立法程序上还需报全国人民代表大会及其常务委员会备案。1984年9月1日,全国人民代表大会及其常务委员会授权国务院改革工商税制和发布有关税收条例。1985年,全国人民代表大会授权国务院在经济体制改革和对外开放方面可以制定暂行的规定或者条例,都是授权国务院立法的典型。按照这两次授权立法,国务院从1994年1月1日起实施工商税制改革,制定实施了增值税、消费税、资源税、土地增值税、企业所得税等暂行条例。授权立法,在一定程度上解决了我国经济体制改革和对外开放工作急需法律保障的当务之急。税收暂行条例的制

C. 海关总署
D. 财政部

【答案解析】ACD

国务院下设的办公厅不属于税务主管机关,无权制定税收规章。

四、税收立法程序

税收立法程序是指有权的机关,在制定、认可、修改、补充、废止等税收立法活动中,必须遵循的法定步骤和方法。

目前我国税收立法程序主要包括以下几个阶段。

(一) 提议阶段

无论是税法的制定,还是税法的修改、补充和废止,通常由国务院授权税务主管部门(财政部、国家税务总局和海关总署)负责立法的调查研究等准备工作,并提出立法方案或税法草案,上报国务院。

(二) 审议阶段

税收法规由国务院负责审议。

(三) 通过和公布阶段

税收法规由国务院审议通过后,以国务院总理名义发布实施。税收法律,在全国人民代表大会或其常务委员会开会期间,以简单多数的方式通过后,以国家主席名义发布实施。

五、我国现行税法体系

税法内容非常丰富,涉及范围也极为广泛,各单行税收法律法规结合起来,形成了完整配套的税法体系,共同规范和制约税收分配的全过程,是实现依法治税的前提和保证。

税种的设置及每种税的征税办法,一般是以法律形式确定的,这些法律就是税法。一个国家的税法一般包括税法通则、各税税法(条例)、实施细则、具体规定四个层次。其中,"税法通则"规定一个国家的税种设置和每个税种的立法精神,各个税种的"税法(条例)"分别规定每种税的征税办法,"实施细则"是对各税税法(条例)的详细说明和解释,"具体规定"则是根据不同地区、不同时期的具体情况制定的补充性法规。目前,世界上大多数国家都把税法通则的有关内容包含在各税税法(条例)之中,我国也属于这种情况,只有少数国家单独制定税法通则。

税法体系中各税法按基本内容和效力、职能作用、征收对象、权限范围的不同,可分为不同类型。

(一) 按照税法的基本内容和效力的不同,可分为税收基本法和税收普通法

税收基本法也称税收通则,是税法体系的主体和核心,在税法体系中起着税收母法的作用。其基本内容包括税收制度的性质、税务管理机构、税收立法与管理权限、纳税人的基本权利与义务、征税机关的权利和义务、税种设置等。我国目前还没有制定统一的税收基本法,随着我国税收法制建设的发展和完善,我国将研究并制定税收基本法。税收普通法是根据税收基本法的原则,是对税收基本法规定的事项分别立法实施的法律,如个人所得税法、

税收征收管理法等。

(二) 按照税法的职能作用的不同,可分为税收实体法和税收程序法

税收实体法主要是指确定税种立法,具体规定各税种的征收对象、征收范围、税目、税率、纳税地点等。例如,《中华人民共和国企业所得税法》《中华人民共和国个人所得税法》就属于税收实体法。税收程序法是指税务管理方面的法律,主要包括税收管理法、纳税程序法、发票管理法、税务机关组织法、税务争议处理法等。例如,《中华人民共和国税收征收管理法》(以下简称《税收征收管理法》)就属于税收程序法。

1. 税收实体法体系

我国的现行税制就其实体法而言,是1949年中华人民共和国成立后经过几次较大的改革逐步演变而来的,主要是在1994年税制改革后形成的,按征税对象大致分为五类:

(1) 商品(货物)和劳务税类。其主要包括增值税、消费税和关税,主要在生产、流通或服务业中发挥调节作用。

(2) 所得税类。其主要包括企业所得税、个人所得税,主要是在国民收入形成后,对生产经营者的利润和个人的纯收入发挥调节作用。

(3) 财产和行为税类。其主要包括房产税、车船税、印花税、契税,主要是对某些财产和行为发挥调节作用。

(4) 特定目的税类。其主要包括城市维护建设税、车辆购置税、耕地占用税和烟叶税,主要是为了达到特定目的,对特定对象和特定行为发挥调节作用。

(5) 资源税和环境保护税类。其主要包括资源、环境保护税、土地增值税和城镇土地使用税,主要是对因开发和利用自然资源差异而形成的级差收入发挥调节作用。

上述税种中的关税由海关机关负责征收管理,其他税种由税务机关负责征收管理。耕地占用税和契税,1996年以前由财政机关的农税部门征收管理,1996年财政部农税管理机构划归国家税务总局领导,这些税种就改由税务部门负责征收。

上述税种,除了企业所得税、个人所得税、车船税是以国家法律的形式发布实施,其他各税种都是经全国人民代表大会授权立法,由国务院以暂行条例的形式发布实施的。这些税收法律、法规组成了我国的税收实体法体系。

2. 税收程序法体系

除了税收实体法,我国对税收征收管理适用的法律制度,是按照税收管理机关的不同而分别规定的:

(1) 由税务机关负责征收的税种的征收管理,按照全国人民代表大会及其常务委员会发布实施的《税收征收管理法》及各实体税法中的征管规定执行。

(2) 由海关机关负责征收的税种的征收管理,按照《中华人民共和国海关法》及《中华人民共和国进出口关税条例》等有关规定执行。

上述税收实体法和税收征收管理的程序法共同构成了我国现行税法体系。

(三) 按照税法相关税种征收对象的不同,可分为五种类型的税法

(1) 商品和劳务税税法。其主要包括增值税、消费税、关税等税法。这类税法的特点是与商品生产、流通、消费有密切联系。对什么商品征税,税率多高,对商品经济活动都有直接

的影响,易于发挥对经济的宏观调控作用。

(2) 所得税税法。其主要包括企业所得税、个人所得税等税法。其特点是可以直接调节纳税人收入,发挥其公平税负、调整分配关系的作用。

(3) 财产、行为税税法。其主要是对财产的价值或某种行为课税,包括房产税、印花税等税法。

(4) 特定目的税法。其主要包括城建税、烟叶税及暂缓征收的固定资产投资方向调节税等,其目的是对某些特定对象和特定行为发挥特定调节作用。

(5) 资源税税法。其主要是为保护和合理使用国家自然资源而课征的税。我国现行的资源税、城镇土地使用税等税种均属于资源课税的范畴。

(四) 按照主权国家行使税收管辖权的不同,可分为国内税法、国际税法、外国税法等

国内税法一般是按照属人或属地原则,规定一个国家的内部税收制度。国际税法是指国家间形成的税收制度,主要包括双边或多边国家间的税收协定、条约和国际惯例等,一般而言,其效力高于国内税法。外国税法是指其他国家制定的税收制度。

【知识拓展】

构建协同共治的智慧税务:实践与探索

程俊峰

《中共中央办公厅、国务院办公厅关于进一步深化税收征管改革的意见》(以下简称《意见》),围绕把握新发展阶段、贯彻新发展理念、构建新发展格局,为"十四五"时期税收改革发展提供了重要制度遵循。税务部门应以《意见》为纲领性指导,着力深化税收征管改革,有效发挥税收职能作用,倾力服务经济社会发展。

一、智慧税务建设是贯彻新发展理念的必然要求

立足新发展阶段,贯彻新发展理念,推进国家治理体系和治理能力现代化,必然要求进一步深化税收征管改革,推进智慧税务建设。

(一) 智慧税务建设是立足新发展阶段的迫切需要

党的十八大以来,我国统筹推进"五位一体"总体布局、协调推进"四个全面"战略布局,在全面建成小康社会、实现第一个百年奋斗目标之后,又迈入了全面建设社会主义现代化国家、向第二个百年奋斗目标奋进的新发展阶段。在这一历史阶段,必然要求实现更高质量、更有效率、更加公平、更可持续、更为安全的发展。立足新发展阶段,我们必须完整准确全面贯彻创新、协调、绿色、开放、共享的新发展理念,坚持以人民为中心的发展思想,并始终将其作为深化改革的根本价值取向,从实践探索和人民需求中寻找创新动力,不断推进国家治理体系和治理能力现代化。

税收在国家治理中发挥着基础性、支柱性、保障性作用,不断深化税收征管改革,是更好地服务国家治理体系和治理能力现代化的应有之义。《意见》坚持问题导向,明确目标方向,强化忧患意识,提出"建设以服务纳税人缴费人为中心、以发票电子化改革为突破口、以税收大数据为驱动力的具有高集成功能、高安全性能、高应用效能的智慧税务,深入推进精确执法、精细服务、精准监管、精诚共治"。智慧税务将大幅提高税法遵从度和社会满意度,明显降低征纳成本,为实现高质量发展提供有力支撑。

(二)智慧税务建设是服务"数字中国"的现实需要

我国在2017年提出要加快建设数字中国,实施国家大数据战略,构建以数据为关键要素的数字经济,拓展经济发展新空间。在大数据迅猛发展的时代,我国应紧紧围绕数字经济发展战略,以数字经济作为新的生产力和新的发展方向,促进互联网、大数据、云计算、人工智能、区块链等数字技术融入社会各领域,在关系民生的社会基础服务方面发挥重要作用。

数字经济发展背景下,生产要素加速流动、扩张和转移,市场主体数字化、多元化趋势加剧,经济管理复杂程度和治理难度超乎以往。在这种情况下,智慧税务在管理复杂税源的理念、方式和手段上积累先进的经验,是增强数字政府管理效能的重要构成;智慧税务庞大有效的涉税数据库,经过挖掘、筛选、分析,为构建数字中国提供有价值的决策参考;智慧税务能够满足纳税人、缴费人日益增长、不断变化的服务需求,是提高智慧城市治理水平、提升人民群众幸福感和满意度的重要一环。同时,通过技术和数据的流动、共享,融入"数字中国"战略,建立协同共治的"云模式",更加彰显智慧税务服务"数字中国"的现实意义。

(三)智慧税务建设是税收治理现代化的内在要求

税收治理现代化是国家治理体系和治理能力现代化的有机组成。我国税收治理大致经历了三个发展阶段,即从最初的以人工采集信息为主、系统业务流程孤立、很大程度上依赖于人工和纸质资料的"电子化"阶段,到以计算机采集信息、利用信息系统整合业务流程、提高整体税收征管效能的"信息化"阶段,再到以税收大数据为驱动力、推进税收征管数字化转型的"智慧化"阶段。智慧税务建设是伴随我国税收治理现代化进程而逐步发展起来的。2015年,国家税务总局制定的《"互联网+税务"行动计划》提出,推动智慧税务生态系统建立,至2020年初步形成智慧税务;2021年3月,《意见》要求于2025年基本实现功能强大的智慧税务的目标。

从税收治理角度看,智慧税务可以有效提升税收治理的效能,其与信息化时代发展相匹配,能够承担更高效管理庞大的纳税人缴费人群体、更快捷落实大规模减税降费政策、更精准满足个性化服务需求等任务。智慧税务可以有效降低征纳成本,其以计算机管理为主的模式可以更好地体现征纳双方的平等地位,推动机构设置和管理流程科学规范,同时将信息化规则与税法规则相融合,使税法可以更全面地执行,能够满足税收治理现代化的法治、公平、效率、和谐等要求。因此,智慧税务建设是税收治理现代化的内在要求和必然趋势。

二、协同共治:河北智慧税务创新实践

5G、云计算、大数据等科技创新,为河北智慧税务建设提供了坚实的技术保障。河北智慧税务建设在合理规划布局、打破信息壁垒、实现数据共享等方面不断探索,取得突破。

(一)构建立体化多维度的河北智慧税务格局

河北智慧税务深刻理解、准确把握《意见》提出的"具有高集成功能、高安全性能、高应用效能"智慧税务总体要求,综合考量改革力度、发展速度与现有条件的承受程度,在基础设施布局、大数据应用、平台系统等方面实现规模化、集成化、高效化发展。

一是建设高集成功能的河北智慧税务。把系统观念融入智慧税务建设之中,提高应用系统的承载力和功能性,提高功能模块的集成度和兼容性,做到相互可连接、后续可扩展。

在数据集成方面,河北智慧税务依托规模大、类型多、价值高、颗粒度细的海量税收数据资源优势,实现核心征管系统、增值税发票系统和自然人电子税务局等系统数据的归集存储;推进法人税费信息"一户式"集成和自然人税费信息"一人式"集成,建设丰富的数据主题集,服务全省数据应用;建立税收大数据资产目录,实施元数据血缘分析等数据分析方法,加强大数据资产管理。在软件平台集成方面,河北智慧税务以提升信息化建设整体质效、防范化解信息化管理风险为导向,通过特色软件清理整合、信息化资源摸底,从不同层面和角度对应用软件信息进行梳理采集,并将税务数据查询统计和风险分析类软件整合到税收大数据平台,将纳税人、缴费人端软件整合到电子税务局,将党务、政务类软件整合到网站办公平台。

二是建立高安全性能的河北智慧税务。在智慧税务建设过程中,河北智慧税务牢固树立底线思维,确保系统全过程稳定运行,确保数据全生命周期安全;常态化开展数据安全风险评估和检查,健全监测预警和应急处置机制,做到功能规划与安全规划同步、技术考量与安全测试同步、系统运行与安全防护同步;重点在安全防护的机制化、体系化上下功夫,加强网络系统可信化认证和数据安全管理,不断推动安全防范体系向安全运营体系转换;推行"数据库安全运维管理平台",将电子税务局、核心征管系统数据库纳入平台管理,将数据安全管理贯穿从数据生产采集到数据归档销毁的全部流程,进一步降低了数据泄密风险;认真落实国家税务总局网络安全态势感知平台试点任务,实现自动化预警、自动化处理,从源头管控系统运行和数据安全风险;首批部署应用国家税务总局"双向"安全交换系统,实现数据交换"单向"到"双向"的突破,大幅提升内外网交互性能,为智慧税务扩展业务应用提供强有力的技术支撑。

三是建设高应用效能的河北智慧税务。河北智慧税务抓住核心业务并合理规划,形成模块区划明确、关联耦合的智慧税务主体工程,实现数据驱动下征管、执法、服务、监管、岗责等与大数据的深度融合、高效联动、全面升级。在服务效能方面,河北智慧税务打造"5G掌上税管家",创新和丰富税务应用场景,基本建成以"推荐办税—提醒办税—交互办税—风险体检—服务评价"为闭环的线上办税服务体系,实现"精准推送、咨询互动、协助办理、服务评价、考核监督"为一体的征纳互动新模式;以综合性办税服务厅为核心,以税源管理分局办税服务室和进驻政府部门税务窗口为枝干,以社会场所自助办税设备(微自助厅)为末梢,逐步形成智慧税务服务网点体系;推行自助办税终端业务智能引导和远程视频辅导,探索常见涉税业务与公安、人社、医保、银行等部门自助设备的功能集成,推动自助办税终端向社区、商圈、银行和邮政网点延伸。在退税减税效能方面,河北智慧税务聚焦组合式税费支持政策落地落实,创新研发电子税务局"阳光退税"个性化功能,向出口退税企业公开税务内部退税岗位、流程的实时工作动态,实现退税业务一键查询;通过电子税务局拓展办税事项,推出无纸化退税等功能,为纳税人提供更方便、更快捷的退税减税"一站式"服务。在发票管理效能方面,河北智慧税务基于大数据行为特征分析,完善优化"税收风险智能预测和分析系统"指标体系,共涵盖132个涉税事项。

(二)河北智慧税务协同共治的应用实践

当前,打破信息孤岛、盘活数据存量是一项紧迫任务,特别是在政务数据领域。河北智慧税务通过技术和数据的流动、共享,努力建立税收治理跨层级覆盖、跨部门辐射、跨地区融合的共治格局,实现协同共治的"智慧模式",在保障民生、服务发展、维护纳税人缴费人合法权益等方面,形成内外联动、共促改革的工作合力。

一是实现智慧税务跨层级覆盖。加速智慧税务建设从顶层设计到各层级创新驱动的全覆盖,形成省、市、县三级税务机关"选项目""亮品牌""做推广"的联动效应。对照国家税务总局划定的可积极探索主动实施的43项改革措施,河北省税务局强化信息化项目管控,严格把控项目审核。各市局立足实施智慧税务创新重点,结合本地特色产业、税源特点、人力资源等实际情况,实现远程问办、"智慧税务城"等创新功能。各县(区)局是试点推广的前沿阵地,累计承接试点工作127个。

二是实现智慧税务跨部门辐射。智慧税务在跨部门协同上形成辐射效应。2021年,河北智慧税务通过银税企三方线上互动贷款审批,为21.26万户企业发放信用贷款628.3亿元,解决"融资难"问题;与财政、自然资源、生态环境等部门协同共治,实现缴费人申报缴费"零跑腿"、不动产交易"一窗受理、集成办理",助力绿色发展;在风险管理上协同联动,与公安、海关、人民银行等部门联合成立省级数据化合成作战指挥中心和市级作战中心,充分运用大数据精准监管,高压强势打击涉税违法犯罪。

三是实现智慧税务跨地区融合。智慧税务在支持京津冀区域税收共治中发挥重要作用。2021年6月,京津冀三地税务部门联合印发《税收支持和服务京津冀协同发展便利化举措》,推出执法标准统一和三地通办、服务提速增效、做好数据共享等方面的19项举措,打通了税务信息和数据交换的省界"断头路"。《京津冀税务行政处罚裁量基准》在7类43项税务行政处罚标准上实现了京津冀"一把尺",获评2021年河北"十大法治成果"。河北智慧税务同时注重深化国际税收合作,应用跨境利润水平监控系统,对跨境关联交易展开深入分析,及时发现反避税案源。

(三)数据驱动的河北智慧税务共治担当

智慧税务建设既要求系统外的数据用于税收治理中,也要求税务系统积极主动融入当地数字政府建设,让税收"数据流"变成促进国家治理和社会治理的"要素流""价值流"。河北税务积极探索,在数据资源拓展应用和共享数据模型建立方面进行了有益尝试。

一是积极拓展数据资源应用。河北智慧税务与14个省级外部门建立了长期数据共享机制,对国家税务总局、省局和外部门涉税数据进行分类管理,加强数据的关联整合;依托税收大数据平台,开发"惠冀享"和"数冀查"等功能,进一步拓宽数据应用广度,挖掘数据应用深度,为重点工作和决策提供有效的数据支撑,促进"以数治税";积极拓展河北省"冀时办"平台,将图像识别技术、语音识别技术、光学字符识别技术、对话机器人有效应用于12366智能客服、资料智能审核等业务场景,构建多部门动态沟通机制,让办税缴费更加方便快捷;推进"成品油站智慧监测云平台"建设,安装加油站监控和数据采集装置,搭建数据统计和共享平台,基于地方政府出台的成品油流通市场监管长效机制和多部门综合治税体系,有效破解当前加油站税收监管难题;搭建"涉地税收监管应用场景",归集政务信息共享数据及互联网爬取数据,通过大数据智能分析识别,有效破解信息不对称导致的税收风险识别问题。

二是建立共享数据模型。河北智慧税务充分利用大数据,深挖数据价值,在重点行业、重点领域建立共享数据模型,构建以税收数据为基础的多维数据监管模式,破解税收监管、环境监管、资源监管等诸多领域的监管难题;建立房地产、黑色金属矿采选、电力、热力生产及供应等重点行业34个指标模型,推进行业化管理;与电力部门签订《战略合作协议》,选取煤炭开采和洗选业、黑色金属冶炼和压延、石油煤炭及其他燃料加工业等七大类制造行业,联合开展河北省"高能耗、高污染"企业税电贡献指数分析、税收风险分析以及电费回收风险分析等示范应用,实现了基于可用不可见状态下的涉税数据安全共享与联合分析。

三、构建共治生态体系的智慧税务

(一)建立"数据+规则"融合机制

"数据+规则"是税收业务高度抽象化的结果,体现税收业务的本质。建立"数据+规则"融合机制,要以数据采集为基础,持续拓宽数据来源,建立多源异构数据采集管理规范;强化数据共享集成,实现对纳税人数据整体分析运用,并适时将整体分析结果与纳税人共享,指导纳税人进行财税合规分析,发挥数据要素"乘数效应"。同时,税务部门要以规则输出为主线,通过统一接口向企业输出税收规则,发挥数字化规则刚性作用,提前实现财税风险管控;通过建立"数据+规则"融合机制,引导市场主体、社会组织积极参与税收协同治理,使税收征管向"上游"拓展,更加深入地融入纳税人和第三方的日常生活、各类交易、信息系统中。

(二)构建税务创新生态

税务部门要建立由政府倡导、市场为导向、企业为主体的产学研用一体化的税务生态圈,协同开展技术创新和成果转化;探索建立应用场景创新基地,定期发布应用场景需求清单,征集应用场景解决方案,让创新企业在安全环境下有条件地使用数据,形成创新产品;发挥行业龙头企业带动作用,建立财税合规数字化转型平台,共享数字化资源,提供共性解决方案,帮助其他企业更好地实现财税数字化转型。在构建税务创新生态过程中,应避免形成技术垄断,增加纳税人和社会的隐性成本。

(三)打造税务数字化App品牌

基于我国互联网的高普及率和手机用户的巨大规模,移动端成为政府提供政务服务最为便捷的渠道,移动端迭代研发成为构建智慧税务共治生态的重要努力方向。在当前税费统管的背景下,移动互联网在税费领域,特别是自然人税费领域有广阔的应用前景。税务部门具有个人所得税App成功上线运行的良好基础,应顺应税务数字化转型趋势,发挥税费统管优势,精准识别和分析纳税人、缴费人的实时和潜在需求,打造税务数字化App品牌。税务部门近期可以实现高速、移动、安全、泛在的企业、个人税费统一征收管理数字化;远期可以依托庞大的用户群体,借助成熟管理经验,扩大移动税务平台的开放度,促进创建政务服务数字化生态体系。

(四)创新税务组织管理

智慧税务协同共治生态需要税务部门创新组织管理,适应数字化时代的税收治理工作。智慧税务应借鉴"软件定义"的思想,通过业务原子化、管理链路化、指挥智能化,构建更为"扁平化""弹性化"的税务组织管理模式。业务原子化,即以业务、技术、内控为核心将所有税收业务细分、抽象为原子模型,税收业务均可在此基础上以拼装"分子模型"的方法实现重构。管理链路化,即以税收工作任务为核心,打破纳服、征管、税政等"条线化"管理模式,以人才为支点构建联合作战团队,构建任务驱动型"税务团队作战指挥数据链",实现任务团队的灵活组织、灵活管理。指挥智能化,即利用5G等移动终端,实现对税务工作任务、参与成员的实时、动态、闭环管理,将税收数据分析和决策支持算法部署到税收征管全过程,为每个税务干部提供智能化支持。

（五）强化数据安全保障

税务部门要坚持整体安全观,构建自主可控的数字化安全保障体系;加强关键信息基础设施安全保护,强化关键数据资源保护能力,增强数据安全预警和溯源能力,并通过政策、管理、宣传和技术等手段形成智慧税务网络安全防护合力;建立健全税务数字化生态体系数据安全保护机制,确保数据在采集、存储、流动、交换过程中的安全;重点保护传输和交换环节的数据安全,对跨部门、跨区域传输中涉及国家安全和个人隐私的数据从传输方式、交换规则、溯源定位等环节加大管控力度;创新数据共享模式,通过技术手段界定数据安全责任边界,建立敏感数据输出脱敏规则和主体授权机制,确保数据安全合规输出;探索采用隐私计算技术,实现"原始数据不出域、数据可用不可见"的数据共享、交易范式,消除数据开放共享面临的安全隐患,解决数据所有者共享数据的后顾之忧。

（六）加强数字化人才培养

为了应对数字化时代的挑战,税务部门应培养一支既懂技术又懂业务、能够创新推进税务数字化转型的高素质人才队伍;要注重激发内生动力,突出实践标准,通过场景化学习和课题实践激发业务、技术创新动力;借助互联网企业、高新技术企业的专业优势,通过人才联训、项目共建等方式,拓宽人才数字化视野,提升综合能力;围绕税务数字化转型重点工作,建立跨层级、跨地域、跨条线协同作战的人才统筹使用机制,实现从培养"最强单兵"到组建"最强团队"的转变。

作者单位:国家税务总局河北省税务局
资料来源:中国税务网

课后练习题

一、单项选择题

1. 有关税收的概念,下列表述中,正确的是（　　）。
   A. 税收是国家取得财政收入的唯一形式
   B. 税收是民众自愿缴纳,国家取得财政收入的一种形式
   C. 税收是国家为了满足社会公共需要,凭借其政治权力,强制、无偿地取得财政收入的一种形式
   D. 税收是国家为了政权需要,凭借其政治权力,强制、无偿地取得财政收入的一种形式

2. 税收法律关系产生的标志是（　　）。
   A. 纳税人进行税务登记　　　　　　B. 纳税人进行纳税申报
   C. 纳税人应税行为的发生　　　　　D. 税务机关征税行为的发生

3. 税法上规定的纳税人是指直接（　　）的单位和个人。
   A. 代扣代缴税款　　　　　　　　B. 负有纳税义务
   C. 最终负担税款　　　　　　　　D. 承担纳税担保

4. 2022年纳税人取得的收入在2023年补税时，依据2022年有关税收实体法的规定计算应纳税额，税款缴纳程序按2023年税收征管法规定的程序执行，这体现了税法适用原则中的（　　）原则。
   A. 实体从旧，程序从新　　　　　B. 法律不溯及既往
   C. 新法优于旧法　　　　　　　　D. 程序优于实体

5. 下列关于税收实体法要素的表述中，不正确的是（　　）。
   A. 计税依据是从量的方面对征税所做的规定，是课税对象量的表现
   B. 税目是课税对象的具体化，反映具体的征税范围，代表征税的广度
   C. 税率是应纳税额与课税对象之间的比例，是计算税额的尺度，代表课税的深度
   D. 课税对象是构成税收实体法诸要素中的基础性要素，是税收制度的核心和灵魂

6. 根据税收和税法的概念，下列表述正确的是（　　）。
   A. 税法的调整对象是国家与纳税人之间的税收分配关系
   B. 国家征税依据的是其政治权力而非财产权力
   C. 真正征税的主体是税务机关，除了税务机关，任何机构和团体都无权征税
   D. 税收分配的客体是社会剩余产品，税收不能课及生产资料但可以课及劳动者报酬

7. 体现征税深度的税制要素是（　　）。
   A. 征税对象　　　　　　　　　　B. 纳税义务人
   C. 纳税环节　　　　　　　　　　D. 税率

8. （　　）与课税对象的价值量脱离了联系，不受课税对象的价值量变化的影响；适用于对价格稳定、质量等级和品种规格单一的大宗产品征收的税种。
   A. 定额税率　　　　　　　　　　B. 超额累进税率
   C. 比例税率　　　　　　　　　　D. 超率累进税率

9. 下列各项中，属于税收法律关系变更的原因是（　　）。
   A. 纳税义务的免除
   B. 纳税人履行纳税义务
   C. 纳税人的经营权或财产情况发生变化
   D. 纳税义务因超过期限而消灭

10. 下列各项中，属于税收法律关系变更的原因是（　　）。
    A. 法律优位原则　　　　　　　　B. 法律不溯及既往原则
    C. 程序优于实体原则　　　　　　D. 特别法优于普通法原则

二、多项选择题

1. 税收的基本特征包括（　　）。
   A. 无偿性　　　B. 强制性　　　C. 固定性　　　D. 机动性

2. 下列关于税收法律关系的表述中，正确的有（　　）。

A. 税收法律关系是税法所确认和调整的,国家与纳税人之间在税收分配过程中形成的权利义务关系

B. 税收法律关系主体的一方只能是国家

C. 税收法律关系体现了国家和纳税人的意志

D. 税收法律关系中权利义务具有对等性

3. 下列各部门中,有权制定税收规章的税务主管机关有(　　)。
   A. 国家税务总局　　　　　　　　B. 财政部
   C. 国务院办公厅　　　　　　　　D. 海关总署

4. 下列税种中,属于流转税类的有(　　)
   A. 增值税　　B. 消费税　　C. 关税　　D. 印花税

5. 下列情形中,能引起税收法律关系消灭的有(　　)
   A. 纳税人义务的免除
   B. 纳税人履行了纳税义务
   C. 税务机关组织结构发生变化
   D. 纳税主体的消失

6. 关于税收法律关系,下列表述中,正确的有(　　)
   A. 税收法律关系的成立、变更等不以主体双方意思表示一致为要件
   B. 税收法律关系的主体是国家最高权力机关
   C. 税法规定的权利与义务是不对等的
   D. 税法的修订或调整,会引起税收法律关系的变更

7. 关于税收实体法要素,下列说法中,正确的有(　　)
   A. 课税对象是构成税收实体法诸要素的基础性要素
   B. 课税对象体现着各税种的征税范围
   C. 税率是以课税对象为基础确定的
   D. 纳税人就是负税人

8. 下列关于税法原则的表述中,正确的有(　　)。
   A. 新法优于旧法原则属于税法的适用原则
   B. 税法主体的权利义务必须由法律加以规定,这体现了税收法定原则
   C. 税法的原则反映税收活动的根本属性,包括税法基本原则和税法适用原则
   D. 税法适用原则中的法律优位原则明确了税收法律的效力高于税收行政法规的效力

9. 下列各项中,不属于税收法律的有(　　)。
   A.《中华人民共和国个人所得税法实施细则》
   B.《中华人民共和国车船税法》
   C.《中华人民共和国企业所得税法》
   D.《税务部门规章制定实施办法》

10. 下列关于税法特点的表述中,不正确的有(　　)。
    A. 从立法过程来看,税法属于习惯法

B. 从立法过程来看,税法属于制定法

C. 从内容来看,税法具有单一性

D. 从法律性质来看,税法属于义务性法规

三、判断题

1. 税收法定原则的要求是单向的,即要求纳税人必须依法纳税。（ ）
2. 尽管税收法律、法规和规章的制定机关不同,但它们的法律效力是相同的。（ ）
3. 作为税收法律关系的一个重要特征,在税收法律关系中,权利主体双方在法律地位上是平等的。（ ）
4. 在税收法律关系中,征纳双方法律地位的平等主要体现为双方权利与义务的对等。（ ）
5. "负担能力相等,税负相同;负担能力不等,税负不同",这体现了实质课税的原则。（ ）
6. 税法是引起法律关系的前提条件,税法可以产生具体的税收法律关系。（ ）
7. 税收分配的客体是社会剩余产品,税收不能课及生产资料但可以课及劳动者报酬。（ ）
8. 依据国家有关法律、法规的规定,税务机关是国家税收征收的唯一行政执法主体。（ ）
9. 从税收形式特征来看,强制性是其核心,无偿性是其基本保障。（ ）
10. 个人所得税中对工资、薪金所得适用的税率为超率累进税率。（ ）

四、思考题

1. 如何理解税收和税法的含义？其特点是什么？
2. 如何理解税收法律关系？
3. 如何理解税法原则？

项目二 增值税法律制度

学习目标

1. **知识目标**
- 理解增值税的概念,了解增值税的性质、原理及特点
- 掌握增值税的纳税人、征税范围、税率等税制构成要素
- 掌握增值税两类纳税人应纳税额及进口货物应纳税额的计算方法
- 理解增值税征收管理方式

2. **能力目标**
- 能准确适用增值税各税率及征收率
- 能准确计算两类纳税人应纳增值税税额
- 能准确计算进口货物应纳增值税税额
- 能正确使用增值税发票

【导入案例】

某彩电厂是增值税一般纳税人,采取以物易物方式向显像管厂提供21英寸彩电2 000台,每台售价2 000元(含税价)。显像管厂向彩电厂提供显像管4 000台。双方均已收到货物,并商定不再进行货币结算。

请思考:彩电厂及显像管厂是否应就该笔业务缴纳增值税呢?

任务一 增值税纳税人、征税范围和税率

一、增值税的概念

增值税是以单位和个人生产经营过程中取得的增值额为课税对象征收的一种税,是企业在生产经营过程中新创造的价值。具体地说,增值税是指对在中华人民共和国境内销售货物或者提供加工、修理修配劳务,销售服务,无形资产或者不动产及进口货物的单位和个人取得的增值额征税的一个税种。

二、增值税的类型

增值税按对外购固定资产处理方式的不同,可划分为生产型增值税、收入型增值税和消费型增值税。

(一)生产型增值税

生产型增值税是指计算增值税时,不允许扣除任何外购固定资产的价款,作为课税基数的法定增值额除包括纳税人新创造价值,还包括当期计入成本的外购固定资产价款部分,即法定增值额相当于当期工资、利息、租金、利润等理论增值额和折旧额之和的一种增值税。从整个国民经济来看,这一课税基数大体相当于国民生产总值的统计口径,故称为生产型增值税。此种类型的增值税对固定资产存在重复征税,而且越是资本有机构成高的行业,重复征税就越严重。这种类型的增值税虽然不利于鼓励投资,但可以保证财政收入。

(二)收入型增值税

收入型增值税是指计算增值税时,对外购固定资产价款只允许扣除当期计入产品价值的折旧费部分,作为课税基数的法定增值额相当于当期工资、利息、租金和利润等各增值项目之和的一种增值税。从整个国民经济来看,这一课税基数相当于国民收入部分,故称为收入型增值税。此种类型的增值税从理论上讲是一种标准的增值税,但由于外购固定资产价款是以计提折旧的方式分期转入产品价值的,且转入部分没有逐笔对应的外购凭证,故给凭发票扣税的计算方法带来困难,从而影响了这种方法的广泛采用。

(三)消费型增值税

消费型增值税是指计算增值税时,允许将当期购入的固定资产价款一次全部扣除,作为课税基数的法定增值额相当于纳税人当期全部销售额扣除外购的全部生产资料价款后的余额的一种增值税。从整个国民经济来看,这一课税基数仅限于消费资料价值的部分,故称为消费型增值税。此种类型的增值税在购进固定资产的当期因扣除额大幅增加,会减少财政收入。但这种方法是最宜规范凭发票扣税的计算方法,因为凭固定资产的外购发票可以一次将其已纳税款全部扣除,既便于操作,也便于管理,所以是三种类型中最简便、最能体现增值税优越性的一种类型。从2009年1月1日起,全国所有地区开始实施消费型增值税。

三、增值税的性质、计税原理及特点

(一)增值税的性质

增值税属于流转税性质的税种。其具体特点如下:

(1)以全部流转额为计税销售额,同时实行税款抵扣制度,是一种只就未税流转额征税的新型流转税,属于价外税。

(2)税负具有转嫁性,属于间接税。

(3)按产品或行业实行比例税率,便于广泛征集财政收入。

(二)增值税的计税原理

(1)增值税按全部销售额计算税款,但只对货物、劳务或服务价值中新增价值部分征税。

(2) 增值税实行税款抵扣制度，对以前环节已纳税款予以扣除。

(3) 税款随着货物、劳务或服务的销售逐环节转移，最终消费者是全部税款的承担者，纳税人与负税人相分离。

(三) 增值税的特点

(1) 不重复征税，具有中性税收的特征。

(2) 逐环节征税，逐环节扣税，最终消费者承担全部税款。

(3) 税基广阔，具有征收的普遍性和连续性。

四、增值税的纳税人与扣缴义务人

(一) 纳税人

1. 概念

在中华人民共和国境内销售货物或者加工、修理修配劳务，销售服务、无形资产、不动产及进口货物的单位和个人，为增值税的纳税人。

单位是指一切从事销售或进口货物、提供劳务、销售服务、无形资产或不动产的单位，包括企业、行政单位、事业单位、军事单位、社会团体及其他单位。

个人是指从事销售或进口货物、提供应税劳务、销售应税服务、无形资产或不动产的个人，包括个体工商户和其他个人。

2. 特殊情况下纳税人的确定

(1) 单位以承包、承租、挂靠方式经营的，承包人"以发包人名义对外经营并由发包人承担相关法律责任"的，以该发包人为纳税人；否则，以承包人为纳税人。

(2) 资管产品运营过程中发生的增值税应税行为，以"资管产品管理人"为增值税纳税人。

(3) 对报关进口的货物，以进口货物的收货人或办理报关手续的单位和个人为进口货物的纳税人。

(4) 建筑企业与发包方签订建筑合同后，以内部授权或者三方协议等方式，授权集团内其他纳税人(以下简称"第三方")为发包方提供建筑服务，并由第三方直接与发包方结算工程款的，由第三方缴纳增值税，与发包方签订建筑合同的建筑企业不缴纳增值税。

3. 小规模纳税人与一般纳税人

(1) 分类标准。区分纳税人的标准包括：经营规模和会计核算的健全程度。

(2) 小规模纳税人与一般纳税人的具体分类如表 2-1 所示。

表 2-1　　　　　小规模纳税人与一般纳税人的具体分类

项目	小规模纳税人	一般纳税人
标准	年应税销售额"500 万元以下"	超过小规模纳税人标准
特殊情况	(1) 其他个人(非个体户)； (2) 非企业性单位； (3) 不经常发生应税行为的企业 注意：第(1)项"必须"按小规模纳税人纳税，第(2)(3)项"可选择"按小规模纳税人纳税	小规模纳税人"会计核算健全"，可以申请登记为一般纳税人

(续表)

项目	小规模纳税人	一般纳税人
计税规定	简易征税;使用增值税普通发票 注意:部分行业小规模纳税人试点自开票,其他行业小规模纳税人可以向税务机关申请代开增值税专用发票(见发票管理)	执行税款抵扣制;可以使用增值税专用发票

4. 纳税人登记的不可逆性

(1)除国家税务总局另有规定,纳税人一经登记为一般纳税人后,不得转为小规模纳税人。

(2)年应税销售额500万元以下,但"已登记"为增值税一般纳税人的单位和个人,在2019年12月31日前,可转登记为小规模纳税人,其未抵扣的进项税额作转出处理。

(二)扣缴义务人

境外单位或个人在境内销售劳务,在境内未设有经营机构的,以其境内代理人为扣缴义务人;在境内没有代理人的,以购买方为扣缴义务人。

五、增值税征税范围

增值税征税范围包括货物的生产、批发、零售和进口四个环节。2016年5月1日以后,营业税改征增值税试点行业扩大到销售服务、无形资产或者不动产,增值税的征税范围覆盖第一产业、第二产业和第三产业。目前,我国增值税的征税范围包括境内销售货物或者劳务,销售服务、无形资产、不动产及进口货物。

(一)征税范围的一般规定

1. 销售或者进口货物

(1)货物是指"有形动产",包括电力、热力、气体。

(2)有偿是指从购买方取得货币、货物或者其他经济利益。

(3)进口是指申报进入中国海关境内的货物。只要是报关进口的应税货物(不看原产地),均属于增值税的征税范围,除享受免税政策,还应在进口环节缴纳增值税。

2. 提供加工、修理修配劳务

劳务是指加工和修理修配劳务。加工是指接收来料承做货物,加工后的货物所有权仍属于委托者的业务,即通常所说的委托加工业务。委托加工业务是指由委托方提供原料及主要材料,受托方按照委托方的要求制造货物并收取加工费的业务。修理修配是指受托对损伤和丧失功能的货物进行修复,使其恢复原状和功能的业务。

提供加工和修理修配劳务是指有偿提供加工和修理修配劳务。但单位或个体工商户聘用的员工为本单位或雇主提供加工、修理修配劳务则不包括在内。

3. 销售服务、无形资产或者不动产

1)交通运输服务。

交通运输服务包括陆路运输、水路运输、航空运输、管道运输。

注意事项:

(1)出租车公司向使用本公司自有出租车的出租车司机收取的管理费用,属于"陆路运输服务"。

(2) 水路运输的"程租""期租"业务属于"水路运输服务";航空运输的"湿租"业务属于"航空运输服务"。

(3) 水路运输的"光租"业务;航空运输的"干租"业务属于"现代服务——租赁服务"。

(4) "航天运输"属于"航空运输服务",但适用"零税率"。

(5) 实质重于形式:程租、期租、湿租是连人带交通工具一起租,实质是提供运输服务;干租、光租是只租交通工具不带人,实质是租赁。

【案例 2-1】

某运输公司发生两项业务:①承接了某公司年会租车业务,提供车辆及司机;②提供五一黄金周自驾游车辆出租业务。要求分别列明所属增值税范围。

【案例分析】

业务①按"交通运输服务"征收增值税。

业务②按"现代服务——租赁服务(有形动产租赁服务)"征收增值税。

2) 邮政服务。

邮政服务包括邮政普遍服务、邮政特殊服务、其他邮政服务。需注意,"邮政储蓄业务"按"金融服务"缴纳增值税。

3) 电信服务。

(1) "基础"电信服务:通话、出租带宽等。

(2) "增值"电信服务:短(彩)信、互联网接入、卫星电视信号落地转接等。

4) 建筑服务。

建筑服务包含的具体内容如表 2-2 所示。

表 2-2　　　　　　　建筑服务包含的具体内容

子目	具体项目
工程服务	新建、改建各种建筑物、构筑物的工程作业
安装服务	生产设备、动力设备、起重设备、运输设备、传动设备、医疗实验设备及其他各种设备、设施的装配、安置工程作业 "固定电话、有线电视、宽带、水、电、燃气、暖气"等经营者向用户收取的"安装费、初装费、开户费、扩容费"及类似收费,按照"建筑服务—安装服务"缴纳增值税
修缮服务	对建筑物、构筑物进行修补、加固、养护、改善,使之恢复原来的使用价值或者延长其使用期限的工程作业 注意区别有形动产的"加工、修理修配劳务"
装饰服务	对建筑物、构筑物进行修饰装修,使之美观或者具有特定用途的工程作业
其他建筑服务	钻井(打井)、拆除建筑物或者构筑物、平整土地、园林绿化、疏浚、建筑物平移、搭脚手架、爆破、矿山穿孔、表面附着物(包括岩层、土层、沙层等)剥离和清理等 注意事项: (1) "疏浚"属于"建筑服务——其他建筑服务",但"航道疏浚"属于"现代服务——物流辅助服务" (2) "建筑物平移"属于"建筑服务——其他建筑服务"

5）金融服务。

金融服务包含的具体内容如表2-3所示。

表2-3　　　　　　　　　　　　金融服务包含的具体内容

子目	具体项目
贷款服务	金融商品持有期间(含到期)利息(保本收益、报酬、资金占用费、补偿金等)收入、信用卡透支利息收入、买入返售金融商品利息收入、融资融券收取的利息收入，以及融资性售后回租、押汇、罚息、票据贴现、转贷等业务取得的利息及利息性质的收入 注意事项： (1) 区别"贷款服务"与其他金融服务，贷款服务的收入为各种占用、拆借资金而取得的"利息" (2) 以"货币投资"收取"固定利润或保底利润"，按照"金融服务——贷款服务"缴纳增值税 (3) "融资性售后回租"属于"金融服务——贷款服务"；"融资租赁"属于"现代服务——租赁服务"
直接收费金融服务	提供货币兑换、账户管理、电子银行、信用卡、信用证、财务担保、资产管理、信托管理、基金管理、金融交易场所(平台)管理、资金结算、资金清算、金融支付等服务，而直接取得的收入。例如，银行卡收单业务手续费、发卡行服务费、网络服务费
保险服务	人身保险服务和财产保险服务
金融商品转让	转让外汇、有价证券、非货物期货和其他金融商品(基金、信托、理财产品等各类资产管理产品和各种金融衍生品)的"所有权"取得的收入

6）现代服务（生产性）。

现代服务（生产性）包含的具体内容如表2-4所示。

表2-4　　　　　　　　　　　现代服务（生产性）包含的具体内容

子目	具体项目	
研发和技术服务	研发服务、合同能源管理服务、工程勘察勘探服务、专业技术服务	
信息技术服务	软件服务、电路设计及测试服务、信息系统服务、业务流程管理服务和信息系统增值服务	
文化创意服务	设计服务、知识产权服务、广告服务和会议展览服务	
物流辅助服务	航空服务、港口码头服务、货运客运场站服务、打捞救助服务、仓储服务、装卸搬运服务和收派服务 注意事项： (1) 与"交通运输服务"作准确区别 (2) "货运客运场站服务"中的"车辆停放服务"属于"不动产租赁服务"	
租赁服务	融资租赁服务	有形动产融资租赁、不动产融资租赁
	经营租赁服务	有形动产经营租赁、不动产经营租赁
	注意事项： (1) "租赁服务"分为"动产租赁"和"不动产租赁"，分别适用不同税率 (2) "车辆停放服务""道路通行服务(过路、过桥、过闸费)"属于"不动产经营租赁服务" (3) 将动产、不动产上的广告位出租，属于"经营租赁服务" (4) "融资性售后回租"属于"金融服务——贷款服务"	
鉴证咨询服务	认证服务、鉴证服务和咨询服务，其中"翻译服务、市场调查服务"属于"咨询服务"	
广播影视服务	广播影视节目的制作服务、发行服务和播映服务 注意事项："广告的制作、发布"均属于"文化创意服务——广告服务"	

(续表)

子目	具体项目
商务辅助服务	企业管理服务、经纪代理服务、人力资源服务、安全保护服务 注意事项： (1)"货物运输代理"属于"经纪代理服务"而"无运输工具承运"属于"交通运输服务" (2)"物业管理"属于"企业管理服务"
其他现代服务	除了上述八项的现代服务

7) 生活服务。

生活服务包括文化体育服务、教育医疗服务、旅游娱乐服务、餐饮住宿服务、居民日常服务、其他生活服务。

其中，居民日常服务包括市容市政管理、家政、婚庆、养老、殡葬、照料和护理、救助救济、美容美发、按摩、桑拿、氧吧、足疗、沐浴、洗染、摄影扩印等。

8) 销售无形资产。

销售无形资产包含的具体内容如表2-5所示。

表2-5　　　　　　　　销售无形资产包含的具体内容

子目	具体项目
技术	专利技术、非专利技术
商标	—
著作权	—
商誉	—
自然资源使用权	土地使用权、海域使用权、探矿权、采矿权、取水权和其他自然资源使用权
其他权益性无形资产	基础设施资产经营权、公共事业特许权、配额、经营权（包括特许经营权、连锁经营权、其他经营权）、经销权、分销权、代理权、会员权、席位权、网络游戏虚拟道具、域名、名称权、肖像权、冠名权、转会费等

9) 销售不动产。

销售不动产是指有偿转让不动产所有权的业务活动。

不动产是指不能移动或者移动后会引起性质、形状改变的财产，包括建筑物、构筑物等。建筑物，包括住宅、商业营业用房、办公楼等可供居住、工作或者进行其他活动的建造物。构筑物，包括道路、桥梁、隧道、水坝等建造物。

单独转让"土地使用权"，按照"销售无形资产"缴纳增值税；转让不动产时一并转让其所占土地的使用权的，按照"销售不动产"缴纳增值税。

（二）视同销售的征税规定

1. 视同销售货物

1) 委托代销行为。

(1) 将货物交付其他单位或者个人代销。

(2) 销售代销货物。

2) 货物异地移送。

设有两个以上机构并实行统一核算的纳税人,将货物从一个机构移送至其他机构用于销售,但相关机构设在同一县(市)的除外。

3) 自产、委托加工、购进的货物用于非生产性支出。

(1) 将自产、委托加工的货物用于集体福利或者个人消费。

(2) 将自产、委托加工或者购进的货物作为投资,提供给其他单位或者个体工商户。

(3) 将自产、委托加工或者购进的货物分配给股东或者投资者。

(4) 将自产、委托加工或者购进的货物无偿赠送其他单位或者个人。

2. 视同销售服务、无形资产或不动产

(1) 单位或者个体工商户向其他单位或者个人无偿提供服务。

(2) 单位或者个人向其他单位或者个人无偿转让无形资产或者不动产。

用于公益事业或者以社会公众为对象的除外。

(三) 混合销售与兼营行为的征税规定

1. 混合销售

一项销售行为如果既涉及货物又涉及服务,为混合销售。从事货物的生产、批发或者零售的单位和个体工商户的混合销售行为,按照销售货物缴纳增值税;其他单位和个体工商户的混合销售行为,按照销售服务缴纳增值税。

上述从事货物的生产、批发或者零售的单位和个体工商户,包括以从事货物的生产、批发或者零售为主,并兼营销售服务的单位和个体工商户在内。

2. 兼营行为

兼营行为是指纳税人的经营范围既包括销售货物和加工修理修配劳务,又包括销售服务、无形资产或者不动产。

3. 混合销售与兼营的主要区别

混合销售与兼营区别是:混合销售强调的是在同一项销售行为中存在着不同类别经营项目的混合,销售货款及服务价款是同时从一个购买方取得的;兼营强调的是在同一纳税人的经营活动中存在着不同类别经营项目,但这不同类别经营项目不是在同一项销售行为中发生。混合销售与兼营是两个不同的税收概念,因此,在税务处理上的规定也不同。混合销售的纳税主要原则是按"经营主体"划分,分别按照"销售货物""销售服务"等不同应税交易征收增值税。兼营的纳税原则是分别核算、分别按照适用税率或征收率征收增值税;对兼营行为不分别核算的,从高适用税率或征收率征收增值税。

混合销售与兼营的区分如表2-6所示。

表2-6　　　　　　　　　　混合销售与兼营的区分

项目	行为特征	判定标准	税务处理	典型案例
混合销售	一项销售行为	经营主体从事货物生产、批发或零售	按销售货物缴纳增值税	超市销售货物同时提供送货上门服务
		经营主体从事其他行业	按销售服务缴纳增值税	娱乐场所提供娱乐服务同时销售烟、酒、饮料
兼营	多元化经营	增值税不同税目混业经营,不发生在同一项销售行为中	分别核算分别缴纳;未分别核算"从高"适用税率	商场销售商品,并经营美食城

需注意，纳税人销售活动板房、机器设备、钢结构件等自产货物的同时，提供建筑、安装服务，不属于混合销售，应分别核算货物和建筑服务的销售额，分别适用不同的税率或者征收率。

（四）不征收增值税的特殊规定

1. 资产重组

纳税人在资产重组过程中，通过合并、分立、出售、置换等方式，将全部或者部分实物资产以及与其相关联的债权、负债和劳动力一并转让给其他单位和个人，不属于增值税的征税范围，其中涉及的"货物、不动产、土地使用权"转让，不征收增值税。

2. 非营业活动

1) "传统"行业。

单位或个体工商户聘用的员工为本单位或雇主提供加工、修理修配劳务，不征收增值税。

2) "营改增"行业。

（1）行政单位收取"满足条件"的政府性基金或者行政事业性收费。①够级别：由国务院或者财政部批准设立的政府性基金，由国务院或者省级人民政府及其财政、价格主管部门批准设立的行政事业性收费；②有证据：收取时开具省级以上财政部门印制的财政票据；③全上交：所收款项全额上缴财政。

（2）单位或者个体工商户聘用的员工为本单位或者雇主提供取得工资的服务。

（3）单位或者个体工商户为聘用的员工提供服务。

3. 非在境内提供应税服务

（1）境外单位或者个人向境内单位或者个人销售"完全在境外"发生的服务。

（2）境外单位或者个人向境内单位或者个人销售"完全在境外"使用的无形资产。

（3）境外单位或者个人向境内单位或者个人出租"完全在境外"使用的有形动产。

总结：非在境内提供应税服务必须同时满足"提供方在境外"并"完全在境外使用"两个条件。

4. 其他不征收增值税的项目

（1）根据国家指令无偿提供的铁路运输服务、航空运输服务，属于《营业税改征增值税试点实施办法》规定的用于公益事业的服务。

（2）存款利息。

（3）被保险人获得的保险赔付。

（4）房地产主管部门或者其指定机构、公积金管理中心、开发企业以及物业管理单位代收的住宅专项维修资金。

六、增值税的税率与征收率

（一）税率

1. 13%税率

（1）销售和进口执行9%低税率的货物以外的货物。

（2）提供加工、修理修配劳务。

（3）有形动产租赁服务。

2. 9%税率

1) 货物。

(1) 粮食等农产品、食用植物油、食用盐、自来水、暖气、冷气、热水。

(2) 煤气、石油液化气、天然气、沼气、居民用煤炭制品。

(3) 图书、报纸、杂志、音像制品、电子出版物。

(4) 饲料、化肥、农药、农机、农膜、二甲醚。

注意事项:

(1) 低税率中的农产品是指一般纳税人销售或进口的农产品。

(2) 执行低税率的农产品为初级农产品。

2) 销售服务、无形资产和不动产。

交通运输、邮政、基础电信、建筑、不动产租赁服务、销售不动产、转让土地使用权。

3. 6%税率

增值电信、金融、现代服务(租赁除外)、生活服务、销售无形资产(转让土地使用权除外)。

4. 零税率

(1) 纳税人出口货物,税率为零。但是,国务院另有规定的除外。

(2) 境内单位和个人跨境销售国务院规定范围内的服务、无形资产,税率为0,具体内容如表2-7所示。

表2-7 税率为零的境内单位和个人跨境销售国务院规定范围内的服务、无形资产具体内容

服务项目		具体内容
国际运输服务		—
航天运输服务		—
向境外单位提供的完全在境外消费的部分服务	研发和技术服务	研发服务;合同能源管理服务
	信息技术服务	软件服务;电路设计及测试服务;信息系统服务;业务流程管理服务;离岸服务外包业务
	文化创意服务	设计服务
	广播影视服务	广播影视节目(作品)的制作和发行服务
	销售无形资产	转让技术

(二) 增值税的征收率

目前,我国增值税征收率一共有两档,3%和5%。

1. 3%征收率

(1) 增值税小规模纳税人,适用3%征收率。

(2) 销售自己使用过的固定资产、旧货,按照3%的征收率减按2%征收增值税。

依照3%征收率减按2%征收的应税项目如表2-8所示。

2. 5%征收率

(1) 销售不动产,开展不动产租赁,转让土地使用权,提供劳务派遣服务、安全保护服务选择简易计税的,征收率为5%。

(2) 个人出租住房，按照5%的征收率减按1.5%计算应纳税额。

(3) 其他个人销售其取得(不含自建)的不动产(不含其购买的住房)，按照5%的征收率计算应纳税额。

(4) 其他个人出租其取得的不动产(不含住房)，应按照5%的征收率计算应纳税额。

依照5%征收率征收的应税项目如表2-9所示。

表2-8　　　　　　依照3%征收率减按2%征收的应税项目

应税项目			计算方法
销售旧货			含税售价÷(1+3%)×2%
销售自己使用过的固定资产	购入时不得抵扣且"未抵扣"过进项税	(1) 小规模纳税人 (2) 2009年以前购入的固定资产 (3) 2013年8月1日以前购入的小汽车、摩托车和游艇(2车1艇)	含税售价÷(1+3%)×2%
	购入时抵扣过进项税		按照适用税率征收

表2-9　　　　　　依照5%征收率征收的应税项目

身份		项目	
小规模纳税人	非房地产开发企业	转让、出租其"取得"的不动产(不含个人出租住房)	
	房地产开发企业	销售"自行开发"的房地产项目	
一般纳税人	非房地产开发企业	转让、出租其2016年4月30日前"取得"的不动产且选择简易方法计税的	
	房地产开发企业	销售"自行开发"的房地产老项目且选择简易方法计税的	
个人出售住房	购买年限<2		全额征税
	购买年限≥2	北、上、广、深非普通住房	差额征税
		其他	免征

需注意，纳税人提供"劳务派遣服务"，选择差额纳税的，按照5%的征收率征收增值税。

【案例2-2】

某企业为增值税一般纳税人，主营二手车交易，2023年5月取得含税销售额206万元；除了上述收入，该企业当月将本企业2015年10月购入自用的一辆货车以含增值税33.9万元的价格出售，要求计算该企业当月应纳增值税。

【案例分析】

应纳增值税=[206÷(1+3%)]×2%+33.9÷(1+13%)×13%=7.9(万元)

【案例2-3】

2023年5月5日，赵某将2022年5月5日购买的位于北京南六环外的一套250平方米的房屋出售，该房屋购入价格为600万元，出售价格为800万元，已知个人出售住房适用的增值税征收率为5%，要求计算赵某出售该房屋应缴纳的增值税。

【案例分析】
应缴纳的增值税＝[800÷(1＋5%)]×5%＝38.1(万元)

任务二　一般纳税人应纳税额计算

一、一般计税方法应纳税额的计算

一般纳税人销售货物或者提出应税劳务，应纳税额为当期销项税额抵扣当期进项税额后的余额。应纳税额计算公式为：

$$应纳税额＝当期销项税额－当期进项税额$$

"当期"是个重要的时间限定，是指税务机关依照税法规定对纳税人确定的纳税期限，只有在纳税期限内发生的销项税额、进项税额，才是法定的当期销项税额、进项税额。

二、当期销项税额的确定

当期销项税额是指当期发生应税销售行为的纳税人，依其销售额和法定税率计算并向购买方收取的增值税税款。

其计算公式为：

$$当期销项税额＝不含税销售额×税率＝组成计税价格×税率$$

(一) 销售额

销售额包括向购买方收取的全部价款和价外费用，但不包括收取的销项税额。

1. 属于价外费用的项目

属于价外费用的项目有价外向购买方收取的手续费、补贴、基金、集资费、返还利润、奖励费、违约金、滞纳金、延期付款利息、赔偿金、代收款项、代垫款项、包装费、包装物租金、储备费、优质费、运输装卸费以及其他各种性质的价外收费。

2. 不属于价外费用的项目

(1) 向购买方收取的销项税额。

(2) 受托加工应征消费税的消费品所代收代缴的消费税。

(3) 同时符合以下条件的代垫运费：①承运者的运费发票开给购货方；②纳税人将该项发票转交给购货方。

(4) 同时符合一定条件代为收取的政府性基金或者行政事业性收费。

(5) 销售货物的同时代办保险等而向购买方收取的保险费以及向购买方收取的"代"购买方缴纳的车辆购置税、车辆牌照费。

(6) 以委托方名义开具发票代委托方收取的款项。

需注意，价外费用全部为价税合计金额，需进行价税分离。

(二) 含税销售额的换算

含税销售额的计算公式为：

不含税销售额＝含税销售额÷(1＋适用税率)

以下说法给出的金额为含税销售额：①明确告知"含税销售额"；②零售价格；③价外费用；④普通发票上注明的金额(专指价税不分离的普通增值税发票)。

【案例 2-4】

甲公司为增值税一般纳税人，2023 年 5 月取得咨询服务不含税收入 318 万元，另收取奖励费 5.3 万元。已知咨询服务增值税税率为 6％。要求计算甲公司业务增值税销项税额。

【案例分析】

增值税销项税额＝[318＋5.3÷(1＋6％)]×6％＝19.38(万元)

(三) 视同销售货物行为销售额的确定

纳税人销售价格明显偏低且无正当理由或者偏高且不具有合理商业目的的，或视同销售货物而无销售额的，按下列顺序确定销售额：

(1) 按纳税人最近时期同类货物的平均销售价格确定。

(2) 按其他纳税人最近时期同类货物的平均销售价格确定(市场价格)。

(3) 按组成计税价格确定：

应纳税额＝组成计税价格×增值税税率

需注意，解答题目过程中必须按上述顺序判定销售额，不能直接组价。偏低调整是防止少纳增值税；偏高调整是防止出口虚报价格，骗取退税款。

(四) 组成计税价格

(1) 非应税消费品的组价公式为：

组成计税价格＝成本×(1＋成本利润率)

(2) 从价计征应税消费品的组价公式为：

组成计税价格＝成本×(1＋成本利润率)÷(1－消费税税率)

【案例 2-5】

甲公司为增值税一般纳税人，2023 年 5 月将两台自产的 A 型洗衣机奖励给职工，已知 A 型洗衣机的生产成本为 1 500 元/台，成本利润率为 10％，市场最高不含税售价为 2 500 元/台，平均不含税售价为 2 200 元/台，要求计算甲公司当月该笔业务增值税销项税额。

【案例分析】

增值税销项税额＝2 200×2×13％＝572(元)

【案例 2-6】

甲服装厂为增值税一般纳税人，2023 年 5 月将自产的 100 件新型羽绒服作为福利发给本厂职工，该新型羽绒服生产成本为 1 160 元/件，无同类销售价格。已知增值税税率为 13％，成本利润率为 10％。要求计算甲服装厂当月该笔业务增值税销项税额。

【案例分析】

增值税销项税额＝100×1 160×(1＋10％)×13％＝16 588(元)

【案例 2-7】

甲公司为增值税一般纳税人，2023 年 5 月将一批新研制的高档美白化妆品赠送给老顾客使用，甲公司并无同类产品销售价格，其他公司也无同类货物，已知该批产品的生产成本为 10 万元，甲公司的成本利润率为 10％，高档化妆品的消费税税率为 15％，要求计算甲公司当月该笔业务增值税销项税额。

【案例分析】

增值税销项税额＝[100 000×(1＋10％)÷(1－15％)]×13％＝16 823.53(元)

(五) 特殊销售方式下销售额的确定

1. 包装物押金

包装物押金计入价外费用的判别如表 2-10 所示。

表 2-10　　　　　　　　　　包装物押金计入价外费用的判别

产品	取得时	逾期时
除酒类产品以外的其他货物	不计入价外费用	计入价外费用
白酒、其他酒	计入价外费用	不计入价外费用
啤酒、黄酒	不计入价外费用	计入价外费用

注意事项：

(1) 逾期是指超过合同约定的期限或者虽未超过合同约定的期限，但已经超过 1 年的。

(2) 与包装物租金进行区分，租金属于价外费用，押金不一定属于价外费用。

2. 折扣销售、销售折扣、销售折让与销售退回

(1) 纳税人采取折扣方式销售货物，如果销售额和折扣额在同一张发票上分别注明，可以按折扣后的销售额征收增值税；如果将折扣额另开发票，不论其在财务上如何处理，均不得从销售额中减除折扣额。

需注意，销售额和折扣额必须在金额栏注明，在备注栏注明，不算同一张发票上分别注明。

(2) 一般纳税人因销售货物退回或者折让而退还给购买方的增值税额，应从发生销售货物退回或者折让当期的销项税额中扣减(同会计处理)。

需注意，未按规定开具红字增值税专用发票的，增值税额不得从销项税额中扣减。

3. 以旧换新

1) 非金银首饰。

非金银首饰按新货物的同期销售价格确定销售额，不得扣减旧货物的收购价格。

2) 金银首饰。

金银首饰按销售方实际收取的不含增值税的全部价款确定销售额。

4. 以物易物

以物易物双方都应作购销处理，以各自发出的货物核算销售额并计算销项税额，以各自

收到的货物按规定核算购货额并计算进项税额。

5. 还本销售

还本销售是指销货方将货物出售之后,按约定的时间,一次或分次将购货款部分或全部退还给购货方,退还的货款即为还本支出。纳税人采取还本销售货物的,不得从销售额中减除还本支出。其计算公式为:

$$销售额=货物销售价格(不得在销售额中减除还本支出)$$

【案例 2-8】

2023 年 5 月,甲公司销售产品取得含增值税价款 116 000 元,另收取包装物租金 6 960 元。已知增值税税率为 13%,要求计算甲公司当月该笔业务增值税销项税额。

【案例分析】

增值税销项税额=[(116 000+6 960)÷(1+13%)]×13%=14 145.84(元)

【案例 2-9】

甲厂为增值税一般纳税人,2023 年 5 月销售食品取得不含增值税价款 116 万元,另收取包装物押金 2.32 万元。已知增值税税率为 13%,要求计算甲厂当月销售食品应缴纳增值税。

【案例分析】

应缴纳增值税=116×13%=15.08(万元)

【案例 2-10】

甲公司为增值税一般纳税人,2023 年 5 月采取折扣方式销售货物一批,该批货物不含税销售额 166 000 元,因购买数量大,给予购买方 10%的价格优惠,销售额和折扣额在同一张发票上分别注明。已知增值税税率为 13%。要求计算甲公司当月该笔业务增值税销项税额。

【案例分析】

增值税销项税额=166 000×(1-10%)×13%=19 422(元)

【案例 2-11】

甲公司为一般纳税人,2023 年 5 月销售新型电冰箱 50 台,每台含税价格 5 800 元;采取以旧换新方式销售同型号电冰箱 20 台,收回的旧电冰箱每台作价 232 元,实际每台收取款项 5 568 元。要求计算甲公司当月增值税销项税额。

【案例分析】

增值税销项税额=(50+20)×5 800÷(1+13%)×13%=46 707.96(元)

【案例 2-12】

甲首饰店是增值税一般纳税人。2023 年 5 月采取"以旧换新"方式销售一批金项链。该批金项链含增值税售价为 139 200 元,换回的旧项链作价 127 600 元,甲首饰店实际收取差价款 11 600 元。已知增值税税率为 13%。要求计算甲首饰店当月该笔业务增值税销项税额。

【案例分析】

增值税销项税额＝[11 600÷(1＋13％)]×13％＝1 334.51(元)

三、当期进项税额的确定

(一) 准予抵扣的进项税额，包括凭票抵扣和计算抵扣

1. 凭票抵扣

(1) 从销售方取得的增值税专用发票(含税控机动车销售统一发票)上注明的增值税额。

(2) 从海关取得的海关进口增值税专用缴款书上注明的增值税额。

(3) 纳税人购进服务、无形资产或不动产，取得的增值税专用发票上注明的增值税额为进项税额，准予从销项税额中抵扣。

根据《关于深化增值税改革有关政策的公告》(财政部、国家税务总局、海关总署公告2019年第39号)的规定，自2019年4月1日起，纳税人取得不动产或者不动产在建工程的进项税额不再分2年抵扣。此前按照上述规定尚未抵扣完毕的待抵扣进项税额，可自2019年4月税款所属期起从销项税额中抵扣。

(4) 纳税人从境外单位或者个人购进劳务、服务、无形资产或者境内的不动产，从税务机关或者扣缴义务人取得的代扣代缴税款的完税凭证上注明的增值税额。

2. "农产品"的抵扣政策

(1) 购进农产品取得增值税专用发票或海关进口增值税专用缴款书的，凭票抵扣进项税额。

(2) 购进免税农产品，除按照农产品收购(销售)发票上注明的买价和9％的扣除率，购进用于生产或委托加工13％税率的农产品，按照10％的扣除率计算进项税额，国务院另有规定的除外。

进项税额计算公式为：

$$进项税额＝买价×9\%$$

可以用于抵扣的凭证包括：增值税专用发票、机动车销售统一发票、海关进口增值税专用缴款书、农产品收购发票、农产品销售发票、税收缴款凭证。

正确使用9％或10％的进项税额扣除，要区分农产品来源和用途，具体如表2-11所示。

表2-11　　　　　　　　　　农产品来源及用途的区分

来源	用途及税率	进项税额扣除	政策
外购已税(取得进口缴款书、增值税专票、代开专票)；外购免税(取得农产品销售发票、收购发票)	直接销售的税率为9％	按9％	2019年4月1日起，原适用10％扣除率的调整为9％；购进用于生产或者委托加工13％税率货物的农产品，按照10％的扣除率计算进项税额
	连续加工为13％货物销售	按10％①	

① 10％的扣除率中，9％是凭票据实抵扣或凭票计算抵扣进项税额，1％是在生产领用农产品当期加计抵扣进项税额。

【案例 2-13】

某大型水果超市为增值税一般纳税人,2023 年 5 月 5 日从农民手中收购一批苹果,农产品收购发票上注明的收购价款为 8 000 元,该超市对苹果做了清洗包装后,出售给了甲企业,开具增值税专用发票上注明的金额为 12 000 元。已知,该超市销售农产品适用的税率为 9%,要求计算该超市应缴纳增值税。

【案例分析】

应缴纳增值税 = 12 000 × 9% − 8 000 × 9% = 360(元)

【案例 2-14】

甲公司为增值税一般纳税人,2023 年 5 月进口产品 20 万元,取得进口增值税专用缴款书上注明的增值税额为 2.6 万元;发生运输费用,取得增值税普通发票上注明的价税合计金额为 2 200 元;向农业生产者购入免税农产品 3 万元,经简单加工后用于直接销售;购入原材料 30 万元,增值税专用发票上注明的增值税额为 3.9 万元。已知该企业取得发票、缴款书等均符合规定,并已认证、比对。要求计算准予抵扣的进项税额。

【案例分析】

准予抵扣的进项税额 = 进口产品准予抵扣的进项税额 2.6 万元 + 购入免税农产品准予抵扣的进项税额 2 700 元(30 000 元 × 9%) + 购入原材料准予抵扣的进项税额 3.9 万元 = 6.77(万元)

(二)不得抵扣的进项税额

1. 不再产生后续销项税额(即纳税链条终止)

不再产生后续销项税额用于简易计税方法计税项目、免征增值税项目、集体福利或者个人消费的购进货物、加工修理修配劳务、服务、无形资产和不动产。

1) 固定资产、无形资产、不动产。

不得抵扣的固定资产、无形资产、不动产,仅指专用于上述项目的固定资产、无形资产(不包括其他权益性无形资产)、不动产。

需注意,无论购入或租入固定资产、不动产,既用于一般计税方法计税项目,又用于简易计税方法计税项目、免征增值税项目、集体福利或者个人消费的,其进项税额准予全额抵扣。

举例:某企业购入(或租入)一栋楼房,既用于生产经营,又用于职工宿舍,进项税额准予抵扣;某企业购入(或租入)一栋楼房,专门用于职工宿舍,进项税额不得抵扣。

2) 货物。

一般纳税人兼营简易计税方法计税项目、免税项目而无法划分不得抵扣的进项税额的,按照下列公式计算不得抵扣的进项税额:

不得抵扣的进项税额 = 当期无法划分的全部进项税额 ×(当期简易计税方法计税项目销售额 + 免征增值税额项目销售额)÷ 当期全部销售额

2. 非正常损失

(1) 非正常损失的购进货物及相关的加工、修理修配劳务和交通运输服务。

(2) 非正常损失的在产品、产成品所耗用的购进货物(不包括固定资产)及相关的加工、修理修配劳务和交通运输服务。

(3) 非正常损失的不动产及该不动产所耗用的购进货物、设计服务和建筑服务。

(4) 非正常损失的不动产在建工程(纳税人新建、改建、扩建、修缮、装饰不动产)所耗用的购进货物、设计服务和建筑服务。

注意事项：

(1) 非正常损失是指因管理不善造成被盗、丢失、霉烂变质的损失及被执法部门依法没收、销毁、拆除的货物或不动产。

(2) 因地震等自然灾害造成的非正常损失，进项税额准予抵扣；生产经营过程中的合理损耗进项税额准予抵扣。

3. 营改增特殊项目

(1) 购进的"贷款服务、餐饮服务、居民日常服务和娱乐服务"，进项税额不得从销项税额中抵扣，其中不包括国内旅客运输服务。

自2019年4月1日起，增值税一般纳税人购进国内旅客运输服务，其进项税额允许从销项税额中抵扣。《营业税改征增值税试点实施办法》(财税〔2016〕36号印发)第二十七条第(六)项和《营业税改征增值税试点有关事项的规定》(财税〔2016〕36号印发)第二条第(一)项第五点中"购进的旅客运输服务、贷款服务、餐饮服务、居民日常服务和娱乐服务"修改为"购进的贷款服务、餐饮服务、居民日常服务和娱乐服务"。

(2) 纳税人接受贷款服务向贷款方支付的与该笔贷款直接相关的投融资顾问费、手续费、咨询费等，进项税额不得从销项税额中抵扣。

4. 其他不得抵扣进项税额的情形

(1) 一般纳税人按简易办法征收增值税的，不得抵扣进项税额。

(2) 一般纳税人会计核算不健全，不能够准确提供税务资料，或应当办理一般纳税人资格登记而未办理，按照13%税率征收增值税，不得抵扣进项税额，不得使用增值税专用发票。

【案例2-15】

某制药厂(增值税一般纳税人)2023年5月份销售抗生素药品116万元(含税)，销售免税药品50万元，当月购入生产用原材料一批，取得增值税专用发票上注明税款6.8万元，抗生素药品与免税药品无法划分耗料情况，要求计算该制药厂当月应纳增值税。

【案例分析】

应纳增值税 = 116÷(1+13%)×13% − 6.8×{116÷(1+13%)÷[116÷(1+13%)+50]} = 13.35 − 6.8×(102.65÷152.65) = 8.78(万元)

(三) 扣减进项税的规定——进项税额转出

1. 直接转出——知道税额的情况

其计算公式为：

进项税额转出 = 已抵扣税款 × 转出比例

【案例 2-16】

某企业上月已认证抵扣原材料的进项税额 100 万元。本月该材料发生非正常损失 10%，要求计算转出的进项税额。

【案例分析】

转出的进项税额＝100×10%＝10（万元）

2. 计算转出——不知道税额的情况下，则先算出税额

(1) 存货的进项税额转出计算公式为：

$$进项税额转出＝不含税价款×税率×转出比例$$

【案例 2-17】

某企业上月外购一批水泥，取得增值税专用发票注明价款 100 万元，已认证抵扣。本月将该批水泥的 30% 用于建设职工食堂，要求计算转出的进项税额。

【案例分析】

转出的进项税额＝100×13%×30%＝3.9（万元）

(2) 服务（以运费为例）的进项税额转出计算公式为：

$$进项税额转出＝运费×9%×转出比例$$

【案例 2-18】

某企业因管理不善导致库存原材料毁损 30%，材料总成本 105 万元，其中含运费成本 5 万元，要求计算转出的进项税额。

【案例分析】

转出的进项税额＝(105－5)×13%×30%＋5×9%×30%＝4.035（万元）

(3) 购入"免税"农产品的进项税额转出计算公式为：

$$进项税额转出＝成本÷(1－9%)×9%×转出比例$$

【案例 2-19】

某企业库存购入的用于简单加工后销售的免税农产品账面成本 100 万元，因管理不善，30% 腐烂变质，要求计算转出的进项税额。

【案例分析】

转出的进项税额＝100÷(1－9%)×9%×30%＝2.97（万元）

(4) （固定资产）无形资产、不动产的进项税额转出计算公式为：

$$进项税额转出＝(固定资产)无形资产、不动产净值×适用税率$$

固定资产净值是指纳税人根据财务会计制度计提折旧或摊销后的余额。

【案例 2-20】

某企业于 2023 年 5 月购入一台生产设备，增值税专用发票上注明的买价为 100 万元，增值税税额为 13 万元，2023 年 12 月因管理不善烧毁，烧毁时已计提折旧 20 万元，要求计算

转出的进项税额。

【案例分析】

转出的进项税额＝(100－20)×13％＝10.4(万元)

(四) 转增进项税额的规定——进项税额转入

不得抵扣且未抵扣进项税额的固定资产、无形资产、不动产,发生用途改变,用于允许抵扣进项税额的应税项目,可在改变用途的次月,依据"合法有效的增值税扣税凭证",计算可抵扣的进项税额。其计算公式为:

可抵扣的进项税额＝固定资产(无形资产、不动产)净值÷(1＋适用税率)×适用税率

【案例2-21】

某企业将用于职工活动中心的计算机改用于生产车间,该批计算机购入时取得的增值税专用发票上注明的价款为10万元,增值税税额为1.3万元。截至变更用途时,该批计算机已计提折旧6.96万元,要求计算该批计算机应转增进项税额。

【案例分析】

应转增进项税额＝(10＋1.3－6.96)÷(1＋13％)×13％＝0.5(万元)

任务三　小规模纳税人应纳税额计算

一、一般业务

1. 征收率:3％

小规模纳税人执行简易征收办法,征收率为3％。

2. 计算公式

小规模纳税人应纳税额计算公式为:

应纳税额＝不含税销售额×征收率

不含税销售额＝含税销售额÷(1＋征收率)

二、折让、退回

纳税人适用简易计税方法计税的,因销售折让、中止或者退回而退还给购买方的销售额,应当从当期销售额中扣减。扣减当期销售额后仍有余额造成多缴的税款,可以从以后的应纳税额中扣减。需注意,小规模纳税人发生销售折让、中止或者退回,同样应当开具红字增值税发票。

【案例2-22】

甲便利店为增值税小规模纳税人,2022年第四季度零售商品取得收入103 000元,将一批外购商品无偿赠送给物业公司用于社区活动,该批商品的含税价格为721元。已知增值税征收率为3％。要求计算甲便利店第四季度应缴纳增值税税额。

【案例分析】

应缴纳增值税税额＝[(103 000＋721)÷(1＋3％)]×3％＝3 021(元)

【案例 2-23】

甲设计公司为增值税小规模纳税人，2023 年 5 月提供设计服务取得含增值税价款 206 000 元；因服务中止，退还给客户含增值税价款 10 300 元。已知小规模纳税人增值税征收率为 3％，要求计算甲设计公司当月应缴纳增值税税额。

【案例分析】

应缴纳增值税税额＝[(206 000－10 300)÷(1＋3％)]×3％＝5 700(元)

三、进口货物应纳税额计算

(一) 不分一般纳税人和小规模纳税人

(二) 采用组成计税价格，无任何抵扣

进口货物应纳税额计算公式为：

$$应纳税额＝组成计税价格×增值税税率$$

(三) 组成计税价格

1. 一般货物组成计税价格

一般货物组成计税价格计算公式为：

$$组成计税价格＝关税完税价格＋关税$$

2. "从价计征应税消费品"组成计税价格

"从价计征应税消费品"组成计税价格计算公式为：

$$组成计税价格＝关税完税价格＋关税＋消费税$$
$$＝(关税完税价格＋关税)÷(1－消费税比例税率)$$

进口环节缴纳的增值税作为国内销售环节的进项税额抵扣。

【案例 2-24】

2023 年 5 月，甲公司进口一批设备，关税完税价格为 150 万元，已知关税税率为 5％；增值税税率为 13％；要求计算甲公司当月该笔业务应缴纳增值税。

【案例分析】

应缴纳增值税＝(150＋150×5％)×13％＝20.475(万元)

【案例 2-25】

2023 年 5 月，甲贸易公司进口一批高档化妆品，关税完税价格 850 000 元，已知增值税税率为 13％，消费税税率为 15％，关税税率为 5％，要求计算甲贸易公司当月该笔业务应缴纳增值税税额。

【案例分析】

应缴纳增值税税额＝(850 000＋850 000×5％)÷(1－15％)×13％＝136 500(元)

任务四 增值税的税收优惠

一、法定免税项目

(1) 农业生产者销售的自产农产品。
(2) 避孕药品和用具。
(3) 古旧图书。
(4) 直接用于科学研究、科学试验和教学的进口仪器、设备。
(5) 外国政府、国际组织(不包括外国企业)无偿援助的进口物资和设备。
(6) 由"残疾人组织"直接进口供残疾人专用的物品。
(7) 对残疾人个人提供的加工、修理修配劳务免征增值税。
(8) 销售自己(即其他个人)使用过的物品。

注意事项:
(1) 纳税人兼营免税、减税项目的,应当分别核算免税、减税项目的销售额;未分别核算销售额的,不得免税、减税。
(2) 纳税人销售货物或者应税劳务适用免税规定的,可以放弃免税,依照《增值税暂行条例》的规定缴纳增值税。放弃免税后,"36个月"内不得再申请免税。

二、特定减免税项目

(一) 销售货物

下列销售行为免征增值税:
(1) 对承担粮食收储任务的国有粮食购销企业销售的粮食免征增值税。
(2) 自2014年5月1日起,对承担粮食收储任务的国有粮食购销企业销售的粮食增值税免税政策适用范围由粮食扩大到粮食和大豆,并可对免税业务开具增值税专用发票。
(3) 政府储备食用植物油的销售免征增值税。
(4) 销售饲料免征增值税。饲料产品的范围包括:单一大宗饲料、混合饲料、配合饲料、浓缩饲料。宠物饲料不属于免征增值税的饲料。
(5) 蔬菜流通环节免征增值税。
(6) 部分鲜活肉蛋产品流通环节免征增值税。自2012年10月1日起,对从事农产品批发、零售的纳税人销售的部分鲜活肉蛋产品免征增值税。
(7) 对供热企业向居民个人供热而取得的采暖费收入免征增值税。

(二) 销售服务

下列项目免征增值税:
(1) 托儿所、幼儿园提供的保育和教育服务。
(2) 养老机构提供的养老服务。
(3) 殡葬服务。

(4) 婚姻介绍服务。
(5) 家政服务企业由员工制家政服务员提供家政服务取得的收入。
(6) 从事学历教育的学校提供的教育服务。
(7) 学生勤工俭学提供的服务。
(8) 纪念馆、博物馆、文化馆、文物保护单位管理机构、美术馆、展览馆、书画院、图书馆在自己的场所提供文化体育服务取得的第一道门票收入。
(9) 医疗机构提供的医疗服务。
(10) "四技"合同(技术转让、技术开发、技术咨询、技术服务)。
(11) "个人"转让著作权。
(12) 福利彩票、体育彩票的发行收入。
(13) 残疾人员本人为社会提供的服务。
(14) 残疾人福利机构提供的育养服务等。

三、增值税即征即退

纳税人享受增值税即征即退政策,需要符合纳税信用级别条件的,以纳税人申请退税税款所属期的纳税信用级别确定。申请退税税款所属期内纳税信用级别发生变化的,以变化后的纳税信用级别确定。

1. 资源综合利用产品和劳务

增值税一般纳税人销售自产的资源综合利用产品和提供资源综合利用劳务可享受增值税即征即退政策。

2. 修理修配劳务

对飞机维修劳务增值税实际税负超过6%的部分即征即退。

3. 软件产品

增值税一般纳税人销售其自行开发生产的软件产品,按13%的税率征收增值税后,对其增值税实际税负超过3%的部分实行即征即退政策。

4. 安置残疾人

对安置残疾人的单位和个体工商户,由税务机关按纳税人安置残疾人的人数,即征即退增值税。纳税人(盲人按摩机构除外)月安置的残疾人占在职职工人数的比例不低于25%(含25%),并且安置的残疾人人数不少于10人(含10人)。盲人按摩机构月安置的残疾人占在职职工人数的比例不低于25%(含25%),并且安置的残疾人人数不少于5人(含5人)。

4. 管道运输服务

一般纳税人提供管道运输服务,对其增值税实际税负超过3%的部分实行增值税即征即退政策。

5. 有形动产融资租赁和售后回租服务

经中国人民银行、银保监会或者商务部批准从事融资租赁业务的试点纳税人中的一般纳税人,提供有形动产融资租赁服务和有形动产融资性售后回租服务,对其增值税实际税负超过3%的部分实行增值税即征即退政策。

6. 风力发电

自2015年7月1日起,对纳税人销售自产的利用风力生产的电力产品,实行增值税即征即退50%的政策。

【案例2-26】

某管道运输公司主要从事天然气输送服务,属于增值税一般纳税人。2023年5月,该公司向客户运输天然气共取得不含税收入3 000万元,同时随同天然气输送向客户收取管道维护费50万元,当月发生可抵扣的增值税进项税额为150万元。要求计算该公司12月可申请办理即征即退增值税。

【案例分析】

即征即退增值税=3 000×9%+50÷(1+9%)×9%-150-[3 000+50÷(1+9%)]×3%=274.13-150-91.38=32.75(万元)

四、增值税加计抵减

自2023年1月1日至2023年12月31日,增值税加计抵减政策按照以下规定执行:

(1)允许生产性服务业纳税人按照当期可抵扣进项税额加计5%抵减应纳税额。

(2)允许生活性服务业纳税人按照当期可抵扣进项税额加计10%抵减应纳税额。

生产、生活性服务业纳税人是指提供邮政服务、电信服务、现代服务、生活服务(以下简称"四项服务")取得的销售额占全部销售额的比重超过50%的纳税人。四项服务的具体范围按照《销售服务、无形资产、不动产注释》(财税〔2016〕36号印发)执行。

五、增值税期末留抵税额退税

自2019年4月1日起,试行增值税期末留抵税额退税制度。

同时符合以下条件的纳税人,可以向主管税务机关申请退还增量留抵税额:

(1)自2019年4月税款所属期起,连续6个月(按季纳税的,连续两个季度)增量留抵税额均大于零,且第6个月增量留抵税额不低于50万元。

(2)纳税信用等级为A级或者B级。

(3)申请退税前36个月未发生骗取留抵退税、出口退税或虚开增值税专用发票情形的。

(4)申请退税前36个月未因偷税被税务机关处罚两次及以上的。

(5)自2019年4月1日起未享受即征即退、先征后返(退)政策的。

纳税人当期允许退还的增量留抵税额,按照以下公式计算:

$$允许退还的增量留抵税额=增量留抵税额×进项构成比例×60\%$$

增量留抵税额,是指与2019年3月底相比新增加的期末留抵税额。

进项构成比例,为2019年4月至申请退税前一税款所属期内已抵扣的增值税专用发票

(含税控机动车销售统一发票)、海关进口增值税专用缴款书、解缴税款完税凭证注明的增值税税额占同期全部已抵扣进项税额的比重。

六、小微企业免税规定

增值税小规模纳税人,月销售额不超过15万元(按季纳税,季销售额不超过45万元)免征增值税。

上述纳税人申请代开专用发票、已经缴纳过税款的,在专用发票全部联次追回或者按规定开具红字增值税专用发票后,可申请退还。

其他个人出租不动产,月租金收入不超过3万元的,可享受小微企业免征增值税的优惠政策。

任务五 增值税的征收管理

一、增值税纳税义务发生时间

增值税纳税义务发生时间如表2-12所示。

表2-12　　　　　　　　　增值税纳税义务发生时间

销售方式		纳税义务发生的当天
直接收款		收到销售款或取得索取销售款凭据的当天
托收承付、委托收款		发出货物并办妥托收手续的当天
赊销、分期收款		书面合同约定的收款日期的当天 无合同或有合同无约定,为货物发出的当天
预收货款	货物	货物发出的当天 生产工期超过12个月的,为收到预收款或书面合同约定的收款日期
	租赁服务	收到预收款的当天
委托代销		收到代销清单或全部、部分货款的当天 未收到代销清单及货款,为发出货物满180天
金融商品转让		所有权转移的当天
视同销售		货物移送、转让完成或权属变更的当天
进口		报关进口的当天
扣缴义务		纳税义务发生的当天
先开发票		开具发票的当天
销售服务、无形资产、不动产		索取销售款项凭据的当天 未签订书面合同或者书面合同未确定付款日期的,为服务、无形资产转让完成的当天或者不动产权属变更的当天

二、纳税地点

纳税地点具体分类如表2-13所示。

表2-13　　　　　　　　　　　纳税地点具体分类

业户			申报纳税地点
固定户	一般情况		机构所在地
	总分机构不在同一县(市)		分别申报
			经批准,可以由总机构汇总向总机构所在地的主管税务机关申报
	外出经营	报告外出经营事项	机构所在地
		未报告	销售地;没申报的,由其"机构所在地"税务机关补征税款
非固定户			销售地或劳务发生地
其他个人提供建筑服务,销售或者租赁不动产,转让自然资源使用权			建筑服务发生地、不动产所在地、自然资源所在地
进口			报关地海关

三、纳税期限

(一)纳税期限

增值税的纳税期限分别为1日、3日、5日、10日、15日、1个月或1个季度。

注意事项:

(1)不能按期纳税的,可以按次纳税。

(2)以1个季度为纳税期限:小规模纳税人、银行、财务公司、信托投资公司、信用社。

(二)纳税申报

1. 1个月或1个季度

期满之日起"15日内"申报纳税。

2. 1日、3日、5日、10日、15日

期满之日起5日内预缴税款,于次月1日起"15日内"申报纳税并结清上月税款。

3. 纳税人进口货物

自海关填发海关进口增值税专用缴款书之日起"15日内"缴纳税款。

四、增值税专用发票的使用规定

1. 发票联次及用途

发票联次及用途的具体内容如表2-14所示。

表 2-14　　　　　　　　　　　发票联次及用途的具体内容

联次	持有方	用途
发票联	购买方	核算采购成本和增值税进项税额的记账凭证
抵扣联		报送税务机关认证和留存备查的扣税凭证
记账联	销售方	核算销售收入和增值税销项税额的记账凭证

2. 最高开票限额管理

最高开票限额管理的具体内容如表 2-15 所示。

表 2-15　　　　　　　　　　　最高开票限额管理的具体内容

最高开票限额	审批机关
10 万元内	区县税务机关
100 万元内	地市级税务机关
1 000 万元及以上	省级税务机关
防伪税控系统的具体发行工作由区县级税务机关负责	

3. 一般纳税人不得领购开具增值税专用发票的情形

(1) 会计核算不健全,不能向税务机关准确提供增值税销项税额、进项税额、应纳税额数据及其他有关增值税税务资料的。

(2) 有《税收征收管理法》规定的税收违法行为,拒不接受税务机关处理的。

(3) 有涉及发票的税收违法行为,经税务机关责令限期改正而仍未改正的。

4. 一般纳税人不得开具增值税专用发票的情形

(1) 零售(不包括劳保用品)。

(2) 应税销售行为是"购买方为消费者个人"的。

(3) 发生应税销售行为适用"免税"规定的。

5. 小规模纳税人试点自开专票与代开专票

小规模纳税人试点自开专票与代开专票的具体内容如表 2-16 所示。

表 2-16　　　　　　小规模纳税人试点自开专票与代开专票的具体内容

方式	行业
试点自开专票	住宿业、建筑业、鉴证咨询业、工业、信息传输、软件和信息技术服务业
代开专票	试点行业小规模纳税人销售其"取得的不动产";其他非试点行业小规模纳税人需要开具专用发票的,可以向税务机关申请代开

6. 增值税电子专用发票

增值税专用电子发票(以下简称"电子专票")由各省(自治区、直辖市)税务局监制,采用电子签名代替发票专用章,属于增值税专用发票,其法律效力、基本用途、基本使用规定等与增值税纸质专用发票(以下简称"纸质专票")相同。电子专票的发票代码为12位,编码规则为:第1位为0,第2~5位代表省、自治区、直辖市和计划单列市,第6~7位代表年度,第8~10位代表批次,第11~12位为13代表票种。发票号码为8位,按年度、分批次编制。

自各地专票电子化实行之日起,本地区需要开具增值税纸质普通发票、增值税电子普通发票、纸质专票、电子专票、纸质机动车销售统一发票和纸质二手车销售统一发票的新办纳税人,统一领取税务UKey开具发票。税务机关向新办纳税人免费发放税务UKey,并依托增值税电子发票公共服务平台,为纳税人提供免费的电子专票开具服务。

税务机关按照电子专票和纸质专票的合计数,为纳税人核定增值税专用发票领用数量。电子专票和纸质专票的增值税专用发票(增值税税控系统)最高开票限额应当相同。纳税人开具增值税专用发票时,既可以开具电子专票,也可以开具纸质专票。受票方索取纸质专票的,开票方应当开具纸质专票。

【知识拓展】

国家税务总局关于在新办纳税人中实行增值税专用发票电子化有关事项的公告

为全面落实《优化营商环境条例》,深化税收领域"放管服"改革,加大推广使用电子发票的力度,国家税务总局决定在前期宁波、石家庄和杭州等3个地区试点的基础上,在全国新设立登记的纳税人(以下简称"新办纳税人")中实行增值税专用发票电子化(以下简称"专票电子化")。现将有关事项公告如下:

一、自2020年12月21日起,在天津、河北、上海、江苏、浙江、安徽、广东、重庆、四川、宁波和深圳等11个地区的新办纳税人中实行专票电子化,受票方范围为全国。其中,宁波、石家庄和杭州等3个地区已试点纳税人开具增值税电子专用发票(以下简称"电子专票")的受票方范围扩至全国。

自2021年1月21日起,在北京、山西、内蒙古、辽宁、吉林、黑龙江、福建、江西、山东、河南、湖北、湖南、广西、海南、贵州、云南、西藏、陕西、甘肃、青海、宁夏、新疆、大连、厦门和青岛等25个地区的新办纳税人中实行专票电子化,受票方范围为全国。

实行专票电子化的新办纳税人具体范围由国家税务总局各省、自治区、直辖市和计划单列市税务局(以下简称"各省税务局")确定。

二、电子专票由各省税务局监制,采用电子签名代替发票专用章,属于增值税专用发票,其法律效力、基本用途、基本使用规定等与增值税纸质专用发票(以下简称"纸质专票")相同。电子专票票样见附件。

三、电子专票的发票代码为12位,编码规则:第1位为0,第2—5位代表省、自治区、直辖市和计划单列市,第6—7位代表年度,第8—10位代表批次,第11—12位为13。发票号码为8位,按年度、分批次编制。

四、自各地专票电子化实行之日起,本地区需要开具增值税纸质普通发票、增值税电子普通发票(以下简称"电子普票")、纸质专票、电子专票、纸质机动车销售统一发票和纸质二手车销售统一发票的新办纳税人,统一领取税务 UKey 开具发票。税务机关向新办纳税人免费发放税务 UKey,并依托增值税电子发票公共服务平台,为纳税人提供免费的电子专票开具服务。

五、税务机关按照电子专票和纸质专票的合计数,为纳税人核定增值税专用发票领用数量。电子专票和纸质专票的增值税专用发票(增值税税控系统)最高开票限额应当相同。

六、纳税人开具增值税专用发票时,既可以开具电子专票,也可以开具纸质专票。受票方索取纸质专票的,开票方应当开具纸质专票。

七、纳税人开具电子专票后,发生销货退回、开票有误、应税服务中止、销售折让等情形,需要开具红字电子专票的,按照以下规定执行:

(一)购买方已将电子专票用于申报抵扣的,由购买方在增值税发票管理系统(以下简称"发票管理系统")中填开并上传《开具红字增值税专用发票信息表》(以下简称《信息表》),填开《信息表》时不填写相对应的蓝字电子专票信息。

购买方未将电子专票用于申报抵扣的,由销售方在发票管理系统中填开并上传《信息表》,填开《信息表》时应填写相对应的蓝字电子专票信息。

(二)税务机关通过网络接收纳税人上传的《信息表》,系统自动校验通过后,生成带有"红字发票信息表编号"的《信息表》,并将信息同步至纳税人端系统中。

(三)销售方凭税务机关系统校验通过的《信息表》开具红字电子专票,在发票管理系统中以销项负数开具。红字电子专票应与《信息表》一一对应。

(四)购买方已将电子专票用于申报抵扣的,应当暂依《信息表》所列增值税税额从当期进项税额中转出,待取得销售方开具的红字电子专票后,与《信息表》一并作为记账凭证。

八、受票方取得电子专票用于申报抵扣增值税进项税额或申请出口退税、代办退税的,应当登录增值税发票综合服务平台确认发票用途,登录地址由各省税务局确定并公布。

九、单位和个人可以通过全国增值税发票查验平台(https://inv-veri.chinatax.gov.cn)对电子专票信息进行查验;可以通过全国增值税发票查验平台下载增值税电子发票版式文件阅读器,查阅电子专票并验证电子签名有效性。

十、纳税人以电子发票(含电子专票和电子普票)报销入账归档的,按照《财政部 国家档案局关于规范电子会计凭证报销入账归档的通知》(财会〔2020〕6号)的规定执行。

十一、本公告自 2020 年 12 月 21 日起施行。

特此公告。

附件:增值税电子专用发票(票样)

项目二　增值税法律制度

	××增值税专用发票			发票代码： 发票号码： 开票日期： 校 验 码：			
机器编号：							
购买方	名　　称： 纳税人识别号： 地址、电话： 开户行及账号：			密码区			
项目名称	规格型号	单位	数量	单价	金额	税率	税额
合　计							
价税合计(大写)				(小写)			
销货方	名　　称： 纳税人识别号： 地址、电话： 开户行及账号：			备注			
收款人：		复核：		开票人：			

国家税务总局

2020 年 12 月 20 日

 **课后练习题**

一、单项选择题

1. 根据增值税法律制度的规定，关于增值税纳税人的下列表述中，正确的是(　　)。
   A. 转让无形资产，以无形资产受让方为纳税人
   B. 提供建筑安装服务，以建筑安装服务接收方为纳税人
   C. 资管产品运营过程中发生的增值税应税行为，以资管产品管理人为纳税人
   D. 单位以承包、承租、挂靠方式经营的，一律以承包人为纳税人

2. 根据增值税法律制度的规定，年应税销售额在一定标准以下的纳税人为小规模纳税人。该标准是(　　)万元。
   A. 50　　　　　　　B. 80　　　　　　　C. 500　　　　　　　D. 1 000

3. 下列关于小规模纳税人征税规定的表述中，不正确的是(　　)。
   A. 实行简易征税办法
   B. 一律不使用增值税专用发票
   C. 不允许抵扣增值税进项税额
   D. 可以申请税务机关代开增值税专用发票

4. 下列各项中，应按照"销售服务——建筑服务"税目计缴增值税的是(　　)。
   A. 平整土地　　　　B. 出售住宅　　　　C. 出租办公楼　　　　D. 转让土地使用权

5. 根据增值税法律制度的规定,下列各项中,应按照"金融服务——贷款服务"税目计缴增值税的是( )。

   A. 融资性售后回租 B. 账户管理服务 C. 金融支付服务 D. 资金结算服务

6. 下列各项中,应按照"销售服务——生活服务"税目计缴增值税的是( )。

   A. 文化创意服务 B. 车辆停放服务 C. 广播影视服务 D. 旅游娱乐服务

7. 下列行为中,不属于销售无形资产的是( )。

   A. 转让专利权   B. 转让建筑永久使用权
   C. 转让网络虚拟道具   D. 转让采矿权

8. 下列行为中,应按照"销售不动产"税目计缴增值税的是( )。

   A. 将建筑物广告位出租给其他单位用于发布广告
   B. 销售底商
   C. 转让高速公路经营权
   D. 转让国有土地使用权

9. 下列各项中,不属于按照"现代服务"缴纳增值税的是( )。

   A. 广告设计 B. 有形动产租赁 C. 不动产租赁 D. 教育医疗服务

10. 根据增值税法律制度的规定,企业发生的下列行为中,不属于视同销售货物行为的是( )。

    A. 将购进的货物作为投资提供给其他单位
    B. 将购进的货物用于集体福利
    C. 将委托加工的货物分配给股东
    D. 将自产的货物用于个人消费

11. 下列关于混合销售与兼营的说法中,错误的是( )。

    A. 混合销售是指一项销售行为既涉及货物又涉及服务
    B. 兼营是指纳税人的经营中包括销售货物、加工修理修配劳务以及销售服务、无形资产或者不动产
    C. 混合销售行为发生在一项销售行为中,兼营不发生在同一项销售行为中
    D. 兼营发生在一项销售行为中,混合销售行为不发生在同一项销售行为中

12. 根据增值税法律制度的规定,下列各项中,应按照"提供应税劳务"税目计缴增值税的是( )。

    A. 制衣厂员工为本厂提供的加工服装服务
    B. 有偿提供安装空调服务
    C. 有偿修理机器设备服务
    D. 有偿提供出租车服务

13. 下列各项增值税服务中,增值税税率为13%的是( )。

    A. 邮政服务   B. 交通运输服务
    C. 有形动产租赁服务   D. 增值电信服务

14. 根据增值税法律制度的规定,一般纳税人销售的下列货物中,适用9%的税率的

是( )。
    A. 农机配件　　　　B. 农产品　　　　C. 淀粉　　　　D. 煤炭

15. 下列项目中,适用增值税零税率的是( )。
    A. 国际运输服务
    B. 在境外提供的广播影视节目的播映服务
    C. 工程项目在境外的建筑服务
    D. 存储地点在境外的仓储服务

16. 根据增值税法律制度的规定,一般纳税人发生下列行为时,不可以选择适用简易计税方法的是( )。
    A. 咨询服务　　　B. 收派服务　　　C. 仓储服务　　　D. 装卸搬运服务

17. 一般纳税人销售自产的特殊货物,可选择按照简易办法计税,选择简易办法计算缴纳增值税后一定期限内不得变更,该期限是( )个月。
    A. 24　　　　　　B. 12　　　　　　C. 36　　　　　　D. 18

18. 根据增值税法律制度的规定,下列各项中,属于免税项目的是( )。
    A. 超市销售保健品
    B. 外贸公司进口供残疾人专用的物品
    C. 商场销售儿童玩具
    D. 外国政府无偿援助的进口物资

19. 一般纳税人销售下列货物或者应税劳务适用免税规定的是( )。
    A. 农产品　　　　　　　　　　B. 避孕药品
    C. 图书　　　　　　　　　　　D. 自己使用过的汽车

20. 根据增值税法律制度的规定,纳税人销售货物适用免税规定的,可以放弃免税。放弃免税后,在一定期限内不得再申请免税。该期限为( )个月。
    A. 36　　　　　　B. 48　　　　　　C. 42　　　　　　D. 54

21. 根据增值税法律制度的规定,下列各项中,不属于免税项目的是( )。
    A. 养老机构提供的养老服务
    B. 装修公司提供的装饰服务
    C. 婚介所提供的婚姻介绍服务
    D. 托儿所提供的保育服务

22. 根据增值税法律制度的规定,下列各项中,不属于增值税免税项目的是( )。
    A. 培训机构开设考前培训班取得的收入
    B. 个人转让著作权取得的收入
    C. 发行福利彩票取得的收入
    D. 农业生产者销售自产农产品取得的收入

23. 根据增值税法律制度的规定,下列关于增值税纳税义务发生时间的表述中,不正确的是( )。
    A. 进口货物,为报关进口的当天

B. 从事金融商品转让的,为金融商品所有权转移的当天

C. 采取托收承付和委托银行收款方式销售货物,为收到银行款项的当天

D. 提供租赁服务采取预收款方式的,为收到预收款的当天

24. 下列关于增值税纳税义务发生时间表述中,不正确的是( )。

　　A. 纳税人发生应税行为先开具发票的,为开具发票的当天

　　B. 纳税人发生视同销售不动产的,为不动产权属变更的当天

　　C. 纳税人提供租赁服务采取预收款方式的,为交付租赁物的当天

　　D. 纳税人从事金融商品转让的,为金融商品所有权转移的当天

25. 下列关于增值税专用发票记账联用途的表述中,正确的是( )。

　　A. 作为购买方核算采购成本的记账凭证

　　B. 作为销售方核算销售收入和增值税销项税额的记账凭证

　　C. 作为购买方报送主管税务机关认证和留存备查的扣税凭证

　　D. 作为购买方核算增值税进项税额的记账凭证

26. 根据增值税法律制度的规定,一般纳税人发生的下列行为中,可以开具增值税专用发票的是( )。

　　A. 律师事务所向消费者个人提供咨询服务

　　B. 生产企业向一般纳税人销售货物

　　C. 商业企业向消费者个人零售食品

　　D. 书店向消费者个人销售图书

27. 根据增值税法律制度的规定,一般纳税人发生的下列业务中,允许开具增值税专用发票的是( )。

　　A. 房地产开发企业向消费者个人销售房屋

　　B. 百货公司向小规模纳税人零售食品

　　C. 超市向消费者个人销售红酒

　　D. 住宿业小规模纳税人向一般纳税人提供住宿服务

28. 下列关于租赁服务的表述中,不正确的是( )。

　　A. 将建筑物、构筑物等不动产或者飞机、车辆等有形动产的广告位出租给其他单位或者个人用于发布广告,按照经营租赁服务缴纳增值税

　　B. 技术转让按销售服务缴纳增值税

　　C. 水路运输的光租业务、航空运输的干租业务,属于经营租赁

　　D. 车辆停放服务,按不动产经营租赁服务缴纳增值税

29. 按《营业税改征增值税试点实施办法》的规定,企业下列行为中,属于增值税兼营行为的是( )。

　　A. 建筑公司为承建的某项工程既提供建筑材料又承担建筑、安装业务

　　B. 照相馆在提供照相业务的同时销售相框

　　C. 饭店开设客房、餐厅从事服务业务并附设商场销售货物

　　D. 饭店提供餐饮服务的同时销售酒水饮料

30. 下列选项中,不属于生活服务的是( )。
   A. 文化体育服务　　B. 教育医疗服务　　C. 餐饮住宿服务　　D. 贷款服务

二、多项选择题

1. 下列各项中,按照"销售货物"征收增值税的有( )。
   A. 销售电力　　B. 销售热力　　C. 销售天然气　　D. 销售商品房

2. 某共享单车企业,2023年6月,以单车押金进行投资,购买短期保本理财产品,取得收益600万元,取得单车运营收入4 000万元,车身广告收入200万元,App软件页面广告收入600万元,上述收入应当按照"现代服务——租赁服务"缴纳增值税的有( )。
   A. 购买短期保本理财产品,取得收益
   B. 单车运营收入
   C. 车身广告收入
   D. App软件页面广告收入

3. 根据增值税法律制度的规定,企业发生的下列行为中,属于视同销售货物行为的有( )。
   A. 将服装交付他人代销
   B. 将自产服装用于职工福利
   C. 将购进服装无偿赠送给某小学
   D. 销售代销服装

4. 下列行为中,应当一并按销售货物征收增值税的有( )。
   A. 贸易公司销售电梯同时负责安装
   B. 百货商店销售商品同时负责运输
   C. 建材商店销售建材,并从事装修、装饰业务
   D. 餐饮公司提供餐饮服务的同时销售酒水

5. 根据增值税法律制度的规定,下列各项中,属于不征收增值税项目的有( )。
   A. 存款人取得的存款利息
   B. 物业管理单位代收的住宅专项维修资金
   C. 被保险人获得的保险赔付
   D. 电力公司销售电力

6. 根据增值税法律制度的规定,下列情形中,属于在境内销售服务的有( )。
   A. 境外会计师事务所向境内单位销售完全在境内发生的会计咨询服务
   B. 境内语言培训机构向境外单位销售完全在境外发生的培训服务
   C. 境内广告公司向境外单位销售完全在境内发生的广告服务
   D. 境外律师事务所向境内单位销售完全在境外发生的法律咨询服务

7. 根据增值税法律制度的规定,一般纳税人销售的下列货物中,适用9%的税率的有( )。
   A. 洗衣液　　B. 文具盒　　C. 挂面　　D. 玉米胚芽

8. 根据增值税法律制度的规定,一般纳税人销售的下列货物中,可以选择简易计税方法计

缴增值税的有( )。

A. 食品厂销售的食用植物油

B. 县级以下小型水力发电单位生产的电力

C. 自来水公司销售自产的自来水

D. 煤气公司销售的煤气

9. 根据增值税法律制度的规定,纳税人销售货物向购买方收取的下列款项中,属于价外费用的有( )。

A. 延期付款利息   B. 赔偿金   C. 手续费   D. 包装物租金

10. 下列各项中,应计入增值税的应税销售额的有( )。

A. 向购买方收取的违约金

B. 销售货物的同时代办保险而向购买方收取的保险费

C. 因销售货物向购买方收取的手续费

D. 受托加工应征消费税的消费品所代收代缴的消费税

11. 下列关于包装物的增值税处理中,正确的有( )。

A. 随同货物销售而出租包装物的租金一律在收取时作为价外费用并入销售额计征增值税

B. 一般货物包装物押金一律在收取时作为价外费用并入销售额计征增值税

C. 白酒包装物押金一律在收取时作为价外费用并入销售额计征增值税

D. 啤酒包装物押金一律在收取时作为价外费用并入销售额计征增值税

12. 下列关于增值税计税销售额的表述中,正确的有( )。

A. 金融企业转让金融商品,按照卖出价扣除买入价后的余额为销售额

B. 银行提供贷款服务,以提供贷款服务取得的全部利息及利息性质的收入为销售额

C. 建筑企业提供建筑服务适用一般计税方法的,以取得的全部价款和价外费用扣除支付的分包款后的余额为销售额

D. 房地产开发企业销售其开发的房地产项目,适用一般计税方法的,以取得的全部价款和价外费用,扣除受让土地时向政府部门支付的土地价款后的余额为销售额

13. 根据增值税法律制度的规定,一般纳税人购进货物取得的下列合法凭证中,属于增值税扣税凭证的有( )。

A. 税控机动车销售统一发票

B. 海关进口增值税专用缴款书

C. 农产品收购发票

D. 道路、桥、闸通行费

14. 根据增值税法律制度的规定,一般纳税人购进的下列货物、服务中,其进项税额不得从销项税额中抵扣的有( )。

A. 购进生产免税货物耗用材料所支付的进项税额

B. 购进旅客运输服务所支付的进项税额

C. 购进试制新产品耗用材料所支付的进项税额

D. 购进贷款服务所支付的进项税额

15. 根据增值税法律制度的规定,一般纳税人购进货物的下列进项税额中,不得从销项税额中抵扣的有( )。
    A. 因管理不善造成被盗的购进货物的进项税额
    B. 被执法部门依法没收的购进货物的进项税额
    C. 被执法部门强令自行销毁的购进货物的进项税额
    D. 因地震造成毁损的购进货物的进项税额

16. 根据增值税法律制度的规定,下列各项中,外购货物进项税额准予从销项税额中抵扣的有( )。
    A. 将外购货物无偿赠送给客户
    B. 将外购货物作为投资提供给联营单位
    C. 将外购货物分配给股东
    D. 将外购货物用于本单位职工福利

17. 根据增值税法律制度的规定,下列服务中,免征增值税的有( )。
    A. 学生勤工俭学提供的服务
    B. 残疾人福利机构提供的育养服务
    C. 婚姻介绍所提供的婚姻介绍服务
    D. 火葬场提供的殡葬服务

18. 根据增值税法律制度的规定,下列关于固定业户纳税地点的表述中,不正确的有( )。
    A. 销售商标使用权,应当向商标使用权购买方所在地税务机关申报纳税
    B. 销售采矿权,应当向矿产所在地税务机关申报纳税
    C. 销售设计服务,应当向设计服务发生地税务机关申报纳税
    D. 销售广告服务,应当向机构所在地税务机关申报纳税

19. 根据增值税法律制度的规定,下列表述中,正确的有( )。
    A. 增值税一般纳税人资格实行登记制
    B. 个体工商户以外的其他个人年应税销售额超过小规模纳税人标准的,不需要向主管税务机关提交书面说明
    C. 除国家税务总局另有规定,纳税人一经认定为一般纳税人后,不得转为小规模纳税人
    D. 纳税人(个人除外)年应税销售额超过规定标准,且符合有关政策规定,选择按小规模纳税人纳税的,无需向主管税务机关提交书面说明

20. 根据增值税法律制度的规定,纳税人提供的下列应税服务,适用增值税零税率的有( )。
    A. 在境内载运旅客、货物出境服务
    B. 国际货物运输代理服务
    C. 在境外提供的研发服务
    D. 在境外提供的广播影视节目的播映服务

三、判断题

1. 中国境外单位或者个人在境内发生应税行为,在境内未设有经营机构的,以境内代理人为增值税扣缴义务人。（   ）

2. 将建筑物的广告位出租给其他单位用于发布广告,应按照"广告服务"税目计缴增值税。（   ）

3. 外购进口的原属于中国境内的货物,不征收进口环节增值税。（   ）

4. 小规模纳税人,转让其取得的不动产,按照3%的征收率征收增值税。（   ）

5. 私营企业进口残疾人专用的物品免征增值税。（   ）

6. 增值税小规模纳税人月销售额不超过3万元（含3万元）的,免征增值税。（   ）

7. 增值税扣缴义务发生时间为纳税人增值税纳税义务发生的当天。（   ）

8. 银行增值税的纳税期限为1个月。（   ）

9. 非自开票试点行业小规模纳税人销售货物或者提供应税劳务需要开具专用发票的,可以向税务机关申请代开。（   ）

10. 根据营改增的规定,单位和个体工商户向其他单位或者个人无偿提供交通运输服务、邮政服务和部分现代服务,视同提供应税服务,征收增值税；但以公益活动为目的或者以社会公众为对象的除外。（   ）

四、计算题

1. 甲商业银行W分行为增值税一般纳税人,主要提供存款、贷款、货币兑换、基金管理、资金结算、金融商品转让等相关金融服务。2023年第三季度有关经营情况如下：

（1）取得含增值税贷款利息收入6 360万元,支付存款利息1 590万元；取得含增值税转贷利息收入530万元,支付转贷利息477万元。

（2）本季度销售一批债券,卖出价805.6万元,该批债券买入价795万元,除此之外无其他金融商品买卖业务,上一纳税期金融商品买卖销售额为正差且已纳税。

（3）租入营业用房屋,取得增值税专用发票注明税额9万元；对该房屋进行装修,支付装修费取得增值税专用发票注明税额10万元。

已知,金融服务增值税税率为6%。取得的增值税专用发票均已通过税务机关认证。

要求：根据上述资料,不考虑其他因素,分析回答下列小题。

① 计算甲商业银行W分行第三季度贷款及转贷业务增值税销项税额。

② 计算甲商业银行W分行第三季度金融商品买卖业务应缴纳增值税税额。

③ 计算甲商业银行W分行第三季度租入营业用房屋及装修业务增值税可抵扣进项税额。

2. 甲公司为增值税一般纳税人,主要提供餐饮、住宿服务。2023年5月有关经营情况如下：

（1）提供餐饮、住宿服务取得含增值税收入1 431万元。

（2）出租餐饮设备取得含增值税收入29万元,出租房屋取得含增值税收入5.5万元。

（3）提供车辆停放服务取得含增值税收入11万元。

（4）发生员工出差火车票、飞机票支出合计10万元。

（5）支付技术咨询服务费，取得增值税专用发票注明税额1.2万元。

（6）购进卫生用具一批，取得增值税专用发票注明税额1.6万元。

（7）从农业合作社购进蔬菜，取得农产品销售发票注明买价100万元。

已知：有形动产租赁服务增值税税率为13%；不动产租赁服务增值税税率为9%；生活服务、现代服务（有形动产租赁服务和不动产租赁服务除外）增值税税率为6%；交通运输服务增值税税率为9%；农产品扣除率为9%；取得的扣税凭证均已通过税务机关认证。

要求：根据上述材料，不考虑其他因素，分析回答下列小题。（保留两位小数）

① 计算甲公司当月增值税销项税额。

② 计算甲公司当月准予抵扣增值税进项税额。

③ 计算甲公司当月应缴纳的增值税。

3. 某生产企业2023年5月销售产品2 000件，不含税单价58元；另将产品1 500件运往外省分支机构用于销售，支付运费，取得增值税专用发票上注明不含税运费2 000元；将100件产品用于公益性捐赠，营业外支出账户按成本列支公益性捐赠发生额5 000元；购进材料，取得增值税专用发票上注明销售额100 000元、增值税税额13 000元，该批材料月末未入库。

同时从一生产企业购进废旧物资，普通发票上注明销售额5 850元；从独立核算的水厂购进自来水，取得增值税专用发票，注明销售额12 000元、增值税税额1 080元，其中20%的自来水用于职工浴室。本月取得的相关发票均在本月申请并通过认证。

要求：计算该企业上述业务应纳增值税。

4. 某制药厂为增值税一般纳税人，2023年5月销售免税药品取得价款20 000元，销售非免税药品取得含税价款90 400元。当月购进原材料、水、电等取得的增值税专用发票（已通过税务机关认证）上的税款合计为10 000元，其中有2 000元进项税额对应的原材料用于免税药品的生产；5 000元进项税额对应的原材料用于非免税药品的生产；对于其他的进项税额对应的购进部分，企业无法划分清楚其用途。

要求：计算该企业本月应缴纳的增值税。

五、综合业务题

A电子设备生产企业（本题下称A企业）与B商贸公司（本题下称B公司）均为增值税一般纳税人，2023年5月份有关经营业务如下：

（1）A企业从B公司购进生产用原材料和零部件，取得B公司开具的增值税专用发票，注明货款为180万元、增值税税额为23.4万元。

（2）B公司从A企业购买电脑600台，每台不含税单价为0.45万元，取得A企业开具的增值税专用发票，注明货款为270万元、增值税税额为35.1万元。

（3）A企业为B公司制作大型电子显示屏，开具了普通发票，取得含税销售额9.36万元、调试费收入1.94万元。在制作过程中委托C公司进行专业加工，支付加工费2万元、增值税税额0.26万元，取得C公司增值税专用发票。

（4）B公司从农民手中购进免税农产品，收购凭证上注明支付收购货款30万元，向运输公司支付该批农产品运输费，取得运输企业增值税专用发票上的不含税运费为3万元。入库后，将收购的农产品 40% 作为职工福利消费,60% 零售给消费者,并取得含税收入 34.88 万元。

(5) B 公司销售电脑和其他物品取得含税销售额 298.32 万元,均开具普通发票。

要求根据上述资料,分析回答下列问题:

① 计算 A 企业 2023 年 5 月份应缴纳的增值税。

② 计算 B 公司 2023 年 5 月份应缴纳的增值税(本月取得的相关票据均在本月认证并抵扣)。

六、案例分析题

新华机械有限公司是一家生产发动机的企业,为增值税一般纳税人。2023 年 5 月,该公司将自产的 3 台机器赠送给了某个客户,该机器成本为 100 000 元/台,同类产品市场价为 110 000 元/台(不含增值税)。该公司财务人员直接转出库存商品 300 000 元,并以相同的金额借记销售费用。

要求:根据上述资料,回答下列问题:

① 上述将自产货物用于无偿赠送的行为属于增值税中的哪种行为?

② 该公司财务人员的处理方法是否正确?为什么?

项目三 消费税法律制度

1. 知识目标
- 了解消费税的概念和特点
- 掌握消费税的纳税人、征税对象、纳税环节、税率等税制构成要素
- 掌握消费税应纳税额的计算
- 理解消费税征收管理方式

2. 能力目标
- 能够准确使用消费税各个税目
- 能够准确计算各类应税消费品的应纳税额
- 能够准确运用出口应税消费品退（免）税政策

【导入案例】

甲卷烟厂购进烟丝，取得增值税专用发票，注明价款为140万元、增值税税额为18.2万元，支付运费8万元，并取得货运企业运费发票。领用80%的烟丝生产H牌卷烟，将10%的烟丝运往丙企业委托加工雪茄烟，取得丙企业开具的增值税专用发票，注明加工费为1.8万元、代垫的辅助材料为0.2万元、增值税税额为0.026万元。

请思考：甲卷烟厂委托丙企业加工雪茄烟，需要缴纳消费税吗？如果需要纳税，如何缴纳？纳税地点是哪里？

任务一　消费税纳税人、征税范围和税率

一、消费税的概念

消费税是对我国境内从事生产、委托加工和进口应税消费品的单位和个人就其销售额或销售数量，在特定环节征收的一种税。

二、消费税的特点

(一) 征税项目具有选择性

各国目前征收的消费税实际上都属于对特定消费品或消费行为征收的税种。为满足我国目前的产业结构、消费水平和消费结构以及节能、环保等方面的要求,目前,我国消费税的税目共有 15 个。

(二) 征税环节具有单一性

消费税是在生产(进口)、流通或消费的某一环节一次征收,而不是在消费品生产、流通或消费的每个环节多次征收(卷烟、超豪华小汽车除外),即一次课征制。

(三) 征收方法具有多样性

为了适应不同消费品的应税情况,消费税在征收方法上不求一致,可采用从价定率的征收方式,也可以选择从量定额的征收方式。

(四) 税收调节具有特殊性

这一特殊性表现在两个方面:一是不同的征税项目税负差异较大;二是消费税往往同有关税种配合实行加重或双重调节。

(五) 消费税具有转嫁性

消费税无论在哪个环节征收,消费品中所含的消费税税款最终都要转嫁到消费者身上,由消费者负担,税负具有转嫁性,并且较其他税种更明显。

三、消费税纳税人及征税对象

(一) 消费税纳税人

凡在我国境内生产、委托加工和进口应税消费品的单位和个人,都是消费税的纳税义务人。

纳税人按经营方式划分,有以下几种情况:

(1) 从事生产应税消费品的单位和个人,以生产者为纳税人;但对在我国境内生产的金银首饰、铂金首饰、钻石及钻石饰品,则以从事零售业务的单位和个人为纳税人。

(2) 从事委托加工应税消费品业务的,以委托的单位和个人为纳税人,由受托方在向委托方交货时代收代缴税款。

(3) 从事进口应税消费品业务的,以进口的单位和个人为纳税人,在报送进口时向海关缴纳。

(二) 消费税代收代缴义务人

跨境电子商务零售进口商品按照货物征收进口环节消费税,购买跨境电子商务零售进口商品的个人作为纳税义务人,电子商务企业、电子商务交易平台企业或物流企业可作为代收代缴义务人。

《中华人民共和国消费税暂行条例》(以下简称《消费税暂行条例》)规定,委托加工的应税消费品,由受托方在向委托方交货时代收代缴税款。

但是,不是所有受托方都可以代收代缴税款。对纳税人委托个体经营者加工的,应税消费品一律由委托方收回后,由委托方在委托方所在地自行缴纳消费税。

(三)消费税征税范围确定原则

确定消费税征税范围的总原则是:立足于我国经济发展水平、国家消费政策和产业政策,充分考虑人民生活水平、消费水平和消费结构状况,注重保证国家财政收入稳定,并适当借鉴国外征收消费税的成功经验和国际通行做法。其具体表现在以下几个方面:

(1)引导消费。将非生活必需品中一些高档、奢侈的消费品纳入消费税征收范围,引导理性消费。例如,对贵重首饰及珠宝玉石、高档化妆品、游艇、高档手表等征收消费税。通过对奢侈品和高档消费品等征税,可以调节收入水平,体现多收入多缴税的原则,体现公平。

(2)保护环境。将污染环境以及高能耗的产品纳入消费税征收范围,发挥消费税的环境保护作用。例如,对鞭炮、焰火和小汽车等消费品征收消费税,可以抑制其消费,保护生态环境。

(3)持续发展。对一些特殊的资源性消费品,如对成品油、实木地板等征收消费税。对成品油征收消费税,并实行较高税率,除了符合国际惯例,主要是因为它们是不可再生资源,需要限制过度消费,促进可持续发展。

按照上述原则,列入消费税征税范围的消费品大体上可归为四类,如表3-1所示。

表3-1 消费税征收对象

名称	具体内容
消费税征税对象	第一类,过度消费会对身心健康、社会秩序、生态环境等方面造成危害的特殊消费品,如烟、酒、鞭炮、焰火等
	第二类,非生活必需品,如高档化妆品、贵重首饰及珠宝玉石等
	第三类,高能耗及高档消费品,如摩托车、小汽车、游艇、高档手表和高尔夫球及球具等
	第四类,不可再生和替代的稀缺资源消费品,如成品油等

消费税的征税范围不是一成不变的,随着我国经济社会的发展,可以根据国家的政策和经济情况及消费结构的变化适当调整。

四、消费税的演变

我国现行消费税是1994年税制改革时新设置的一个税种。《消费税暂行条例》规定,消费税是对在中国境内从事生产、委托加工和进口《消费税暂行条例》规定的消费品的单位和个人,以及国务院确定的销售《消费税暂行条例》所规定的消费品的其他单位和个人,就其销售收入或销售数量征收的一种税。它是在对货物普遍征收增值税的基础上,选择特定消费品再征收一道消费税,目的在于调节消费结构,引导消费方向,调节收入分配。1994年,消费税的征税范围主要选择了11类应税产品,主要包括烟、酒及酒精、化妆品、护肤护发品、贵重首饰及珠宝玉石、鞭炮及焰火、汽油、柴油、汽车轮胎、摩托车、小汽车。

为适应社会经济形势发展需要,发挥消费税的作用,财政部、国家税务总局于2006年3月20日联合发布了《关于调整和完善消费税政策的通知》(财税〔2006〕33号),从当年4月1日起,对消费税税目、税率及相关政策进行调整,税目由原来的11个增加调整为14个。其中,扩大了石油制品的消费税征收范围,新设成品油税目;为了增强人们的环保意识、引导消费和节约木材资源,增加木制一次性筷子税目和实木地板税目;为了合理引导消费,间接调节收入分配,增加高尔夫球及球具税目;为了体现对高档消费品的税收调节,增加高档手表税目。2008年11月5日,国务院第34次常务会议修订通过《消费税暂行条例》,2008年12月15日,财政部、国家税务总局颁布了修订后的《消费税暂行条例实施细则》,对原来的暂行条例及其实施细则进行了部分修改,修改的内容主要有两个方面:一是将1994年以来出台和调整政策,更新到新修订的《消费税暂行条例》中;二是与《中华人民共和国增值税暂行条例》衔接,将纳税申报期限从10日延长至15日,对消费税的纳税地点等规定进行了调整。为了促进环境治理和节能减排,经国务院批准,自2014年11月29日起,提高汽油、石脑油、溶剂油、润滑油、柴油、航空煤油和燃料油消费税单位税额,航空煤油继续暂缓征收消费税。自2014年12月1日起,取消气缸容量250毫升(不含)以下的小排量摩托车消费税,取消汽车轮胎税目,取消酒精消费税,"酒及酒精"品目相应改为"酒",并按照相关消费税政策执行;取消含铅汽油消费税的二级子目,统一按照无铅汽油税率征收消费税。为促进节能环保,经国务院批准,自2015年2月1日起对电池、涂料征收消费税。2016年10月取消对普通美容、修饰类化妆品征收消费税,将"化妆品"税目名称更名为"高档化妆品"。自2016年12月1日起,对超豪华小汽车在零售环节加征10%的消费税。

五、消费税征税范围及税率

(一)消费税的税目

税目是征税范围的具体化,现行消费暂行条例确定消费税共有烟、酒、高档化妆品等15个税目,有的税目还包括若干子目,采用的是列举加概括的方法。

现行消费税暂行条例中15个税目如下。

1. 烟

凡是以烟叶为原料加工生产的产品,不论使用何种辅料,均属于本税目的征收范围,包括卷烟、雪茄烟和烟丝。

2. 酒

酒类包括粮食白酒、薯类白酒、黄酒、啤酒、果啤和其他酒。

3. 高档化妆品

《财政部、国家税务总局关于调整化妆品消费税政策的通知》(财税〔2016〕103号)规定,高档化妆品包括高档美容、修饰类化妆品、高档护肤类化妆品和成套化妆品。高档美容、修饰类化妆品、高档护肤类化妆品和成套化妆品是指生产(进口)环节销售(完税)价格(不含增值税)在10元/毫升(克)或15元/片(张)及以上的美容、修饰类化妆品和护肤类化妆品。

4. 贵重首饰及珠宝玉石

金银首饰、铂金首饰、钻石及钻石饰品在零售环节纳税,税率5%;其他贵重首饰和珠宝玉石在生产(出厂)、进口、委托加工环节纳税,税率为10%。

5. 鞭炮、焰火

本税目包括各种鞭炮、焰火。体育上用的发令纸、鞭炮药引线不按本税目征收。

6. 成品油

本税目包括汽油、柴油、石脑油、溶剂油、航空煤油、润滑油、燃料油等子目。

7. 小汽车

2006年消费税税目调整后,取消了原小汽车税目下的小轿车、越野车、小客车子目。在小汽车税目下分设了乘用车、中轻型商用客车和超豪华小汽车子目。

电动汽车不属于本税目征收范围。

8. 摩托车

本税目包括轻便摩托车和摩托车两种。摩托车的征收范围包括气缸容量250毫升和250毫升(不含)以上的摩托车。自2014年12月1日起,气缸容量250毫升(不含)以下的小排量摩托车不征收消费税。

9. 高尔夫球及球具

高尔夫球及球具是指从事高尔夫球运动所需的各种装备,包括高尔夫球、高尔夫球杆及高尔夫球包(袋)等。

10. 高档手表

高档手表是指销售价格(不含增值税)每只在10 000元(含)以上的各类手表。

11. 游艇

游艇是指长度大于8米(含)小于90米(含),船体由玻璃钢、钢、铝合金、塑料等多种材料制作,可以在水上移动的水上浮载体。按照动力划分,游艇分为无动力艇、帆艇和机动艇。

本税目征收范围包括艇身长度大于8米(含)小于90米(含),内置发动机,可以在水上移动,一般为私人购置,主要用于水上运动和休闲娱乐等非谋利活动的各类机动艇。

12. 木制一次性筷子

本税目征收范围包括各种规格的木制一次性筷子。未经打磨、倒角的木制一次性筷子属于本税目征税范围。

13. 实木地板

实木地板是指以木材为原料,经锯割、干燥、刨光、截断、开榫、涂漆等工序加工而成的块状或条状的地面装饰材料。

未经涂饰的素板属于本税目征税范围。

14. 电池

电池是一种将化学能、光能等直接转换为电能的装置,一般由电极、电解质、容器、极端,通常还有隔离层组成的基本功能单元,以及用一个或多个基本功能单元装配成的电池组。范围包括原电池、蓄电池、燃料电池、太阳能电池和其他电池。

15. 涂料

涂料是指涂于物体表面能形成具有保护、装饰或特殊性能的固态涂膜的一类液体或固体材料之总称。

涂料由主要成膜物质、次要成膜物质等构成。其按主要成膜物质涂料可分为油脂类、天然树脂类、酚醛树脂类、沥青类、醇酸树脂类、氨基树脂类、硝基类、过滤乙烯树脂类、烯类树脂类、丙烯酸酯类树脂类、聚酯树脂类、环氧树脂类、聚氨酯树脂类、元素有机类、橡胶类、纤维素类、其他成膜物类等。

(二)消费税的税率

消费税的税率具有比例税率和定额税率两种基本形式,以适应不同应税消费品的实际情况。

我国目前实行的消费税,其税率结构的差异较大,从价征收的消费税税率为3%~56%,共分11档。根据2008年修订后的《消费税暂行条例》《消费税暂行条例实施细则》及财政部、国家税务总局《关于继续提高成品油消费税的通知》(财税〔2015〕11号)的规定,经整理汇总的消费税税目税率如表3-2所示。

表 3-2　　　　　　　　　　消费税税目税率表

税目	税率
一、烟	
1. 卷烟	
(1) 甲类卷烟[①]	56%加0.003元/支(生产环节)
(2) 乙类卷烟[②]	36%加0.003元/支(生产环节)
(3) 批发环节	11%加0.005元/支
2. 雪茄烟	36%
3. 烟丝	30%
二、酒	
1. 白酒	20%加0.5元/500克
2. 黄酒	240元/吨
3. 啤酒	
(1) 甲类啤酒[③]	250元/吨
(2) 乙类啤酒[④]	220元/吨
4. 其他酒	10%
三、高档化妆品	15%
四、贵重首饰及珠宝玉石	
1. 金银首饰、铂金首饰和钻石及钻石饰品	5%
2. 其他贵重首饰和珠宝玉石	10%
五、鞭炮、焰火	15%
六、成品油	
1. 汽油	1.52元/升
2. 柴油	1.20元/升
3. 航空煤油(暂缓征收)	1.20元/升
4. 石脑油	1.52元/升
5. 溶剂油	1.52元/升
6. 润滑油	1.52元/升
7. 燃料油	1.20元/升

(续表)

税目	税率
七、摩托车 1. 气缸容量 250 毫升（不含）以下的小排量摩托车 2. 气缸容量在 250 毫升（含 250 毫升） 3. 气缸容量在 250 毫升以上的	免税 3% 10%
八、小汽车 1. 乘用车 （1）气缸容量（排气量，下同）在 1.0 升（含 1.0 升）以下的 （2）气缸容量在 1.0 升以上至 1.5 升（含 1.5 升）的 （3）气缸容量在 1.5 升以上至 2.0 升（含 2.0 升）的 （4）气缸容量在 2.0 升以上至 2.5 升（含 2.5 升）的 （5）气缸容量在 2.5 升以上至 3.0 升（含 3.0 升）的 （6）气缸容量在 3.0 升以上至 4.0 升（含 4.0 升）的 （7）气缸容量在 4.0 升以上的 2. 中轻型商用客车 3. 超豪华小汽车	 1% 3% 5% 9% 12% 25% 40% 5% 10%
九、高尔夫球及球具	10%
十、高档手表	20%
十一、游艇	10%
十二、木制一次性筷子	5%
十三、实木地板	5%
十四、电池	4%
十五、涂料	4%

① 甲类卷烟，即每标准条（200 支）调拨价格在 70 元（不含增值税）以上（含 70 元）的卷烟，生产环节（含进口）的税率为 56%。
② 乙类卷烟，即每标准条调拨价格在 70 元（不含增值税）以下的卷烟，生产环节（含进口）的税率为 36%。
③ 甲类啤酒，每吨出厂价（含包装物及包装物押金）在 3 000 元（含 3 000 元，不含增值税）以上的啤酒。
④ 乙类啤酒，每吨出厂价（含包装物及包装物押金）在 3 000 元（不含增值税）以下的啤酒。

由表 3-2 可以看出，卷烟和白酒实行的是复合税率，黄酒、啤酒及成品油实行的是定额税率，其他税目或子目均实行的是比例税率。

纳税人兼营不同税率的应税消费品，应当分别核算不同税率应税消费品的销售额、销售数量。未分别核算销售额、销售数量，或者将不同税率的应税消费品组成成套消费品销售的，从高适用税率。这样做的目的在于促进企业加强核算，准确提供税务数据。

纳税人兼营卷烟批发和零售业务的，应当分别核算批发和零售环节的销售额、销售数量；未分别核算批发和零售环节销售额、销售数量的，按照全部销售额、销售数量计征批发环节消费税。

任务二 计税依据

一、销售数量的确定

应税消费品的销售数量是指应税消费品的计税数量。具体分为四种情形：
(1) 销售应税消费品的，为应税消费品的销售数量。
(2) 自产自用应税消费品的，为应税消费品的移送使用数量。
(3) 委托加工应税消费品的，为纳税人收回的应税消费品数量。
(4) 进口的应税消费品，为海关核定的应税消费品进口征税数量。

二、销售额的确定

（一）一般规定

应税消费品的销售额包括销售应税消费品从购买方收取的全部价款和价外费用，但不包括应向购货方收取的增值税税款。如果纳税人应税消费品的销售额中未扣除增值税税款或者因不得开具增值税专用发票而发生价款和增值税税款合并收取的，在计算消费税时，应当换算为不含增值税税款的销售额。其换算公式如下：

$$应税消费品的销售额 = 含增值税销售额 \div (1 + 增值税税率或征收率)$$

上面所说的"价外费用"是指价外收取的基金、集资费、返还利润、补贴、违约金（延期付款利息）和手续费、包装费、储备费、优质费、运输装卸费、代收款项、代垫款项及其他各种性质的价外收费。但下列款项不包括在内：
(1) 承运部门的运费发票开具给购货方的。
(2) 纳税人将该项发票转交给购货方的。
其他价外费用，无论是否属于纳税人的收入，均应并入销售额计算征税。

（二）包装物的规定

(1) 应税消费品连同包装物销售的，无论包装物是否单独计价，也不论在财务上如何核算，均应并入应税消费品的销售额中征收消费税。

(2) 包装物不作价随同产品销售，而是收取押金，此项押金则不应并入应税消费品销售额中征税。但是，对逾期未收回的包装物不再退还的和已收取1年以上的押金，应并入应税消费品的销售额，按照应税消费品的适用税率征收消费税。

(3) 对既作价随同应税消费品销售的，又另外收取包装物押金，凡纳税人在规定的期限内不予退还的，均应并入应税消费品的销售额，按照应税消费品的适用税率征收消费税。

(4) 对酒类产品生产企业销售酒类产品（不包括啤酒、黄酒）而收取的包装物押金，无论押金是否返还及会计上如何核算，均应并入酒类产品销售额中征收消费税，并同时征收增值税。

【案例3-1】

某筷子生产企业为增值税一般纳税人。2023年5月该企业取得不含税销售额如下：销售烫花木制筷子15万元,销售竹制筷子18万元,销售木制一次性筷子12万元。另外没收逾期未退还的木制一次性筷子包装物押金0.23万元,该押金于2022年12月收取。

要求:计算该企业当月应纳消费税。

【案例分析】

只有木制一次性筷子才属于消费税征税范围,对应的逾期包装物押金也要计算消费税。烫花木制筷子和竹制筷子不属于消费税征税范围。

$$应纳消费税 = 12 \times 5\% + 0.23 \div 1.13 \times 5\% \approx 0.61(万元)$$

(三)酒类产品其他规定

(1)白酒生产企业向商业销售单位收取的品牌使用费是随着应税白酒的销售而向购货方收取的,属于应税白酒销售价款的组成部分。

(2)啤酒生产企业销售的啤酒,不得以向其关联企业的啤酒销售公司销售的价格作为确定消费税税额的标准,而应当以其关联企业的啤酒销售公司对外的销售价格(含包装物及包装物押金)作为确定消费税税额的标准,并以此确定该啤酒消费税单位税额。

三、计税依据的特殊规定

1)卷烟最低计税价格的核定。

(1)卷烟消费税最低计税价格(以下简称"计税价格")核定范围为卷烟生产企业在生产环节销售的所有牌号、规格的卷烟。

(2)计税价格由国家税务总局按照卷烟批发环节销售价格扣除卷烟批发环节批发毛利核定并发布。计税价格的核定公式如下:

$$某牌号、规格卷烟计税价格 = 批发环节销售价格 \times (1 - 适用批发毛利率)$$

(3)实际销售价格高于核定计税价格的卷烟,按实际销售价格征收消费税;反之,按计税价格征税。

2)白酒消费税最低计税价格核定管理办法。

(1)白酒生产企业销售给销售单位的白酒,生产企业消费税计税价格低于销售单位对外销售价格(不含增值税)70%以下的,税务机关应核定消费税最低计税价格。

(2)白酒消费税最低计税价格由白酒生产企业自行申报,税务机关核定。

3)纳税人通过自设非独立核算门市部销售的自产应税消费品,应当按照门市部对外销售额或者销售数量计算征收消费税。

【案例3-2】

某摩托车厂系增值税一般纳税人,2023年5月销售汽缸容量为250毫升的摩托车取得货款,开具的增值税专用发票上注明价款200万元,以成本价转给统一核算的门市部同类摩托车一批,成本价为60万元,门市部当月全部售出,开具普通发票上注明货款金额74.88万元,已知该类摩托车适用消费税税率为3%。

要求:计算该企业当月应纳消费税。

【案例分析】

$$应纳消费税 = 200 \times 3\% + 74.88 \div (1 + 13\%) \times 3\% = 7.99(万元)$$

4）纳税人用于以物易物（换取生产资料或消费资料）、投资入股、抵偿债务等方面的应税消费品，应当以纳税人同类应税消费品的最高销售价格为依据计算消费税。

【案例 3-3】

某化妆品厂为增值税一般纳税人，2023 年 6 月发生以下业务：8 日销售化妆品 400 箱，每箱不含税价为 600 元；15 日销售同类化妆品 500 箱，每箱不含税价为 650 元。当月以 200 箱同类化妆品与某公司换取精油。

要求：计算该企业当月应纳消费税。

【案例分析】

应当按纳税人同类应税消费品的最高销售价格作为计税依据。

$$应纳消费税 = (600 \times 400 + 650 \times 500 + 650 \times 200) \times 15\% = 104\ 250(元)$$

任务三　应纳税额的计算

一、消费税应纳税额的一般计算方法

根据现行消费税暂行条例，消费税应纳税额的计算分为从价定率计税、从量定额计税以及从价定率和从量定额复合计税三类。计算方法如表 3-3 所示。

表 3-3　　　　　　　　　　应纳税额计算方法

计税方法	税额计算
从价定率计税	应纳税额＝销售额×比例税率（销售额含消费税、不含增值税）
从量定额计税（啤酒、黄酒、成品油）	应纳税额＝销售数量×适用的单位税额
复合计税（白酒、卷烟）	应纳税额＝销售额×比例税率＋销售数量×适用的单位税额

二、企业自产自用应税消费品

（一）自产自用应税消费品纳税方面的规定

1. 用于连续生产应税消费品

纳税人自产的应税消费品，用于连续生产应税消费品的，在移送使用环节不计算缴纳消费税。例如，卷烟厂生产的烟丝，直接对外销售应缴纳消费税。卷烟厂生产的烟丝用于本厂连续生产卷烟，只对生产销售的卷烟征收消费税，用于连续生产卷烟的烟丝不缴纳消费税。

2. 用于其他方面

纳税人自产的应税消费品，用于其他方面，于移送使用时缴纳消费税。用于其他方面是指：一是指连续生产非应税消费品，此时缴纳消费税，不缴增值税。二是指在建工程、管理部门、非生产机构使用自产应税消费品,此时须缴纳消费税。增值税抵扣链条中断的,须缴纳增值税;链条不中断的,无须缴纳增值税。三是自产的应税消费品用于馈赠、赞助、集资、广告、样品、职工福利、奖励等方面,此时消费税及增值税都要缴纳。

(二)自产自用应税消费品消费税的计算

纳税人自产自用的应税消费品,属于前述"用于其他方面"按规定应当纳税的,按照纳税人生产的同类消费品的销售价格计算纳税。

这里所说的"同类消费品的销售价格"是指纳税人或代收代缴义务人当月销售的同类消费品的销售价格。如果当月同类消费品各期销售价格高低不同,应按销售数量加权平均计算。销售的应税消费品有下列情况之一者,不得列入加权平均计算:

(1)销售价格明显偏低又无正当理由的。

(2)无销售价格的。

如果当月无销售或当月未完结,应按照同类消费品上月或最近月份的销售价格计算纳税。如果没有同类消费品销售价格的,按照组成计税价格计算纳税。

1. 从价定率征收消费税

组成计税价格的计算公式如下:

$$组成计税价格=(成本+利润)\div(1-消费税税率)$$

或

$$组成计税价格=[成本\times(1+成本利润率)]\div(1-消费税税率)$$

应纳消费税的计算公式如下:

$$应纳消费税=组成计税价格\times消费税税率$$

公式中的"成本"是指应税消费品的产品生产成本。公式中的"利润"是指根据应税消费品的全国平均成本利润率计算的利润。应税消费品全国平均成本利润率由国家税务总局确定。

【案例 3-4】

2023 年 6 月,某化妆品厂将一批自产高档护肤类化妆品用于集体福利,生产成本为 35 000 元,将新研制的香水用于广告样品,生产成本为 20 000 元,上述货物已全部发出,均无同类产品售价,该香水的成本利润率为 5%。

要求:计算该企业当月应纳消费税。

【案例分析】

$$应纳消费税=(35\ 000+20\ 000)\times(1+5\%)\div(1-15\%)\times15\%=10\ 191.18(元)$$

2. 复合计征消费税

该种方法用于需要缴纳消费税的自产自用白酒、卷烟。组成计税价格的计算公式为:

$$组成计税价格=(成本+利润+自产自用数量\times定额税率)\div(1-比例税率)$$

应纳消费税的计算公式如下:

$$\begin{aligned}应纳消费税&=从价税+从量税\\&=组成计税价格\times适用比例税率+自产自用数量\times定额税率\end{aligned}$$

【案例 3-5】

某白酒生产企业本月举办展销会,将特制 100 斤新品白酒赠送给来宾,该批白酒成本为 50 000 元,没有同类白酒的销售价格,该白酒的成本利润率为 10%。

要求:计算该企业当月应纳消费税和增值税。

【案例分析】

(1) 赠送给来宾特制新品白酒应纳消费税:

$$应纳消费税 = [50\,000 \times (1+10\%) + 100 \times 0.5] \div (1-20\%) \times 20\% + 100 \times 0.5$$
$$= 13\,812.5(元)$$

(2) 赠送给来宾特制新品白酒应纳增值税:

$$应纳增值税 = [50\,000 \times (1+10\%) + 100 \times 0.5] \div (1-20\%) \times 13\% = 8\,945.63(元)$$

3. 从量征收消费税

应纳消费税的计算公式如下:

$$应纳消费税 = 自产自用数量 \times 适用的单位税额$$

【案例 3-6】

某啤酒厂自产啤酒 20 吨,赠送某啤酒节,每吨啤酒成本为 1 000 元,无同类产品售价。

要求:计算某啤酒厂该笔业务应缴纳的消费税。

【案例分析】

$$应纳消费税 = 20 \times 220 = 4\,400(元)$$

三、委托加工的应税消费品

(一) 委托加工应税消费品的确定

委托加工应税消费品是指委托方提供原料和主要材料,受托方只收取加工费和代垫部分辅助材料加工的应税消费品。

如果出现下列情形,无论纳税人在财务上如何处理,都不得作为委托加工应税消费品,而应按销售自制应税消费品缴纳消费税:

(1) 受托方提供原材料生产的应税消费品。

(2) 受托方先将原材料卖给委托方,然后再接受加工的应税消费品。

(3) 受托方以委托方名义购进原材料生产的应税消费品。

(二) 代收代缴消费税款

委托加工的应税消费品,由受托方加工完毕向委托方交货时代收代缴消费税。如果受托方是个体经营者,委托方须在收回加工应税消费品后向委托方所在地主管税务机关缴纳消费税。受托方未代收代缴消费税,委托方要补税。对委托方补征税款的计税依据是:

(1) 如果收回的应税消费品直接销售,按销售额计税补征。

(2) 如果收回的应税消费品尚未销售或用于连续生产等,按组成计税价格计税补征。

(三)委托方收回应税消费品后销售

(1)委托方将收回的应税消费品,以不高于受托方的计税价格出售的,为直接出售,不再缴纳消费税。

(2)委托方以高于受托方的计税价格出售的,不属于直接出售,需按照规定申报缴纳消费税,在计税时准予扣除受托方已代收代缴的消费税。

(四)委托加工应税消费品组成计税价格的计算

受托方代收代缴消费税时,应按受托方同类消费品的售价计算纳税;没有同类价格的,按照组成计税价格计算纳税。

1. 从价定率计征消费税

其组成计税价格公式如下:

$$组成计税价格 = (材料成本 + 加工费) \div (1 - 消费税税率)$$

【案例 3-7】

2023 年 7 月,甲卷烟厂购进烟丝,取得增值税专用发票,注明价款 140 万元、增值税额 23.8 万元,支付运费 8 万元,并取得货运企业运费发票。领用 80% 的烟丝生产 H 牌卷烟,将 10% 的烟丝运往丙企业委托加工雪茄烟,取得丙企业开具的增值税专用发票,注明加工费 1.8 万元、代垫的辅助材料费 0.2 万元、增值税额 0.34 万元。

要求:计算丙企业应代收代缴消费税。

【案例分析】

(1)组成计税价格:

$$组成计税价格 = [(140 + 8 \times 93\%) \times 10\% + 1.8 + 0.2] \div (1 - 36\%) \approx 26.16(万元)$$

(2)丙企业委托加工环节代收代缴消费税:

$$应纳消费税 = 26.16 \times 36\% = 9.42(万元)$$

2. 复合计征消费税

其组成计税价格公式如下:

$$组成计税价格 = (材料成本 + 加工费 + 从量消费税) \div (1 - 消费税税率)$$

应纳消费税的计算公式如下:

$$应纳消费税 = 从价税 + 从量税$$
$$= 组成计税价格 \times 适用比例税率 + 自产自用数量 \times 定额税率$$

【案例 3-8】

某市烟草集团公司属增值税一般纳税人,2023 年 7 月购进已税烟丝 800 万元(不含增值税),委托 A 企业加工甲类卷烟 500 箱(250 条/箱,200 支/条),A 企业每箱按 0.1 万元收取加工费(不含税),当月 A 企业按正常进度投料加工生产卷烟 200 箱交由集团公司收回(烟丝消费税税率为 30%,甲类卷烟生产环节消费税税率为 56%,每箱 150 元)。

要求:计算 A 企业当月应当代收代缴的消费税。

【案例分析】

（1）组成计税价格：

$$组成计税价格 = (800 \times 200 \div 500 + 0.1 \times 200 + 200 \times 150 \div 10\,000) \div (1 - 56\%)$$
$$= 779.55(万元)$$

（2）丙企业委托加工环节代收代缴消费税：

$$应纳消费税 = 779.55 \times 56\% + 200 \times 150 \div 10\,000 = 439.55(万元)$$

四、进口的应税消费品

进口的应税消费品,按照组成计税价格或进口数量计算纳税。

(一) 从价定率办法计税

从价定税办法的计算公式如下：

$$组成计税价格 = (关税完税价格 + 关税) \div (1 - 消费税税率)$$
$$应纳税额 = 组成计税价格 \times 消费税税率$$

该公式中的关税完税价格是指海关核定的关税完税价格。

此外,税法规定,如果纳税人应税消费品的计税价格明显偏低又无正当理由的,由主管税务机关核定其计税价格。应税消费品的计税价格的核定权限具体规定如下：

（1）卷烟和粮食白酒的计税价格由国家税务总局核定。

（2）其他应税消费品的计税价格由国家税务总局所属税务分局核定。

（3）进口的应税消费品的计税价格由海关核定。

【案例 3-9】

某公司从境外进口一批化妆品,经海关核定,关税的完税价格为 54 000 万元,进口关税税率为 25%,消费税税率为 15%。

要求：计算该公司当月应纳消费税。

【案例分析】

$$组成计税价格 = (54\,000 + 54\,000 \times 25\%) \div (1 - 15\%) = 79\,411.76(万元)$$
$$应纳税额 = 79\,411.76 \times 15\% = 11\,911.76(万元)$$

(二) 从量定额办法计税

从量定税办法计税仅限于啤酒、黄酒、成品油。其计算公式如下：

$$应纳税额 = 进口应税消费品数量 \times 定额税率$$

(三) 复合计税办法

复合计税办法只适用于进口卷烟、白酒。其计算公式如下：

$$组成计税价格 = (关税完税价格 + 关税 + 进口数量 \times 定额税率) \div (1 - 消费税比例税率)$$

应纳税额 ＝ 组成计税价格×消费税比例税率＋海关核定的进口数量×消费税定额税率

五、消费税已纳税额的扣除

消费税已纳税额的扣除，包括购入（国内购入或进口）的应税消费品已纳的消费税税额扣除，委托加工应税消费品已纳消费税税额的扣除。扣除的前提条件是以上述应税消费品连续生产应税消费品。消费税已纳税额扣除的规定，旨在避免重复征税。

（一）外购应税消费品已纳税额的扣除

1. 外购应税消费品已纳税额的计算

以外购已税消费品生产的应税消费品，在计税时按生产当期领用数量计算准予扣除的外购应税消费品已纳的消费税税额：

（1）外购从价征收的应税消费品。其计算公式如下：

$$当期准予扣除的外购应税消费品已纳税款 = 当期准予扣除的外购应税消费品买价 \times 外购应税消费品的适用税率$$

$$当期准予扣除的外购应税消费品买价 = 期初库存的外购应税消费品的买价 + 当期购进的应税消费品的买价 - 期末库存的外购应税消费品的买价$$

（2）外购从量征收的应税消费品。其计算公式如下：

$$当期准予扣除的外购应税消费品已纳税款 = 当期准予扣除的外购应税消费品数量 \times 外购应税消费品的适用税额$$

以上外购已税消费品的买价，是指购货发票上注明的销售额，不包括增值税税款。

2. 扣税范围

在消费税 15 个税目中，除酒、成品油（石脑油、润滑油除外）、小汽车、高档手表、游艇税目外，其余税目均有扣税规定。具体扣税范围包括：

（1）外购或委托加工收回的已税烟丝生产的卷烟。
（2）外购或委托加工收回的已税高档化妆品生产的高档化妆品。
（3）外购或委托加工收回的已税珠宝玉石生产的贵重首饰及珠宝玉石。
（4）外购或委托加工收回的已税鞭炮焰火生产的鞭炮焰火。
（5）外购或委托加工收回的已税杆头、杆身和握把为原料生产的高尔夫球杆。
（6）外购或委托加工收回的已税木制一次性筷子为原料生产的木制一次性筷子。
（7）外购或委托加工收回的已税实木地板为原料生产的实木地板。
（8）外购或委托加工收回的汽油、柴油、石脑油、燃料油、润滑油用于连续生产应税成品油。
（9）从葡萄酒生产企业购进、进口葡萄酒连续生产应税葡萄酒的，准予从葡萄酒消费税应纳税额中扣除所耗用应税葡萄酒已纳消费税税款。

3. 扣税环节

纳税人用外购的已税珠宝玉石生产的改在零售环节征收消费税的金银首饰（含镶嵌首饰）、钻石首饰，在计税时一律不得扣除外购珠宝玉石的已纳税款。

从工业企业、商业企业、委托加工、从国外购进应税消费品，在工业环节生产后销售，可以扣税；在商业零售环节缴纳消费税的,不实行扣税。

【案例3-10】

某卷烟厂为增值税一般纳税人,主要生产 A 牌卷烟(不含税调拨价100元/标准条)及雪茄烟,2023年7月发生如下业务:

(1) 从乙企业购进烟丝,取得增值税专用发票,注明价款为400万元、增值税额为68万元;从丙供销社(小规模纳税人)购进烟丝,取得税务机关代开的增值税专用发票,注明价款为300万元;进口一批烟丝,关税完税价格为350万元,组成计税价格为550万元,进口消费税为165万元,进口烟丝的增值税为93.5万元。

(2) 本月外购烟丝发生霉烂,成本20万元。

(3) 月初库存外购烟丝买价30万元；月末库存外购烟丝买价50万元。

要求:计算该卷烟厂当期准予扣除的烟丝已纳税款。

【案例分析】

当期准予扣除外购烟丝已纳税款:

$$已纳税款 = (30 + 400 + 300 + 550 - 50 - 20) \times 30\% = 363(万元)$$

值得注意的是,外购应税消费品,只有开具了增值税专用发票,消费税方可抵扣,普通发票不可以抵扣消费税(增值税也不可以抵扣)。

(二) 用委托加工收回的应税消费品连续生产应税消费品计算征收消费税问题

对委托加工收回消费品已纳的消费税,可按当期生产领用数量从当期应纳消费税税额中扣除,这种扣税方法与外购已税消费品连续生产应税消费品的扣税范围、扣税方法、扣税环节相同。

纳税人用委托加工收回的已税珠宝玉石生产的改在零售环节征收消费税的金银首饰和钻石首饰,在计税时一律不得扣除委托加工收回的珠宝玉石的已纳消费税税款。

六、出口应税消费品退(免)税政策

对纳税人出口应税消费品,免征消费税。国务院另有规定的除外。出口应税消费品退(免)消费税在政策上分为以下三种情况。

(一) 出口免税并退税

有出口经营权的外贸企业只有受其他外贸企业委托,代理出口应税消费品才可办理退税。外贸企业受其他企业(主要是非生产性的商贸企业)委托,代理出口应税消费品是不予退(免)税的。

属于从价定率计征消费税的,退税计税依据为已征且未在内销应税消费品应纳税额中抵扣的购进出口货物金额;属于从量定额计征消费税的,退税计税依据为已征且未在内销应税消费品应纳税额中抵扣的购进出口货物数量;属于复合计征消费税的,按从价定率和从量定额的计税依据分别确定。其计算公式如下:

$$消费税应退税额 = 从价定率计征消费税的退税计税依据 \times 比例税率 + 从量定额计征消费税的退税计税依据 \times 定额税率$$

（二）出口免税但不退税

有出口经营权的生产性企业自营出口或生产企业委托外贸企业代理出口自产的应税消费品，依据其实际出口数量免征消费税，不予办理退还消费税。免征消费税是指对生产性企业按其实际出口数量免征生产环节的消费税。不予办理退还消费税，是因为已免征生产环节的消费税，该应税消费品出口时，已不含有消费税，所以无需再办理退还消费税。

（三）出口不免税也不退税

除了生产企业、外贸企业的其他企业，具体是指一般商贸企业，该类企业委托外贸企业代理出口应税消费品一律不予退（免）税。

任务四　征　收　管　理

一、纳税义务发生时间

消费税的纳税义务发生时间与增值税的规定基本一致，主要的区别是委托加工纳税义务发生时间为纳税人提货的当天。

（一）基本规定

先开具发票的，纳税时间为开具发票的当天。进口货物的，纳税时间为报关进口的当天。

（二）具体规定

（1）采取直接收款方式销售货物，不论货物是否发出，纳税时间均为收到销售额或取得索取销售额的凭据的当天。

（2）采取托收承付和委托银行收款方式销售货物，纳税时间为发出货物并办妥托收手续的当天。

（3）采取赊销和分期收款方式销售货物，纳税时间为书面合同约定的收款日期的当天。无书面合同或者书面合同没有约定收款日期的，纳税时间为货物发出的当天。

（4）采取预收货款方式销售货物，纳税时间为货物发出的当天。但生产销售、生产工期超过12个月的大型机械设备、船舶、飞机等货物，纳税时间为收到预收款或者书面合同约定的收款日期的当天。

（5）委托其他纳税人代销货物，纳税时间为收到代销单位销售的代销清单或者收到全部或者部分货款的当天；未收到代销清单及货款的，其纳税义务发生时间为发出代销货物满180天的当天。

（6）销售应税劳务，纳税时间为提供劳务同时收讫销售款或取得索取销售款的凭据的当天。

（7）发生视同销售货物行为，纳税时间为货物移送的当天。

二、纳税地点

（1）纳税人销售的应税消费品和自产自用的应税消费品，一般应当向纳税人核算的税务机关申报缴纳消费税。

（2）纳税人到外县（市）销售或者委托外县（市）代销自产应税消费品的，应当在应税消费品销售后回纳税人核算地或者所在地税务机关缴纳消费税。

（3）纳税人总机构与分支机构不在同一县（市）的，应当分别在各自机构所在地的主管税务机关申报纳税，经批准，也可由总机构汇总向总机构所在地主管税务机关申报纳税。

（4）委托加工的应税消费品，一般由受托方向所在地的税务机关解缴消费税税款。但是，纳税人委托个体经营者加工的应税消费品，一律由委托方收回之后在委托方所在地纳税。

（5）进口的应税消费品，由进口人或其代理人向报关地海关申报缴纳消费税。

三、纳税期限

消费税纳税期限为1日、3日、5日、10日、15日、1个月或1个季度。纳税人具体纳税期限由主管税务机关根据纳税人应纳税额的大小分别核定；不能按固定期限纳税的，也可以按次纳税。以1个季度为纳税期限的，仅适用于小规模纳税人。

纳税人以1个月为一期纳税的，自期满之日起15日内申报纳税；以1日、3日、5日、10日、15日为一期的，自期满之日起5日内预缴税款，于次月1日起15日内申报纳税并结清上月应纳税款。纳税人进口货物，应当自海关填发税款缴纳书之日起15日内缴纳税款。

四、纳税申报

为了在全国范围内统一、规范消费税纳税申报资料，加强消费税管理的基础工作，国家税务总局制定了《烟类应税消费品消费税纳税申报表》《酒类消费税纳税申报表》《成品油消费税纳税申报表》《小汽车消费税纳税申报表》《其他应税消费品消费税纳税申报表》，消费税纳税人应按规定及时办理纳税申报。

【知识拓展】

消费税改革应多向富人征收

邓聿文

税收涉及百姓的钱袋子。虽说纳税是百姓的义务，但百姓多缴1分钱税，他的收入就减少1分钱，生活将因此受到影响。所以，对于税收的调整和征收，特别是增税举措，我向来认为应慎重，在不增加百姓负担的情况下推进。

不过，对于消费税的改革，则宜早点着手，主要是这一税种存在着不合理性。

日前有消息说，消费税已经迎来改革的窗口期，高档商品和服务将纳入征收范围。在"营改增"后，有关部门即着手调整消费税，改革可能在三方面进行：一是调整消费税征收范围及税率，把高耗能、高污染产品及部分高档消费品纳入征收范围，并调整税率结构。同时，对一些大众日用消费品不再征收消费税。二是调整消费税征收环节，研究从生产（进口）环节征收改为主要在零售或批发环节征收，但少数品目延续在生产环节征收的方式。三是研究讨论调整消费税收入归属，考虑由目前的中央税调整为地方税或中央地方共享税。

消费税是一种对消费商品和服务而征收的税，所以它征税的对象不是商品和服务的生产者和提供者，而是消费者。我国在1994年税制改革时设置了该税种，当时是对货物征收增值税以后,再根据特定的财政或调节目的选择部分产品(主要是一些消费品)进行征收。因而可以说,消费税是国家出于一定目的,针对特种商品和服务进行的二次征税。

当时开征的消费税主要选择了烟、酒、珠宝、化妆品、小汽车等11类与污染环境、奢侈品、不鼓励消费有关的商品征收,没有涉及服务项目。2006年,财税部门对消费税的税目和税率进行了一次大的调整,扩大了征税范围,新增加了高尔夫球及球具、高档手表、游艇、木制一次性筷子、实木地板等税目。但考虑到征收成本,仍然采取价内征收的方式。应该说,经过不断地调整和改革,这一税种在调节产品结构、引导消费方向方面的政策导向还是有一定作用的,但在征税范围设定、税率设计和征税环节选择等方面仍然存在着诸多亟待解决的问题。这些问题主要包括:一是征税范围偏窄,不利于在更大范围内发挥消费税的调节作用,如豪宅、高档家具、高档消费娱乐等很多应该征税的都没有征收,存在严重的缺位现象。二是原来确定的某些属于高档消费品的产品,这些年已经逐渐具有大众消费的特征,但仍然征收。三是有些应税品目的税率结构与国内产业结构、消费水平和消费结构的变化不相适应。四是消费税促进节约资源和环境保护的作用有待加强。五是现行消费税主要在生产、委托加工和进口环节征税,但由于其后还存在批发、零售等若干不征税的流转环节,没有完整的税收征管链条,从而在客观上为纳税人偷逃税提供了可乘之机。

上述这些问题,在"营改增"后更加突出。尤其是"营改增"后地方缺乏主体税种,导致地方更加依赖土地财政。部分专家因此建议将消费税由目前的中央税种调整为中央和地方分享,以解决地方的财政困难。从这个角度看,消费税的改革承担了调整央地关系的重任。

当然,此时推进消费税改革,不可否认,有增加税收的考虑。在经济下行、企业效益不好,而政府各方面开支增加的情况下,如果不开辟新的税收来源,或者在现有渠道挖潜改造,增加税收收入,政府收支的差距会越来越大。而总的来说,相对国外,我国的消费税征收范围还比较窄,有扩大空间。美国消费税共有39个大项,几百个小项,除少数特定商品外,无论到商店购物、饭店住宿和用餐,还是到停车场停车,凡是要花钱的地方差不多都要支付相当于售价3%~9%的消费税。日本的税法也规定,面向普通消费者销售的商品必须标出商品的含税价格。印度的消费税征收范围达到了1 300多个商品,涉及生产生活各个领域,由此来看,消费税课税范围增大是一个必然现象。

但也应该看到,我国居民的实际隐性税费负担很高,而社会保障又不完善。另外,特别要指出的是,我国没有奢侈品税、房产税、遗产税等针对富人群体的税种,因此,在一定程度上,国家设计消费税是要用它代替上述税种的功能。换言之,若政府基于多收税的考虑调整和改革消费税,那么,针对的人群就不能是普通百姓,而是高收入群体,尤其是富人。为什么这么讲?当前中国是贫富差距拉大,少数富豪占有的财富富可敌国,而多数民众包括刚刚进入中产阶层的人士,还只能养家糊口,或满足一点改善型需求。以城市市民为例,单一套房子就压得许多人喘不过气来。贫富差距已经成为中国社会的一大矛盾,不解决这一问题,缩小贫富差距,中国未来会很危险。因此,用税收来调节贫富差距,多向富人征税,而非指向普通民众,应该成为消费税改革的主要任务。

(资料来源:搜狐财经)

 **课后练习题**

一、单项选择题

1. 下列消费品中,属于消费税"小汽车"税目征税范围的是( )。
   A. 大客车   B. 中轻型商用客车
   C. 卡丁车   D. 电动汽车

2. 根据税法规定,下列说法中,不正确的是( )。
   A. 凡是征收消费税的消费品都征收增值税
   B. 凡是征收增值税的货物都征收消费税
   C. 应税消费品征收增值税的,其税基含有消费税
   D. 应税消费品征收消费税的,其税基不含有增值税

3. 根据消费税的相关规定,下列说法中,正确的是( )。
   A. 实际销售价格低于核定计税价格的卷烟,按计税价格征税
   B. 白酒生产企业消费税计税价格低于销售单位对外销售价格60%以下的,税务机关应该核定消费税最低计税价格
   C. 实木地板生产企业通过自设非独立核算门市部销售实木地板,按门市部对外销售取得的全部收入征税
   D. 纳税人将自产应税汽油赠送客户,按其同类应税汽油的最高销售价格计税

4. 我国消费税对不同应税消费品采用了不同的税率形式。下列应税消费品中,适用复合计税方法计征消费税的是( )。
   A. 啤酒   B. 白酒   C. 烟丝   D. 高档化妆品

5. 2023年6月,某手表生产企业销售H牌-1型手表800只,取得不含税销售额400万元;销售H牌-2型手表200只,取得不含税销售额300万元。该手表厂当月应纳消费税( )万元。(高档手表消费税税率为20%)
   A. 52.80   B. 60.00   C. 132.80   D. 140.00

6. 下列各项中,应征收消费税的是( )。
   A. 高档西服   B. 高档化妆品   C. 电动汽车   D. 调味料酒

7. 某烟花厂受托加工一批烟花,委托方提供原材料成本30 000元,该厂收取加工费10 000元、代垫辅助材料款5 000元,没有同类烟花销售价格。该厂应代收代缴消费税( )元。(以上款项均不含增值税,消费税税率为15%)
   A. 6 000.00   B. 6 750.00   C. 7 941.18   D. 20 250.00

8. 2023年5月,某化妆品厂将一批自产高档护肤类化妆品用于集体福利,生产成本为35 000元,将新研制的香水用于广告样品,生产成本为20 000元。上述货物已全部发出,均无同类产品售价。2023年5月,该化妆品厂上述业务应纳消费税( )元。
   A. 22 392.86   B. 10 191.18   C. 35 150.00   D. 50 214.86

9. 2023年10月,国内某手表生产企业进口手表机芯6 000只,海关审定的完税价格为每只

0.5万元,关税税率为30%,完税后海关放行;当月生产销售手表8 000只,单价1.25万元(不含税)。2023年10月,该手表厂国内销售环节应纳增值税和消费税共计(　　)万元。(消费税税率为20%)

A. 2 257　　　　　B. 2 973　　　　　C. 3 700　　　　　D. 4 600

10. 某酒厂为增值税一般纳税人,2023年10月销售粮食白酒4吨,取得不含税收入400 000元,包装物押金23 400元(单独记账核算),货物由该酒厂负责运输,收取运费47 970元。该酒厂上述业务应纳消费税(　　)元。(白酒消费税税率20%,1元/千克)

A. 84 000　　　　B. 88 000　　　　C. 92 200　　　　D. 96 631.86

二、多项选择题

1. 根据消费税现行规定,下列表述中,正确的有(　　)。
    A. 消费税税收负担具有转嫁性
    B. 消费税的税率呈现单一税率形式
    C. 消费品生产企业没有对外销售的应税消费品均不征消费税
    D. 消费税税目列举的消费品都属于消费税的征税范围

2. 根据消费税的现行规定,下列车辆不属于应税小汽车征税范围的有(　　)。
    A. 电动汽车
    B. 用厢式货车改装的商务车
    C. 用中轻型商务车底盘改装的中轻型商务客车
    D. 车身12米并且有25个座位的大客车

3. 关于消费税的税率,下列表述中,正确的有(　　)。
    A. 消费税税率形式的选择主要是根据课税对象的具体情况来确定的
    B. 消费税对卷烟、白酒实行复合税率,是为了更有效地保全消费税的税基
    C. 消费税对啤酒实行定额税率,是因为啤酒的计量单位不规范
    D. 现行消费税不再对汽车轮胎征收

4. 下列行为中,既缴纳增值税又缴纳消费税的有(　　)。
    A. 酒厂将自产的白酒赠送给协作单位
    B. 卷烟厂将自产的烟丝移送用于生产卷烟
    C. 日化厂将自产的香水精移送用于生产护肤品
    D. 汽车厂将自产的应税小汽车赞助给某艺术节组委会

5. 依据消费税的规定,下列应税消费品中,准予扣除外购已纳消费税的有(　　)。
    A. 以已税烟丝为原料生产的卷烟
    B. 以已税珠宝玉石为原料生产的钻石首饰
    C. 以已税汽油连续生产的甲醇汽油
    D. 以已税润滑油为原料生产的润滑油

6. 下列各项业务中,应同时征收增值税和消费税的有(　　)。
    A. 地板厂销售自产实木地板
    B. 汽车厂销售自产电动汽车

C. 百货商场销售高档化妆品
D. 进出口公司进口高尔夫球及球具

7. 下列关于委托加工业务消费税处理的说法中,正确的有( )。
   A. 将委托加工收回的已税消费品直接加价销售的,不征收消费税
   B. 纳税人委托个体经营者加工应税消费品,由委托方收回后在委托方所在地缴纳消费税
   C. 委托加工应税消费品的,若委托方未提供原材料成本,由委托方所在地主管税务机关核定其材料成本
   D. 委托方委托加工应税消费品,受托方没有代收代缴税款的,一律由受托方补税

8. 某金店采取"以旧换新"方式销售 24K 纯金项链 1 条,并以同一方式销售某名牌金表 1 只,下列说法中,正确的有( )。
   A. 纯金项链只缴纳增值税
   B. 纯金项链只缴纳消费税
   C. 纯金项链缴纳消费税和增值税
   D. 金表只缴纳增值税

9. 下列关于卷烟在批发环节征收消费税的说法中,正确的有( )。
   A. 零售商销售卷烟不征收消费税
   B. 乙卷烟批发公司向卷烟零售商销售卷烟,应计算缴纳消费税
   C. 乙卷烟批发公司向卷烟批发商销售卷烟,应计算缴纳消费税
   D. 乙卷烟批发公司应当将卷烟销售额与其他商品销售额分开核算,未分开核算的,一并征收消费税

10. 关于消费税纳税义务发生时间的说法中,正确的有( )。
    A. 某酒厂销售葡萄酒 20 箱并收取价款 4 800 元,其纳税义务发生时间为收款的当天
    B. 某汽车厂自产自用 3 台小汽车,其纳税义务发生时间为移送使用的当天
    C. 某烟花企业采用托收承付结算方式销售焰火,其纳税义务发生时间为发出焰火并办妥托收手续的当天
    D. 某化妆品厂采用赊销方式销售化妆品,合同约定收款日期为 6 月 30 日,实际收到货款为 7 月 30 日,纳税义务发生时间为 6 月 30 日

三、判断题

1. 消费税是在对所有货物普遍征收增值税的基础上选择少量消费品征收的。因此,生产环节产出的应税消费品销售时,消费税纳税人同时也是增值税纳税人。( )
2. 应税消费品在生产环节纳税的含义即是在生产时缴纳消费税。( )
3. 纳税人自产自用的应税消费品,用于连续生产应税消费品的,不纳税;用于其他方面的,于移送使用时纳税。( )
4. 实行复合计税办法计算纳税的从价定率税的组成计税价格计算公式为:组成计税价格=(成本+利润)÷(1−比例税率)+自产自用数量×定额税率。( )
5. 应税消费品连同包装物销售的,无论包装物是否单独计价以及在会计上如何核算,均应并入应税消费品的销售额中缴纳消费税。( )
6. 纳税人兼营不同税率的应税消费品,将不同税率的应税消费品组成成套消费品销售的,应分别核算不同税率的消费品的销售额,应按各自适用税率计算缴纳消费税。( )

7. 某企业将其自己使用过的1辆小汽车作为实物投资,这一行为不缴纳增值税也不缴纳消费税。   (   )
8. 纳税人用于以物易物(换取生产资料或消费资料)、投资入股、抵偿债务等方面的应税消费品,应当以纳税人同类应税消费品的最高销售价格为依据计算消费税。   (   )
9. 纳税人总机构与分支机构不在同一县(市)的,应当分别在各自机构所在地的主管税务机关申报纳税,经批准,也可由总机构汇总向总机构所在地主管税务机关申报纳税。   (   )
10. 委托加工的应税消费品,一般由受托方向所在地的税务机关解缴消费税税款。但是,纳税人委托个体经营者加工的应税消费品,一律由委托方收回之后在委托方所在地纳税。
                                                                            (   )

四、计算题

1. 某啤酒厂销售A型啤酒20吨给副食品公司,开具税控专用发票注明价款58 000元,收取包装物押金3 000元;销售B型啤酒10吨给宾馆,开具普通发票收取32 760元,收取包装物押金1 500元。

   要求:计算该啤酒厂应缴纳的消费税。

2. 2023年6月,某汽车厂将自产的5辆小轿车、10台货车用于对外投资,小轿车出厂平均价格为24万元/台,最高售价为25.5万元/台,货车平均售价为8万元/台,最高售价为8.6万元/台。(以上价格均为不含税价格,小轿车消费税税率为12%)

   要求:计算该汽车厂上述业务应纳消费税。

3. 某烟花厂受托加工一批烟花,委托方提供原材料成本30 000元,该厂收取加工费10 000元、代垫辅助材料款5 000元,没有同类烟花销售价格。(以上款项均不含增值税,消费税税率为15%)

   要求:计算该厂应代收代缴的消费税。

4. 甲酒厂为增值税一般纳税人,2023年6月销售白酒6吨,取得不含税收入600 000元,包装物押金35 400元(单独记账核算),货物由该酒厂负责运输,收取运费56 970元。(白酒消费税税率为20%,2元/千克)

   要求:计算甲酒厂上述业务应纳的消费税。

5. 某化妆品生产企业为增值税一般纳税人,2023年7月上旬从国外进口一批散装化妆品,关税完税价格为150万元,进口关税为60万元,进口消费税为90万元,进口增值税为51万元。本月内企业将进口的散装化妆品的80%生产加工为成套化妆品7 800件,对外批发销售6 000件,取得不含税销售额290万元;向消费者零售800件,取得含税销售额51.48万元。

   要求:计算该企业国内销售应缴纳的消费税。

五、案例分析题

某酒厂主要生产粮食白酒,产品销往全国各地的批发商。按照以往的经验,本地的一些商业零售户、酒店、消费者每年到工厂直接购买的白酒大约1 000箱(每箱12瓶,每瓶500克)。企业销给批发部的价格为每箱(不含税)1 200元,销售给零售户及消费者的价格为(不含税)1 400元。经过筹划,企业在本地设立了一个独立核算的经销部,企业按销售给批发商的价格销售给经销部,再由经销部销售给零售户、酒店及顾客。已知粮食白酒的税率为20%。

要求:计算同样的1 000箱白酒,直接销售给零售户、酒店、消费者,以及通过先销售给经销部再向外销售两种销售方法下的应纳消费税税额,并说明所依据的消费税税法基本原理。

项目四　关税法律制度

 **学习目标**

1. 知识目标
- 了解关税的概念、特点
- 熟悉关税的纳税人、征税对象、税则与税率
- 掌握关税完税价格的确定
- 掌握关税应纳税额的计算
- 理解关税的征收管理方式

2. 能力目标
- 能准确计算关税的完税价格
- 能准确计算关税的应纳税额
- 熟悉关税税收优惠政策

【导入案例】

2022年4月1日,A公司经批准进口1台符合国家免征关税规定的科研设备用于研发项目,设备进口时经海关审定的完税价格折合人民币600万元,海关规定的监管年限为5年。2023年4月30日,A公司的研发项目完成后,将已计提折旧100万元的免税设备转售给国内另一家企业。

请思考:A公司转售该免税设备时,是否需要补缴关税?如果需要补缴,其关税的完税价格应如何确定?

任务一　关 税 概 述

一、关税的概念

关税是由海关根据国家制定的有关法律,以进出关境的货物和物品为征税对象而征收的一种商品税。海关在征收进口货物、物品关税的同时,还代征进口增值税和消费税。

二、关税的特点

关税作为独特的税种,除了具有一般税收的特点,还具有以下特点。

1. 征收的对象是进出关境的货物和物品

关税是对进出关境的货品征税,在境内和境外流通的货物,不进出关境的不征关税。

2. 关税是单一环节的价外税

关税的完税价格中不包括关税,即在征收关税时,是以实际成交价格为计税依据,关税不包括在内。但海关代为征收增值税、消费税时,其计税依据包括关税在内。

3. 有较强的涉外性

关税只对进出境的货物和物品征收。随着世界经济一体化的发展,世界各国的经济联系越来越密切,贸易关系不仅反映简单经济关系,而且还成为一种政治关系。这样,关税政策、关税措施也往往和经济政策、外交政策紧密相关,具有涉外性。

三、关税的分类

(一) 按征收对象分类

1. 进口关税

进口关税是指进口国海关对外国进入本国的货物和物品征收的一种关税,是一种最主要的关税。

2. 出口关税

出口关税是本国对出口的货物在运出国境时征收的一种关税。征收出口关税会增加出口货物的成本,不利于本国货物在国际市场上的竞争。目前主要是一些发展中国家在继续征收出口关税,我国仅对少数货物征收出口关税。

3. 过境关税

过境关税是一国对于通过其关境或国境的外国商品征收的关税。目前,绝大多数国家都不征收过境关税,只有伊朗、委内瑞拉等少数国家仍在征收过境关税。

(二) 按征税标准分类

1. 从量税

以货物的计量单位(重量、长度、面积、容积、数量等)作为征税标准,以每一计量单位应纳的关税金额作为税率而征收的税为从量税。目前,世界各国多以货物重量为标准计征关税。

2. 从价税

以货物的价格作为征税标准而征收的税为从价税,从价税的税率表现为货物价格的百分值。经海关审定作为计征关税依据的价格为完税价格。

3. 复合税

复合税又称混合税,是指对一种进口货物同时制定出从价、从量两种方式,分别计算税额,以两种税额之和作为该货物的应征税额。

4. 选择税

选择税是对同一种货物在税则中规定从价、从量两种税率,在征税时由海关选择其中一种计征的征税方式。海关一般是选择税额较高的一种,有时也选择税额较低的。

5. 滑动税

滑动税又称滑准税,是指对某种货物在税则中预先按该商品的价格规定几档税率。同一种货物当价格高时适用较低税率,价格低时适用较高税率,其目的是使该商品的价格在国内市场上保持相对稳定。

(三)按征税性质分类

1. 普通关税

普通关税又称一般关税,是对与本国没有签署贸易或经济互惠等友好协定的国家原产的货物征收的非优惠性关税。普通关税与优惠关税的税率差别一般较大。

2. 优惠关税

优惠关税一般是互惠关税,即优惠协定的双方互相给对方优惠关税待遇,但也有单向优惠关税,即只对受惠国给予优惠待遇,而没有反向优惠。优惠关税一般有特定优惠关税、普遍优惠关税和最惠国待遇三种。

3. 差别关税

差别关税实际上是保护主义政策的产物,是保护一国产业所采取的特别手段。差别关税最早产生并运用于欧洲,在重商主义全盛时代曾广为流行,直至近代,由于新重商主义的出现和贸易保护主义的抬头,差别关税又复出现,并得到进一步发展。一般意义上的差别关税主要分为加重关税、反补贴关税、反倾销关税、报复关税等。

(四)按保护形式和程度分类

1. 关税壁垒

关税壁垒是指一国政府以提高关税的办法限制外国商品进口的措施。关税壁垒的目的是抵制外国商品进入本国市场,最大限度地削弱外国商品在本国市场上的竞争能力,保护本国商品的竞争优势,垄断国内市场。高额关税就像高墙一样阻止或限制外国商品输入,因此称为关税壁垒。

2. 非关税壁垒

非关税壁垒是指除了关税的一切限制进口的措施,有直接非关税壁垒和间接非关税壁垒之分。直接非关税壁垒是通过对本国产品和进口商品的差别待遇或迫使出口国限制商品出口等措施,以直接限制进口。其措施有政府采购、海关估价、进口许可制度、进口配额制、关税配额制等。间接非关税壁垒是指并非对商品进口进行直接限制,而是为了其他目的所采取的,同样能起到限制商品进口效果的各种措施,如外汇管制、进出口国家垄断、复杂的海关手续、苛刻的卫生安全和技术标准等。

四、关税的纳税人

进口货物的收货人、出口货物的发货人、进出境物品的所有人,是关税的纳税义务人。进出境货物的所有人包括该物品的所有人和推定为所有人的人。一般情况下,对于携带进境的物品,推定其携带人为所有人;对分离运输的行李,推定相应的进出境旅客为所有人;对以邮递方式进境的物品,推定其收件人为所有人;以邮递或其他运输方式出境的物品,推定其寄件人或托运人为所有人。

五、关税的征税对象

关税的征税对象是准许进出境的货物和物品。货物是指贸易性商品;物品是指入境旅客随身携带的行李物品、个人邮递物品、各种运输工具上的服务人员携带进口的自用物品、馈赠物品以及其他方式进境的个人物品。

六、关税税则与税率

(一) 关税税则

关税税则即中华人民共和国海关进出口税则,它是根据国家关税政策和经济政策,通过一定的立法程序制定和公布实施的进出口货物应税和免税的关税税率表,是海关凭以征收关税的法律依据,也是一个国家关税政策的具体体现。

关税税则一般由商品目录和税率两部分组成。目录部分主要包括商品名称和与其相对应的编码,称为税则号列,两者合称为税目或子目,子目是税目进一步细分而得的。被进一步细分子目的税目为过渡性税目,是不设税率的,只起商品范围界定的作用,实际使用的税目是设税率的税目或子目。目录部分一般还带有解释商品所在类、章、税目或子目商品范围、说明商品归类规则的注释。税率部分是税则的政策部分,体现国家的关税政策,列出一栏或多栏税率,对不同的商品或不同的国家给予相同或不同的关税待遇。

(二) 进口关税税率

我国进口税则设有最惠国税率、协定税率、特惠税率、普通税率、关税配额税率等税率形式,对进口货物在一定期限内可以实行暂定税率。

进口关税税率的选择适用是根据货物的不同原产地确定的,适用最惠国税率、协定税率、特惠税率的国家或地区的名单,由国务院税则委员会决定。

(三) 出口关税税率

我国出口税则为一栏税率,即出口税率。国家仅对少数资源性产品及易于竞相杀价、盲目出口、需要规范出口秩序的半制成品征收出口关税,采用的都是从价定率征税的方法。我国真正征收出口关税的商品仅有100余种,税率为20%~40%,在一定期限内可实行暂定税率(200余种)。

(四) 税率的运用

(1) 进出口货物,应按纳税人申报进口或者出口之日实施的税率征税。

(2) 进口货物到达之前,经海关核准先行申报的,应该按照装载此货物的运输工具申报进境之日实施的税率征税。

(3) 进出口货物的补税和退税,适用该进出口货物原申报进口或者出口之日所实施的税率,但下列情况除外:①按照特定减免税办法批准予以减免税的进口货物,后因情况改变经海关批准转让或出售或挪作他用需补税的,应当适用海关接受申报办理纳税手续之日实施的税率征税;②加工贸易进口料、件等属于保税性质的进口货物,如经批准转为内销,应按向海关申报转为内销之日实施的税率征税;如未经批准擅自转为内销的,则按海关查获日期所施行的税率征税;③暂时进口货物转为正式进口需补税时,应按其申报正式进口之日实施的税率征税;④分期支付租金的租赁进口货物,分期付税时,应按该项货物原进口之日实施的税率征税。

任务二 关税完税价格

关税的完税价格是计算关税的基础,是对进出口货物计征应缴税款时所使用的价格,也称为海关价格。完税价格分为两种:进口货物的完税价格和出口货物的完税价格。

一、进口货物的完税价格

在正常情况下,进口货物采用以成交价格为基础的完税价格。进口货物的完税价格包括货物的货价、货物运抵我国境内输入地点起卸前的运输费及相关费用、保险费。

(一)以成交价格为基础的完税价格

进口货物的成交价格是指卖方向中华人民共和国境内销售该货物时,买方为进口该货物向卖方实付、应付的并按照规定调整后的价款总额,包括直接支付的价款和间接支付的价款。

1. 费用或者价值未包括在进口货物的实付或者应付价格中而应当计入完税价格的情形

(1)由买方负担的购货佣金以外的佣金和经纪费。购货佣金指买方为购买进口货物向自己的采购代理人支付的劳务费用。经纪费指买方为购买进口货物向代表买卖双方利益的经纪人支付的劳务费用。

(2)由买方负担的与该货物视为一体的容器费用。

(3)由买方负担的包装材料和包装劳务费用。

(4)与该货物的生产和向中华人民共和国境内销售有关的,由买方以免费或者以低于成本的方式提供并可以按适当比例分摊的料件、工具、模具、消耗材料及类似货物的价款,以及在境外开发、设计等相关服务的费用。

(5)与该货物有关并作为卖方向我国销售该货物的一项条件,应当由买方直接或间接支付的特许权使用费。

(6)卖方直接或间接从买方对该货物进口后转售、处置或使用所得中获得的收益。

2. 费用能与该货物实付或者应付价格区分不得计入完税价格的情形

(1)厂房、机械、设备等货物进口后的基建、安装、装配、维修和技术服务的费用。

(2)货物运抵境内输入地点之后的运输费用。

(3)进口关税及其他国内税。

3. 根据进口货物不同的成交价格,海关对最终完税价格的审定方法

(1)成交价格为到岸价格(CIF价格)。其计算公式如下:

$$完税价格 = CIF 价格$$

(2)成交价格为离岸价格(FOB价格)。其计算公式如下:

$$完税价格 = FOB 价格 + 运费 + 保险费$$

或

$$完税价格 = (FOB 价格 + 运费) \div (1 - 保险费率)$$

(3) 成交价格为成本加运费价格(CFR 价格)。其计算公式如下：

$$完税价格 = CFR 价格 + 保险费$$

或

$$完税价格 = CFR 价格 \div (1 - 保险费率)$$

(二) 进口货物的海关估价方法

对于价格不符合成交条件或成交价格不能确定的进口货物,由海关估价确定。海关估价依次使用的方法包括:

(1) 相同或类似货物成交价格方法。

(2) 倒扣价格方法。

(3) 计算价格方法。

(4) 其他合理的方法。

(三) 特殊进口货物完税价格

(1) 加工贸易进口料件及其制成品。加工贸易进口料件及其制成品需征税或内销补税的,海关按照一般进口货物的完税价格规定审定完税价格。

(2) 保税区、出口加工区货物。从保税区或出口加工区销往区外、从保税仓库出库内销的进口货物(加工贸易进口料件及其制成品除外),以海关审定的价格估定完税价格。对经审核销售价格不能确定的,海关应当按照一般进口货物估价办法的规定估定完税价格。

(3) 运往境外修理的货物。运往境外修理的机械器具、运输工具或其他货物,出境时已向海关报明,并在海关规定期限内复运进境的,应当以海关审定的境外修理费和料件费,以及该货物复运进境的运输及其相关费用、保险费估定完税价格。

(4) 运往境外加工的货物。运往境外加工的货物,出境时已向海关报明,并在海关规定期限内复运进境的,应当以海关审定的境外加工费和料件费,以及该货物复运进境的运输费及其相关费用、保险费估定完税价格。

(5) 暂时进境货物。对于经海关批准的暂时进境的货物,应当按照一般进口货物估价办法的规定估定完税价格。

(6) 租赁方式进口货物。租赁方式进口的货物中,以租金方式对外支付的租赁货物,在租赁期间以海关审定的租金作为完税价格;留购的租赁货物,以海关审定的留购价格作为完税价格;承租人申请一次性缴纳税款的,经海关同意,按照一般进口货物估价办法的规定估定完税价格。

(7) 留购的进口货样等。对于境内留购的进口货样、展览品和广告陈列品,以海关审定的留购价格作为完税价格。

(8) 予以补税的减免税货物。减税或免税进口的货物需予补税时,应当以海关审定的该货物原进口时的价格,扣除折旧部分价值作为完税价格,其计算公式如下:

$$完税价格 = 海关审定的该货物原进口时的价格 \times [1 - 申请补税时实际已使用的时间(月) \div (监管年限 \times 12)]$$

(9) 以其他方式进口的货物。以易货贸易、寄售、捐赠、赠送等其他方式进口的货物,应当按照一般进口货物估价法的规定估定完税价格。

二、出口货物的完税价格

出口货物的完税价格,由海关以该货物向境外销售的成交价格为基础审查确定,并应包括货物运至我国境内输出地点装载前的运输及其相关费用、保险费,但其中包含的出口关税税额,应当扣除。

(一) 以成交价格为基础的完税价格

出口货物的成交价格是指该货物出口销售到我国境外时买方向卖方实付或应付的价格。

1. 出口货物的成交价格中含有支付给境外的佣金的情况

出口货物的成交价格中含有支付给境外的佣金的,如果单独列明,应当扣除。

(1) 出口货物的离岸价格应以该货物运离关境前的最后一个口岸的离岸价格为实际离岸价格。

(2) 出口货物成交价格中含有支付给国外的佣金,如与货物的离岸价格分列,应予扣除;未单独列明的,则不予扣除。

(3) 出口货物成交价格如为境外口岸的到岸价格或货价加运费价格时,应先扣除运费、保险费后,再按规定公式计算完税价格。

(4) 出口货物在离岸价格之外,买方还另行支付货物包装费,应将其列入完税价格。

2. 根据出口货物不同的成交价格,海关对最终完税价格的审定方法

(1) 以我国口岸离岸价格(FOB价格)成交。其计算公式如下:

$$完税价格 = FOB价格 \div (1 + 出口关税税率)$$

(2) 以国外口岸到岸价格(CIF价格)成交。其计算公式如下:

$$完税价格 = (CIF价格 - 保险费 - 运费) \div (1 + 出口关税税率)$$

(3) 以国外口岸到岸加运费价格(CFR价格)成交。其计算公式如下:

$$完税价格 = (CFR价格 - 运费) \div (1 + 出口关税税率)$$

(4) 以国外口岸到岸含佣金价格(CIFC价格)成交。

佣金C为给定金额,则出口货物完税价格的公式如下:

$$完税价格 = (CIFC价格 - 保险费 - 运费 - 佣金) \div (1 + 出口关税税率)$$

佣金C为百分比,则出口货物完税价格的公式如下。

$$完税价格 = [CIFC价格 \times (1 - C) - 保险费 - 运费] \div (1 + 出口关税税率)$$

(二) 出口货物完税价格的海关估价方法

出口货物的成交价格不能确定时,完税价格由海关依次使用下列方法估定:

(1) 同时或大约同时向同一国家或地区出口的相同货物的成交价格。

(2) 同时或大约同时向同一国家或地区出口的类似货物的成交价格。

(3) 根据境内生产相同或类似货物的成本、利润和一般费用、境内发生的运输费及其相关费用、保险费计算所得的价格。

(4) 按照合理方法估定的价格。

三、完税价格中运费及相关费用的确定

进出口货物完税价格中的运费及相关费用确定如表 4-1 所示。

表 4-1　　　　　　　　完税价格中运费及相关费用的确定

进出口运载或成交方式		运费的确定	保险费的确定
一般方式进口	海运进口	运抵境内的卸货口岸	
	陆运进口	运抵关境的第一口岸或目的口岸	
	空运进口	进入境内的第一口岸或目的口岸	
	无法确定实际运保费	同期同行业运费率	货价加运费两者总额的 3‰
其他方式进口	邮运进口	邮费	
	境外边境口岸成交的铁路公路进口货物	货价的 1‰	
	自驾进口的运输工具	无运费	
出口货物		最多算至离境口岸	

任务三　关税应纳税额的计算

一、从价税应纳税额的计算

组成关税应纳税额的计算公式如下：

$$关税应纳税额 = 应税进(出)口货物数量 \times 单位完税价格 \times 税率$$

货物的成交价格,因有不同的成交条件而有不同的价格形式,常用的价格条款有 FOB、CFR、CIF 三种。

【案例 4-1】

某公司从加拿大进口铁盘条 20 万吨,其成交价格为 CIF 上海新港 250 000 美元。已知海关填发税款缴款书之日的外汇牌价:1 美元 = 6.561 8 元人民币(买入价),1 美元 = 6.641 4 元人民币(卖出价),关税税率为 15%。

要求:计算该批进口铁盘条应纳关税税额。

【案例分析】

(1) 外汇买卖的中间价 1 美元 = (6.561 8 + 6.641 4) ÷ 2 = 6.601 6 元(人民币)。

(2) 成交价格为到岸价格(CIF 价格)时:

$$完税价格 = CIF 价格 = 250\,000 \times 6.601\,6 = 1\,650\,400 元(人民币)$$

(3) 关税应纳税额 = 1 650 400 × 15% = 247 560 元(人民币)。

项目四 关税法律制度

【案例 4-2】

我国从国外进口一批中厚钢板共计 200 000 千克,成交价格为 FOB 伦敦 2.5 英镑/千克,已知单位运费为 0.5 英镑/千克,保险费率为 0.25%。已知海关填发税款缴款书之日的外汇牌价:1 英镑=9.951 1 元人民币(买入价),1 英镑=10.350 6 元人民币(卖出价),关税税率为 10%。

要求:计算该批中厚钢板应纳关税税额。

【案例分析】

(1) 外汇买卖的中间价 1 美元=(9.951 1+10.350 6)÷2=10.150 9 元(人民币)。

(2) 成交价格为到岸价格(FOB 价格)时:

完税价格=(FOB 价格+运费)÷(1-保险费率)
       =(2.5+0.5)÷(1-0.25%)×10.150 9=30.529 0 元(人民币)

(3) 关税应纳税额=30.529 0×200 000×10%=610 580 元(人民币)。

二、从量税应纳税额的计算

组成关税应纳税额的计算公式如下:

关税应纳税额 = 应税进(出)口货物数量×单位货物税额

【案例 4-3】

公司进口美国产"蓝带"牌啤酒 1 000 箱,每箱 24 瓶,每瓶容积 500 毫升,价格为 CIF 3 000 美元。已知,征税日人民币与美元的外汇折算率为 1:6.22,适用优惠税率为 3 元人民币/升。

要求:计算该批啤酒应纳关税税额。

【案例分析】

该批啤酒适用从量计征方式,只与其进口货物数量相关。

应纳关税税额 = 1 000×24×500÷1 000×3 = 36 000 元(人民币)

三、复合税应纳税额的计算

我国目前实行的复合税都是先计征从量税,再计征从价税。组成关税应纳税额的计算公式如下:

关税应纳税额 = 应税进(出)口货物数量×单位货物税额
            +应税进(出)口货物数量×单位完税价格×税率

【案例 4-4】

某公司进口 2 台日本产电视摄像机,价格为 CIF 13 000 美元。已知征税日人民币与美元的外汇折算率为 1:6.22。适用优惠税率为:每台完税价格高于 5 000 美元的,从量税为每台 13 280 元人民币,再征从价税 3%。

要求:计算这 2 台电视摄像机的应纳关税税额。

【案例分析】

应纳关税税额＝2×13 280＋13 000×6.22×3‰＝26 560＋2 425.8＝28 985.8元(人民币)

四、滑准税应纳税额的计算

组成关税应纳税额的计算公式如下：

关税应纳税额＝应税进(出)口货物数量×单位完税价格×滑准税税率

现行税则《进(出)口商品从量税、复合税、滑准税税目税率表》后注明了滑准税税率的计算公式，该公式是一个与应税进(出)口货物完税价格相关的取整函数。

任务四　关税的税收优惠

一、法定减免

法定减免是税法中明确列出的减税或免税。符合税法规定可予以减免税的进出口货物，纳税义务人无须提出申请，海关可按规定直接予以减免。其主要包括：关税税额在人民币50元以下的一票货物；无商业价值的广告品和货样；外国政府、国际组织无偿赠送的物资；海关放行前损失的货物；进出境运输工具装载的途中必需的燃料、物料和饮食用品等，可免征关税。

二、特定减免

特定减免是指在关税基本法规确定的法定减免以外，国家按国际通行规则和我国实际情况，制定发布的特定或政策性减免税。其主要包括：科教用品；残疾人专用品；扶贫慈善性捐赠物资；加工贸易产品；边境贸易进口物资；保税区进出口货物；出口加工区进出口货物；进口设备；特定行业或用途的减免税政策；特定地区的减免税政策。

三、临时减免

临时减免是指在以上两项减免税以外，由国务院运用一案一批原则，针对某个纳税人、某类商品、某个项目或某批货物的特殊情况，特别照顾，临时给予的减免。

四、个人邮寄物品的减免

自2010年9月1日起，个人邮寄物品，应征进口税额在人民币50元(含50元)以下的，海关予以免税。

任务五　征　收　管　理

一、关税缴纳

进口货物自运输工具申报进境之日起14日内，出口货物在货物运抵海关监管区后装货的 24 小时以前,应由进出口货物的纳税义务人向货物进(出)境地海关申报,海关根据税则归类和完税价格计算应缴纳的关税和进口环节代征税,并填发税款缴款书。纳税义务人应当自海关填发税款缴款书之日起 15 日内,向指定银行缴纳税款。如关税缴纳期限的最后 1 日是周末或法定节假日,则关税缴纳期限顺延至周末或法定节假日过后的第 1 个工作日。为方便纳税义务人,经申请且海关同意,进(出)口货物的纳税义务人可以在设有海关的指运地(启运地)办理海关申报、纳税手续。

关税纳税义务人因不可抗力或者在国家税收政策调整的情形下,不能按期缴纳税款的,经海关总署批准,可以延期缴纳税款,但最长不得超过 6 个月。

二、关税的强制执行

纳税义务人未在关税缴纳期限内缴纳税款,即构成关税滞纳。为保证海关征收关税决定的有效执行和国家财政收入的及时入库,《中华人民共和国海关法》(以下简称《海关法》)赋予海关对滞纳关税的纳税义务人强制执行的权利。强制措施主要有两类:

一是征收关税滞纳金。滞纳金自关税缴纳期限届满滞纳之日起,至纳税义务人缴纳关税之日止,按滞纳税款 5‰ 的比例按日征收,周末或法定节假日不予扣除。具体计算公式如下:

$$关税滞纳金金额 = 滞纳关税税额 \times 滞纳金征收比率 \times 滞纳天数$$

二是强制征收。如纳税义务人自海关填发缴款书之日起 3 个月仍未缴纳税款,经海关关长批准,海关可以采取强制扣缴、变价抵缴等强制措施。强制扣缴即海关从纳税义务人在开户银行或者其他金融机构的存款中直接扣缴税款。变价抵缴即海关将应税货物依法变卖,以变卖所得抵缴税款。

三、关税退还

关税退还是关税纳税义务人按海关核定的税额缴纳关税后,因某种原因的出现,海关将实际征收多于应当征收的税额(称为溢征关税)退还给原纳税义务人的一种行政行为。《海关法》规定,海关多征的税款,海关发现后应当立即退还。

如遇下列情况之一,可自缴纳税款之日起 1 年内,书面声明理由,连同原纳税收据向海关申请退税,并加算银行同期活期存款利息,逾期不予受理:

(1) 因海关误征,多纳税款的。
(2) 海关核准免验进口的货物,在完税后,发现有短卸情况,经海关审查认可的。
(3) 已征出口关税的货物,因故未装运出口,申报退关,经海关查验属实的。

对已征出口关税的出口货物和已征进口关税的进口货物,因货物品种或规格原因原状复运进境或出境的,经海关查验属实的,也应退还已征关税。

四、关税补征和追征

补征和追征是海关在关税纳税义务人按海关核定的税额缴纳关税后,发现实际征收税额少于应当征收的税额(即短征关税)时,责令纳税义务人补缴所差税款的一种行政行为。

《海关法》根据短征关税的原因,将海关征收原短征关税的行为分为补征和追征两种。由于纳税人违反海关规定造成短征关税的,称为追征;非因纳税人违反海关规定造成短征关税的,称为补征。区分关税追征和补征的目的是区别不同情况适用不同的征收时效,超过时效规定的期限,海关就丧失了追补关税的权利。《海关法》规定,进出境货物和物品放行后,海关发现少征或者漏征税款,应当自缴纳税款或者货物、物品放行之日起1年内,向纳税义务人补征;因纳税义务人违反规定而造成的少征或者漏征的税款,自纳税义务人应缴纳税款之日起3年以内可以追征,并从缴纳税款之日起按日加收少征或者漏征税款5‰的滞纳金。

五、关税纳税争议

为保护纳税人的合法权益,我国《海关法》和《中华人民共和国关税条例》都规定了纳税义务人对海关确定的进出口货物的征税、减税、补税或者退税等有异议时,有提出申诉的权利。在纳税义务人同海关发生纳税争议时,可以向海关申请复议,但同时应当在规定期限内按海关核定的税额缴纳关税,逾期则构成滞纳,海关有权按规定采取强制执行措施。

纳税争议的内容一般为进出境货物和物品的纳税义务人对海关在原产地认定、税则归类、税率或汇率适用、完税价格确定、关税减征、免征、追征、补征和退还等征税行为是否合法或适当,是否侵害了纳税义务人的合法权益,而对海关征收关税的行为表示异议。

纳税争议的申诉程序:纳税义务人自海关填发税款缴款书之日起30日内,向原征税海关的上一级海关书面申请复议。逾期申请复议的,海关不予受理。海关应当自收到复议申请之日起60日内作出复议决定,并以复议决定书的形式正式答复纳税义务人;纳税义务人对海关复议决定仍然不服的,可以自收到复议决定书之日起15日内,向人民法院提起诉讼。

【案例4-5】

从境外某公司引进钢结构产品自动生产线,境外成交价格(FOB)1 600万元。该生产线运抵我国输入地点起卸前的运费和保险费为120万元,境内运输费用为12万元。另支付由买方负担的经纪费10万元,买方负担的包装材料和包装劳务费20万元,与生产线有关的境外开发设计费用50万元,生产线进口后的现场培训指导费用200万元。取得海关开具的完税凭证及国内运输部门开具的运输业专用发票。

要求:计算该公司进口环节应缴纳的关税、增值税。

【案例分析】

进口环节关税完税价格 = 1 600 + 120 + 10 + 20 + 50 = 1 800(万元)

进口环节应缴纳的关税 = 1 800 × 30% = 540(万元)

进口环节应缴纳的增值税 = (1 800 + 540) × 13% = 304.2(万元)

【案例4-6】

有进出口经营权的某外贸公司,某月经有关部门批准从境外进口小轿车30辆,每辆小轿车货价为15万元,运抵我国海关前发生的运输费用、保险费用无法确定,经海关查实其他运输公司相同业务的运输费用占货价的比例为2％。向海关缴纳了相关税款,并取得了完税凭证。(已知:小轿车关税税率为60％、消费税税率为9％)

要求:计算小轿车在进口环节应缴纳的关税、消费税、增值税。

【案例分析】

(1) 进口小轿车的货价＝15×30＝450(万元)。

(2) 进口小轿车的运输费＝450×2％＝9(万元)。

(3) 进口小轿车的保险费＝(450＋9)×3‰＝1.38(万元)。

(4) 进口小轿车应缴纳的关税:

关税的完税价格 ＝ 450＋9＋1.38 ＝ 460.38(万元)

应缴纳关税 ＝ 460.38×60％ ＝ 276.23(万元)

(5) 进口环节小轿车应缴纳的消费税:

消费税组成计税价格 ＝ (460.38＋276.23)÷(1－9％) ＝ 809.46(万元)

应缴纳消费税 ＝ 809.46×9％ ＝ 72.85(万元)

(6) 进口环节小轿车应缴纳增值税:

应缴纳增值税 ＝ 809.46×13％ ＝ 105.23(万元)

【知识拓展】

新税政后海淘如何缴税

邢 昀

为营造公平竞争的市场环境,促进跨境电子商务健康发展,经国务院批准,自2016年4月8日起,我国将实施跨境电子商务零售(企业对消费者,即B2C)进口税收政策,并同步调整行邮税政策。新政策执行伊始,朋友圈热传旅客入境时遭遇严查。海淘到底要怎么缴税?

国内消费者海淘可以大概分成三类:一是在国内跨境电商如京东全球购、考拉上购买海外商品;二是从美亚、日亚等海外电商网站购买,通过直邮或者转运方式到中国买家手里;三是找海外个人代购或者亲朋好友等(C2C)购买。

对比此前统一交行邮税的政策,新政实施后,不同商品、不同渠道的海淘税负有升有降,总体上比以前有所增加。

个人代购通过邮寄的形式入境,50元免征税额并未取消,通过旅客人肉背回国的执行最高8 000元的免税限额,所以,个人代购在限额以内的免税优势仍然存在。如果超过免税限额,通过跨境电商购买奶粉、纸尿裤、箱包鞋子、部分化妆品,可以少缴税。

此前很多个人代购入关选择不主动申报,以期侥幸避税。但是新政后,由于过关检查的严格及税率的提高,这种方式的风险增加。

跨境电商影响最大行邮税率多上调

这次对跨境电商进口税收调整,主要影响的是第一类海淘。过去在跨境电商购买海外商品适用行邮税,而不是一般贸易进口所要缴纳的关税、进口增值税和进口消费税。

政策调整后,跨境电商平台不再适用行邮税,进口环节增值税、消费税暂按法定应纳税额的70%征收,关税税率暂设为0,过去在行邮税下跨境电商享受的50元免征税额也被取消。同时,单次交易限值为人民币2 000元,个人年度交易限值为人民币20 000元。超过限值则要按一般贸易全额征税。

相关部门通过"正面清单"对跨境电商经营的商品品类进行管控,目前液态奶等部分热门产品未列入清单上,对电商经营和个人购买造成了不小的负面影响。

对第三种海淘模式,入境旅客行李物品和个人邮递物品,仍然适用行邮税。所谓行邮税,实际上是对进境个人物品所含关税及进口环节海关代征税的简易征收,不同商品适用于不同的税率。

此次新税政下,行邮税税率税目调整,大部分进境物品的税率有所提升。此前的四档税目对应税率分别为10%、20%、30%、50%,新政将其调整为三档,分别对应税率为15%、30%、60%。邮递物品50元免征税额的规定仍适用。

大部分进境物品税率的提高,个人代购的第三种海淘模式也会受到不小的影响。奶粉的税率从10%提高到15%,烟酒的税率都由50%提高到60%,部分衣服从20%提高到30%,箱包鞋类由10%提高至30%。化妆品税率有升有降,日常清洁、护肤类的行邮税税率由50%下调至30%,香水、眼影等由50%上升至60%。

行邮税下,个人背回来的和邮寄入境的情况有所差别。个人背回来的情况,按照海关总署规定,进境的居民旅客携带在境外获取的个人自用进境物品,总值在5 000元人民币以内(含5 000元)的,海关予以免税放行。超出的话,仅对超出部分征税。2016年2月起,在国内一些特定的机场和水路口岸的进境免税店,能购买的入境免税商品总额增至8 000元。

邮寄进境的,财政部关税司此前明确,邮递物品50元免征税额依然保留。应征进口税税额在人民币50元(含50元)以下的,海关予以免征,每次限值为1 000元人民币。如果邮包里只有一件物品,价值超过1 000元限值,因为物品不可分割且确定为自用,仍可以按照个人物品规定办理通关手续。

海淘奶粉、化妆品如何避税

新政以后,不同商品选择不同渠道海淘,要交的税有升有降,选择合适的渠道和方法可以相对减轻税负。

由于个人代购邮寄入境保留了50元免征税额的优势,选择直邮的个人代购海淘时,单次购买330块钱以下的奶粉,单次购买166元以下的箱包、鞋子、清洁护理类化妆品,还可以享受免税优惠。

但优惠免征税额较低,大部分海淘客都会超标。如果单次购买单价较高,或者总金额较大,超出免征税额的标准时,购买箱包、鞋子、奶粉可以考虑跨境电商。通过跨境电商购买综合税率相当于9.1%(13%×70%,规定的限额以内),而行邮税下,这些商品的税率为15%~30%不等,缴税相对较多。

举个例子,一罐海外奶粉完税价格为200元,过去行邮税税率为10%,不管是从跨境电商处购买,还是个人海淘邮寄入境,原本需要缴税20元(200×10%),因为在50元免税额以内,所以免缴。

新政实施后,个人代购邮寄入境的,缴纳的行邮税税率提高到15%,需要缴纳30元,在50元以下免缴。但如果在跨境电商平台购买,需要缴税为18.2元(200×13%×70%)。

但如果购买两罐奶粉,个人代购需要缴纳行邮税60元(400×15%),但从跨境电商平台购买只需缴纳36.4元(400×13%×70%)。

此次行邮税调整,化妆品的品类作出细化调整,税率有升有降。此前化妆品税率统一为50%。调整后,日用清洁用品包括洗面奶、卸妆水,护肤用品包括化妆水、眼霜、面霜、精华液、面膜,以及护发用品等税率下调至30%,香水、唇膏、睫毛膏、眼影等化妆品税率由50%提高至60%。

简单计算,单次购买166元以下的清洁护理类化妆品,购买83块钱以下的睫毛膏、唇膏等,通过个人代购直邮海淘,还会享受50元免征税额的优惠政策,避免缴税。但目前这些热门海淘化妆单品很少有价格在这个限额以内的。

通过跨境电商渠道海淘,化妆品除了13%的增值税,还需要缴纳30%的消费税,按照新政规定打7折计算,相当于按32.9%的税率纳税。通过个人代购邮寄入境购买的是清洁、护肤类的化妆品,行邮税税率30%,低于跨境电商平台,而购买香水、唇膏、睫毛膏等,行邮税税率60%,通过跨境电商渠道购买更便宜。

海淘轻奢品缴税增加

此次调整以后,钟爱轻奢品牌、奢侈品牌的海淘客要缴纳更多的税了。

新政规定,跨境电商网站上单次购买超过2 000元,就必须按照货物贸易全额缴税,增值税税率为17%、关税税率为10%,其中一部分如香水等还要缴纳消费税。

个人代购选择人肉背回境内的,由于享受最高可达8 000元的免征额,且存在不被开包检查的可能性,有人选择不主动申报,以期避税。但这实质上是逃税行为,达到一定额度会定义为走私行为,甚至上升至走私普通货物罪。新政初期回国入关开行李箱检查的频率很高,通过这种途径期望避税风险也不小。

政策实施,将为国内跨境电子商务的发展营造稳定、统一的税收政策环境,引导电子商务企业开展公平竞争,有利于鼓励商业模式创新,推动跨境电子商务健康发展,并将有利于提升消费者客户体验,保护消费者合法权益。

(资料来源:财新网)

课后练习题

一、单项选择题

1. 根据关税法律制度的规定,下列各项中,不计入进口货物完税价格的是( )。
   A. 货物成交价格
   B. 进口关税税额
   C. 由买方负担的包装材料和包装劳务费用
   D. 由买方负担的除购货佣金以外的佣金和经纪费

2. 根据关税法律制度的规定,下列各项中,应计入出口货物完税价格的是( )。
   A. 出口关税税额

B. 单独列明的支付给境外的佣金

C. 装船以后发生的费用

D. 出口货物在成交价格之外,买方另行支付的货物包装费

3. 关税的税率随着进口商品价格的变动而反方向变动的一种税率形式,即价格越高,税率越低,这种计征关税的方法称为( )。

　　A. 从价税　　　　B. 从量税　　　　C. 复合税　　　　D. 滑准税

4. 根据关税法律制度的规定,进出口货物,因收、发货人或者其代理人违反规定而造成少征或者漏征关税的,海关可以( )追征。

　　A. 在1年内　　　B. 在3年内　　　C. 在10年内　　　D. 无限期

5. 下列不属于关税征税对象的是( )。

　　A. 从国外进口的设备

　　B. 入境旅客随身携带的行李物品

　　C. 企业出口的设备

　　D. 国家禁止出口的物品

6. 某企业进口一批货物,货物成交价格为95万元,货物运抵我国关境内输入地点起卸前的运费和保险费为5万元。已知,该货物适用的关税税率为20%。根据关税法律制度的规定,该企业应缴纳进口关税( )万元。

　　A. 18　　　　　B. 20　　　　　C. 22　　　　　D. 24

7. 某汽车制造厂为增值税一般纳税人,2023年4月进口汽车配件一批,海关审定的关税完税价格为144万元,从海关运往企业所在地支付运费6万元,取得承运部门开具的运输发票,进口汽车配件的关税税率为10%。该汽车制造厂进口汽车配件应缴纳的增值税额为( )万元。

　　A. 26.93　　　　B. 27.63　　　　C. 28.05　　　　D. 31.88

8. 某企业为增值税一般纳税人。2023年4月进口一批化妆品,海关审定的关税完税价格为40万元。已知:化妆品关税税率为20%、消费税税率为30%。该企业进口化妆品应纳进口增值税税额为( )万元。

　　A. 2.06　　　　B. 6.80　　　　C. 8.16　　　　D. 11.66

9. 关税纳税义务人因不可抗力或者在国家税收政策调整的情形下,不能按期缴纳税款的,经海关总署批准,可以延期缴纳税款,但最多不得超过( )个月。

　　A. 3　　　　　B. 6　　　　　C. 9　　　　　D. 12

10. 关于进出口货物完税价格中的运费、保险费的计算说法中,正确的为( )。

　　A. 陆运进口的货物如成交价格中包含运、保、杂费支付至内地到达口岸的,关境的第一口岸至内地一段的运费和相关费用、保险费应扣除

　　B. 进口货物以离岸价格成交的,应加上途中实际支付的运保费,如实际支付的运保费无法确定时,进口人可按以往的运费率和保险费率计算

　　C. 进口货物的保险费无法确定时,可按"货价加运费"两者总额的5‰计算保险费

　　D. 出口货物的离岸价格应以该项货物运离关境前的最后口岸价格为实际价格

二、多项选择题

1. 根据关税法律制度的规定,下列各项中,属于我国关税纳税人的有(   )。
   A. 进口货物的发货人
   B. 进口货物的收货人
   C. 出口货物的发货人
   D. 入境旅客随身携带的行李、物品的持有人

2. 关于完税价格,下列说法中,正确的有(   )。
   A. 加工贸易进口料件及制成品凡内销需补税的,要按一般进口货物的完税价格规定来审定完税价格
   B. 租赁方式进口的留购货物,应以该同类货物进口时到岸价格作为完税价格
   C. 接受捐赠进口的货物如有类似货物成交价格的,应按该类似货物成交价格作为完税价格
   D. 出口的货物一般以境外买方向卖方实付或应付的货价为基础确定完税价格

3. 下列费用中,如能与该货物实付或者应付价格区分,不得计入完税价格的有(   )。
   A. 进口关税及其他国内税收
   B. 货物运抵境内输入地点之后的运输费用、保险费和其他相关费用
   C. 与该货物有关并作为卖方向我国销售该货物的一项条件,应当由买方直接或间接支付的特许权使用费
   D. 厂房、机械、设备等货物进口后的基建、安装、装配、维修和技术服务的费用

4. 进口货物中存在下列情形,经海关查明属实,可以酌情减免关税的有(   )。
   A. 在境外运输途中或者在起卸时,遭受损坏
   B. 无商业价值的广告品和货样
   C. 海关放行后,因不可抗力遭受损坏或者损失
   D. 海关查验时已经破漏、损坏或者腐烂,经证明不是保管不慎造成的

5. 关税的征收管理规定中,关于补征和追征的期限为(   )。
   A. 补征期为1年内
   B. 追征期为1年内
   C. 补征期为3年内
   D. 追征期为3年内

6. 下列各项中,属于《海关法》规定,可以自缴纳税款之日起1年内申请退税的有(   )。
   A. 进口后因不可抗力遭受损失或损坏的
   B. 因海关误征,多纳税款的
   C. 已征出口关税的货物,因故未装运出口,申报退关,经海关查验属实的
   D. 海关核准免验进口的货物,在完税后,发现有短卸情况,经海关审查认可的

7. 下列出口货物完税价格确定方法中,符合关税法规定的有(   )。
   A. 海关依法估价确定的完税价格
   B. 以成交价格为基础确定的完税价格
   C. 根据境内生产类似货物的成本、利润和费用计算出的价格
   D. 以相同或类似的进口货物在境内销售价格为基础估定的完税价格

8. 根据《进出口关税条例》的规定,下列情形中,纳税人或其代理人可以向海关申请退税的

有( )。

A. 进口货物起卸后海关放行前,因不可抗力遭受损坏或损失的

B. 因海关误征,多纳税款的

C. 已征出口关税的货物,因故未装运出口,申报退税,经海关查验属实的

D. 海关核准免验进口的货物,在完税后,发现有短缺情况,经海关审查认可的

9. 下列属于法定减免关税的有( )。

A. 进料加工剩余的料件内销的收入   B. 进口供保税区使用的机器

C. 无商业价值的货样   D. 外国政府无偿赠送的物资

10. 对于滞纳关税的纳税人,海关有权进行强制执行,强制执行措施主要有( )。

A. 加收滞纳税金应该承担的利息   B. 加收关税滞纳金

C. 强制扣缴和变价抵缴   D. 扣留进口货物

三、判断题

1. 在海关对进出口货物进行完税价格审定时,如海关不接受申报价格,而认为有必要估定完税价格时,可以与进出口货物的纳税义务人进行价格磋商。　　　　　　　　　( )

2. 在确定进口货物完税价格时,货物成交价格中含进口人向卖方支付的佣金,应该从完税价格中扣除。　　　　　　　　　　　　　　　　　　　　　　　　　　　　( )

3. 江苏某企业将一批产品从南京出口到日本,日本到岸价格为500万元(其中含有运费40万元、保险费20万元、支付国外的佣金30万元),另外还支付包装费10万元,出口关税税率为40%,则应纳关税为300万元。　　　　　　　　　　　　　　　　( )

4. 某企业向海关报明后将1台价值65万元的机械设备运往境外修理,机械设备修复后准时复运进境。假设该机械设备的关税税率为5%,支付的修理费和料件费为35万元(经海关审查确定),该企业缴纳的关税应为1.75万元。　　　　　　　　　　　( )

5. 从境外租借进口的设备以海关审查确定的成交价格作为完税价格。　　　　( )

6. 在纳税义务人同海关发生纳税争议时,可以向海关申请复议,对有争议的应纳税款可以缓纳。　　　　　　　　　　　　　　　　　　　　　　　　　　　　　( )

7. 按海关现行规定,因收发货人或者他们的代理人违反规定而造成的少征或漏征税款,海关应当自纳税人缴纳税款或者货物放行之日起1年内,向收货人或者他们的代理人追征。　　　　　　　　　　　　　　　　　　　　　　　　　　　　　　　( )

8. 进口货物成交价格中已包括进口人向其境外代理人支付的经纪费,并且能够单独分列的,可从完税价格中扣除。　　　　　　　　　　　　　　　　　　　　　( )

9. 进出口货物完税后,如发现少征或者漏征关税税款,海关应当自缴纳税款或者货物放行之日起1年内,向收发货人或者他们的代理人补征。　　　　　　　　　( )

10. 运往境外加工的货物,出境时向海关报明,并在海关规定期限内复运进境的,应当以加工后的货物进境时的到岸价格作为完税价格。　　　　　　　　　　　　( )

四、计算题

1. 某进出口公司从美国进口一批化工原料共500吨,货物以境外口岸离岸价格成交,单价折合人民币为20 000元,买方承担包装费每吨500元,另向卖方支付的佣金每吨1 000元人

民币,另向自己的采购代理人支付佣金5 000元人民币。已知该货物运抵中国海关境内输入地起卸前的包装、运输、保险和其他劳务费用为每吨2 000元人民币,进口后另发生运输和装卸费用300元人民币。

要求:计算该批化工原料的关税完税价格。

2. 某企业于2023年5月将1台账面余值55万元的进口设备运往境外修理,当月在海关规定的期限内复运进境。经海关审定的境外修理费为4万元、料件费为6万元。假定该设备的进口关税税率为30%。

要求:计算该企业应缴纳的关税。

3. 某公司进口一批货物,CIF成交价格为人民币600万元,含单独计价并经海关审核属实的进口后装配调试费用为30万元,该货物进口关税税率为10%,海关填发税款缴纳证日期为2023年7月10日,该公司于7月25日缴纳税款。

要求:计算该公司应纳关税及滞纳金。

4. 上海某进出口公司从美国进口货物一批,货物以离岸价格成交,成交价折合人民币为1 410万元(包括单独计价并经海关审查属实的,向境外采购代理人支付的买方佣金10万元,但不包括使用该货物而向境外支付的软件费50万元、向卖方支付的佣金15万元),另支付货物运抵我国上海港的运费、保险费等35万元。假设该货物适用关税税率为20%、增值税税率为13%、消费税税率为10%。

要求:请分别计算该公司应纳关税、消费税和增值税。

五、案例分析题

某钢铁企业急需进口一批矿石,在可供选择的进货渠道中有两个国家:一是澳大利亚,二是加拿大。如果进口需求为20万吨,从澳大利亚进口优质高品位矿石,其价格为20美元/吨,运费为20万美元;若从加拿大进口较低品位的矿石,价格为19美元/吨,由于其航程是澳大利亚的2倍,运费及其杂费为55万美元。该矿石的进口关税税率为30%。

分析:该钢铁企业应选择从哪一个国家进口矿石?

项目五　企业所得税法律制度

学习目标

1. 知识目标

- 了解企业所得税的发展过程和特点
- 掌握企业所得税的纳税人、征税对象及税率等构成要素
- 掌握企业所得税应纳税额的计算
- 理解企业所得税征收管理方式

2. 能力目标

- 能准确计算企业收入总额、准予扣除项目及扣除标准
- 能准确计算企业应纳税所得额及应纳所得税额
- 掌握企业所得税税收优惠政策

【导入案例】

某家电企业为增值税一般纳税人,职工1 050人(其中残疾职工20人),2022年度有关生产经营情况如下:

(1) 全年实现销售收入9 200万元,与收入相匹配的销售成本为4 000万元,实际缴纳增值税1 500万元,税金及附加180万元。

(2) 投资收益235万元,其中投资A企业获得80万元收益,国债利息收入为155万元。

(3) 发生销售费用1 600万元,其中广告费为1 200元,业务宣传费为400万元。

(4) 发生管理费用980万元,其中业务招待费为95万元,研究新产品费用为60万元。

(5) 发生财务费用45万元,其中向非金融机构借款1年的利息支出为30万元(借款年利率为10%,银行同期同类贷款年利率为6%)。

(6) 发生营业外支出23万元,其中支付供货单位违约金5万元,通过政府部门向贫困山区捐款18万元。

(7) 企业账面会计利润为1 320万元,已预缴企业所得税310万元。

根据上述资料,计算该企业2022年度应退(补)的企业所得税额。

任务一　企业所得税纳税义务人、征税对象和税率

一、企业所得税的概念

企业所得税是对在中国境内从事生产经营活动的企业或者组织,就其生产经营所得和其他所得依法征收的一种税。上述所得具体包括销售货物所得、提供劳务所得、转让财产所得、股息红利等权益性投资所得、利息所得、租金所得、特许权使用费所得、接受捐赠所得和其他所得。

企业所得税法是指由国家制定,用于调节企业所得税征收与缴纳之间权利与义务关系的法律规范的总称。1993年12月13日,国务院颁布了《中华人民共和国企业所得税暂行条例》(以下简称《暂行条例》)并于1994年1月1日起施行。作为企业所得税法的基本规范,该《暂行条例》在组织财政收入、促进经济发展等方面都起到了积极的作用,但也存在弊端和矛盾。

为解决存在的矛盾,按照社会主义市场经济发展的要求统一和规范企业所得税制,进一步理清国家与企业的分配关系,减轻企业负担,公平税负,促进竞争,中华人民共和国第十届全国人民代表大会第五次会议于2007年3月16日通过了《中华人民共和国企业所得税法》,自2008年1月1日起施行,前述《中华人民共和国企业所得税暂行条例》同时废止。2017年2月24日,第十二届全国人民代表大会常务委员会第二十六次会议通过了《关于修改〈中华人民共和国企业所得税法〉的决定》。2018年12月29日,第十三届全国人民代表大会常务委员会第七次会议通过了《关于修改〈中华人民共和国企业所得税法〉的决定》。

二、企业所得税的特点

现行的企业所得税突破了我国开征所得税后长期按企业所有制性质设置不同的税种、税率和征收办法的局限,统一了税种、税率、税基和税收优惠等,体现和贯穿了市场经济对税收的公平、不歧视、鼓励平等竞争的基本要求,有利于各类企业在同一起跑线上开展竞争,优胜劣汰,提高宏观经济效益;有利于进一步增强企业活力,促进社会主义市场经济的发展和现代企业制度的建立。其作用主要体现在以下几个方面。

1. 维护税法的统一性和严肃性,确保国家财政收入

统一的内外资企业所得税,既适应了我国的混合经济形式日益发展的客观情况,又简化了税制,维护了税法的完整统一,有利于确保国家财政收入。同时,统一内外资企业所得税,既符合我国的国情,又尊重了国际惯例。

2. 理顺国家与企业之间的分配关系,促进企业转换经营机制,增强企业活力

统一的内外资企业所得税,使国家以社会管理者的身份凭借政治权力对不同所有制的企业一视同仁地征税,理顺了国家与不同经济成分和经营方式之间的分配关系,有利于促进企业转换经营机制。同时,企业缴纳所得税后的利润由企业自行支配,有利于调动企业的生产积极性,促进企业挖掘内部潜力,提高经济效益。

3. 有利于推动市场经济的发展

企业依法缴纳所得税,促进了企业所有权与经营权的分离,推动了现代企业制度的建立。

企业可以根据市场需要,自行支配自己的行为,成为真正的自主经营、自负盈亏、自我约束、自我发展的生产经营者,可以在市场上参与平等竞争,优胜劣汰,从而推动整个市场经济的发展。

三、企业所得税的纳税义务人

企业所得税的纳税义务人是指在中国境内取得收入的企业或者组织(但不包括个人独资企业、合伙企业),包括居民企业和非居民企业。

居民企业是指依法在中国境内成立,或者依照外国(地区)法律成立但实际管理机构在中国境内的企业。

非居民企业是指依照外国(地区)法律成立且实际管理机构不在中国境内,但在中国境内设立机构、场所的,或者在中国境内未设立机构、场所,但有来源于中国境内所得的企业。

我国企业所得税采取收入来源地管辖权和居民管辖权相结合的双重管辖标准划分纳税人,分别确定不同的纳税义务,如表5-1所示。

表 5-1　　　　　　　　企业所得税纳税义务人划分标准与纳税义务

纳税义务人	划分标准	纳税义务
居民企业	(1) 依照中国法律、法规在我国境内成立的企业; (2) 依照外国(地区)法律、法规成立但实际管理机构在中国境内的企业	应就来源于中国境内、境外的全部所得在我国缴纳企业所得税
非居民企业	依照外国(地区)法律成立且实际管理机构不在中国境内,但在中国境内设立机构、场所,或者在中国境内未设立机构、场所,但有来源于中国境内所得的企业	应就来源于中国境内的所得和虽来源于境外但与境内机构、场所有实际联系的所得在我国缴纳企业所得税

四、企业所得税的征税对象及范围

(一)征税对象的确定原则

企业所得税的征税对象是企业取得的生产经营所得和其他所得,但并不是企业取得的任何一项所得都是企业所得税的征税对象。确定企业的一项所得是否是征税对象,要遵循以下原则。

1. 必须是有合法来源的所得

企业的所得必须是国家法律允许并保护的。对企业从事非法行为取得的所得,不构成企业所得税的征税对象。

2. 应纳税所得是扣除成本费用以后的纯收益

企业取得任何一项所得,都必然要有相应的消耗和支出,只有扣除为取得这些所得而发生的成本费用后的余额,才是企业所得税的应纳税所得。

3. 企业所得税的应纳税所得必须是实物或货币所得

企业各种荣誉性、知识性及体能、心理上的收益,都不是应纳税所得。

4. 企业所得税的应纳税所得包括来源于中国境内、境外的所得

居民企业应当就其来源于中国境内、境外的所得缴纳企业所得税。非居民企业在中国

境内设立机构、场所的,应当就其所设机构、场所取得的来源于中国境内的所得,以及发生在中国境外但与其所设机构、场所有实际联系的所得,缴纳企业所得税。非居民企业在中国境内未设立机构、场所,或者虽设立机构、场所,但取得的所得与其所设机构、场所没有实际联系的,应当就其来源于中国境内的所得缴纳企业所得税。

(二)征税对象的具体内容

企业所得税的征税对象,是企业来源于中国境内、境外的生产经营所得和其他所得。其具体包括销售货物所得、提供劳务所得、转让财产所得、股息红利等权益性投资所得、利息所得、租金所得、特许权使用费所得、接受捐赠所得和其他所得。

上述所称来源于中国境内、境外所得,按照以下原则确定:

(1)销售货物所得,按照交易活动发生地确定。

(2)提供劳务所得,按照劳务发生地确定。

(3)转让财产所得,不动产转让所得按照不动产所在地确定,动产转让所得按照转让动产的企业或者机构、场所所在地确定,权益性投资资产转让所得按照被投资企业所在地确定。

(4)股息、红利等权益性投资所得,按照分配所得的企业所在地确定。

(5)利息所得、租金所得、特许权使用费所得,按照负担、支付所得的企业或者机构、场所所在地确定,或者按照负担、支付所得的个人的住所地确定。

(6)其他所得,由国务院财政、税务主管部门确定。

五、企业所得税的税率

企业所得税的税率是指对纳税人应纳税所得额征税的比率,是计算企业所得税应纳税额的法定比率。

(一)25%的法定税率

根据2008年的《中华人民共和国企业所得税法》(以下简称《企业所得税法》)规定一般企业所得税的税率为25%。

非居民企业在中国境内设立机构、场所的,应当就其所设机构、场所取得的来源于中国境内的所得,以及所得发生在中国境外但与其所设机构、场所有实际联系的所得税税率为25%。

(二)20%的法定税率

非居民企业在中国境内未设立机构、场所的,或者虽设立机构、场所但取得的所得与其所设机构、场所没有实际联系的,应当就其来源于中国境内的所得缴纳企业所得税,适用税率为20%。根据《企业所得税法》的规定,实际征收时减按10%的税率征收企业所得税。

符合条件的小型微利企业,减按20%的税率征收企业所得税。

国家需要重点扶持的高新技术企业,减按15%的税率征收企业所得税。

任务二 企业所得税应纳税额的计算

企业所得税的计税依据是企业的应纳税所得额,其是指纳税人每一纳税年度的收入总额,减除不征税收入、免税收入、准予扣除项目金额及允许弥补的以前年度亏损后的余额。

其计算公式如下：

应纳税所得额 ＝ 收入总额 － 不征税收入 － 免税收入 － 准予扣除项目金额 － 允许弥补的以前年度亏损

应纳税所得额与会计利润是两个不同的概念，两者既有联系又有区别。应纳税所得额是一个税收概念，是根据《企业所得税法》按照一定的标准确定的、纳税人在一个时期内的计税所得，即企业所得税的计税依据。根据《企业所得税法》的规定，它包括企业来源于中国境内、境外的全部生产经营所得和其他所得，具体包括销售货物所得、提供劳务所得、转让财产所得、股息红利等权益性投资所得、利息所得、租金所得、特许权使用费所得、接受捐赠所得和其他所得。而会计利润则是一个会计核算概念，反映的是企业在一定时期内生产经营的财务成果。它关系到企业经营成果、投资者的权益及企业与职工的利益。会计利润是确定应纳税所得的基础，但是其不能等同于应纳税所得额。企业按照财务会计制度的规定进行核算得出的会计利润，根据税法规定作相应的调整后，才能作为企业的应纳税所得额。

企业应纳税所得额的计算，以权责发生制为原则，属于当期收入和费用的，不论款项是否收付，均作为当期的收入和费用；不属于当期收入和费用的，即使款项已经在当期收付，均不作为当期的收入和费用。

一、收入总额

收入总额是指企业以货币形式和非货币形式从各种来源取得的收入。企业取得收入的货币形式，包括现金、存款、应收账款、应收票据、准备持有至到期的债券投资以及债务的豁免等。企业取得收入的非货币形式，包括固定资产、生物资产、无形资产、股权投资、存货、不准备持有至到期的债券投资、劳务以及有关权益等。企业以非货币形式取得的收入，应当按照公允价值确定收入额。

（一）收入确定的基本规定

构成收入总额的项目包括销售货物收入、提供劳务收入、转让财产收入、股息和红利等权益性投资收益、利息收入、租金收入、特许权使用费收入、接受捐赠收入、其他收入等，具体核算范围如表5-2所示。

表5-2　　　　　　　　　　　　收入项目的核算范围

序号	项目	核算范围
1	销售货物收入	企业销售商品、产品、原材料、包装物、低值易耗品，以及其他存货取得的收入
2	提供劳务收入	企业从事建筑安装、修理修配、交通运输、仓储租赁、金融保险、邮电通信、咨询经纪、文化体育、科学研究、技术服务、教育培训、餐饮住宿、中介代理、卫生保健、社区服务、旅游、娱乐、加工，以及其他劳务服务活动取得的收入
3	转让财产收入	企业转让固定资产、生物资产、无形资产、股权、债权等财产取得的收入

(续表)

序号	项目	核算范围
4	股息和红利等权益性投资收益	企业因权益性投资从被投资方取得的收入。股息和红利等权益性投资收益,国务院财政、税务主管部门另有规定除外,按照被投资方作出利润分配决定的日期确认收入的实现
5	利息收入	企业将资金提供他人使用但不构成权益性投资,或者因他人占用本企业资金取得的收入,包括存款利息、贷款利息、债券利息、欠款利息等收入
6	租金收入	企业提供固定资产、包装物或者其他有形资产的使用权取得的收入
7	特许权使用费收入	企业提供专利权、非专利技术、商标权、著作权,以及其他特许权的使用权取得的收入
8	接受捐赠收入	企业接受的来自其他企业、组织或者个人无偿给予的货币性资产、非货币性资产
9	其他收入	企业取得的除上述规定的收入的其他收入,包括企业资产溢余收入、逾期未退包装物押金收入、确实无法偿付的应付款项、已作坏账损失处理后又收回的应收款项、债务重组收入、补贴收入、违约金收入、汇兑收益等

(二)收入确定的特殊规定

1. 分期确认收入

企业的下列生产经营业务可以分期确认收入的实现:

(1)以分期收款方式销售货物的,按照合同约定的收款日期确认收入的实现。

(2)企业受托加工制造大型机械设备、船舶、飞机,以及从事建筑、安装、装配工程业务或者提供其他劳务等,持续时间超过12个月的,按照纳税年度内完工进度或者完成的工作量确认收入的实现。

2. 分成取得收入

采取产品分成方式取得收入的,按照企业分得产品的日期确认收入的实现,其收入额按照产品的公允价值确定。

3. 视同销售收入

企业发生非货币性资产交换,以及将货物、财产、劳务用于捐赠、偿债、赞助、集资、广告、样品、职工福利或者利润分配等用途的,应当视同销售货物、转让财产或者提供劳务,但国务院财政、税务主管部门另有规定的除外。

4. 不征税收入

(1)财政拨款是指各级人民政府对纳入预算管理的事业单位、社会团体等组织拨付的财政资金,但国务院和国务院财政、税务主管部门另有规定的除外。

(2)行政事业性收费是指依照法律、法规等有关规定,按照国务院规定程序批准,在实施社会公共管理,以及在向公民、法人或者其他组织提供特定公共服务过程中,向特定对象收取并纳入财政管理的费用。

(3)政府性基金是指企业依照法律、行政法规等有关规定,代政府收取的具有专项用途的财政资金。

(4)国务院规定的其他不征税收入是指企业取得的,由国务院财政、税务主管部门规定专项用途并经国务院批准的财政性资金。

二、准予扣除项目

(一)准予扣除项目应遵循的原则

《企业所得税法》所称有关的支出是指与取得收入直接相关的支出。

《企业所得税法》所称合理的支出是指符合生产经营活动常规,应当计入当期损益或者有关资产成本的必要和正常的支出。

企业发生的支出应当区分收益性支出和资本性支出。收益性支出在发生当期直接扣除;资本性支出应当分期扣除或者计入有关资产成本,不得在发生当期直接扣除。

企业的不征税收入用于支出所形成的费用或者财产,不得扣除或者计算对应的折旧、摊销扣除。

除税收法规另有规定,税前扣除的确认一般应遵循以下原则:

(1)权责发生制原则,即纳税人应在费用发生时而不是在实际支付时确认扣除。

(2)配比原则,即纳税人发生的费用应在费用应配比或应分配的当期申报扣除,纳税人某一纳税年度应申报的可扣除费用不得提前或滞后申报扣除。

(3)相关性原则,即纳税人可扣除的费用从性质和根源上必须与取得应税收入相关。

(4)确定性原则,即纳税人可扣除的费用不论何时支付,其金额必须是确定的。

(5)合理性原则,即纳税人可扣除费用的计算和分配方法应符合一般的经营常规和会计惯例。

(二)扣除项目的基本范围

在计算应纳税所得额时准予从收入额中扣除的项目是指与纳税人取得收入有关的成本、费用、税金、损失和其他支出,具体核算范围如表5-3所示。

表5-3　　　　　　　　　　　　扣除项目的核算范围

序号	项目	核算范围
1	成本	企业在生产经营活动中发生的销售成本、销货成本、业务支出及其他耗费
2	费用	企业在生产经营活动中发生的销售费用、管理费用和财务费用,已经计入成本的有关费用除外
3	税金	企业发生的企业所得税和允许抵扣的增值税以外的各项税金及其附加,即按规定缴纳的消费税、城建税、资源税、土地增值税等的税金。教育费附加可视同税金进行税前抵扣
4	损失	企业在生产经营活动中发生的固定资产和存货的盘亏、毁损、报废损失,转让财产损失、呆账损失、坏账损失、自然灾害等不可抗力因素造成的损失及其他损失。企业发生的损失,减除责任人赔偿和保险赔款后的余额,依照国务院财政、税务主管部门的规定扣除。企业已经作为损失处理的资产,在以后纳税年度又全部收回或者部分收回时,应当计入当期收入
5	其他支出	除了成本、费用、税金、损失,企业在生产经营活动中发生的与生产经营活动有关的、合理的支出

(三)部分扣除项目的具体范围和标准

1. 工资、薪金支出

企业发生的合理的工资、薪金支出准予据实扣除。企业每一纳税年度支付给在本企业任职或者受雇的员工的所有现金形式或者非现金形式的劳动报酬,包括基本工资、奖金、津贴、补贴、年终加薪、加班工资,以及与员工任职或者受雇有关的其他支出。

2. 保险费和住房公积金

企业依照国务院有关主管部门或者省级人民政府规定的范围和标准,为职工缴纳的基本养老保险费、基本医疗保险费、失业保险费、工伤保险费、生育保险费等基本社会保险费和住房公积金,准予扣除。

企业为投资者或者职工支付的补充养老保险费、补充医疗保险费,在国务院财政、税务主管部门规定的范围和标准内,准予扣除。

除企业依照国家有关规定为特殊工种职工支付的人身安全保险费和国务院财政、税务主管部门规定可以扣除的其他商业保险费外,企业为投资者或者职工支付的商业保险费,不得扣除。

3. 借款费用

企业在生产经营活动中发生的合理的、不需要资本化的借款费用,准予扣除。

企业为购置、建造固定资产、无形资产和经过 12 个月以上的建造才能达到预定可销售状态的存货发生借款的,在有关资产购置、建造期间发生的合理的借款费用,应当作为资本性支出计入有关资产的成本,并依照有关的规定扣除。

企业在生产经营活动中发生的下列利息支出,准予扣除:

(1)非金融企业向金融企业借款的利息支出、金融企业的各项存款利息支出和同业拆借利息支出、企业经批准发行债券的利息支出。

(2)非金融企业向非金融企业借款的利息支出,不超过按照金融企业同期同类贷款利率计算的数额的部分。

4. 汇兑损失

企业在货币交易中以及纳税年度终了时,将人民币以外的货币性资产、负债按照期末即期人民币汇率中间价折算为人民币时产生的汇兑损失,已经计入有关资产成本以及与向所有者进行利润分配相关的部分除外,准予扣除。

5. 职工福利费、职工工会经费、职工教育经费

企业发生的职工福利费支出,不超过工资、薪金总额14%的部分,准予扣除;企业拨缴的工会经费,不超过工资、薪金总额2%的部分,准予扣除;企业发生的职工教育经费支出,不超过工资、薪金总额8%的部分,准予扣除;超过部分,准予在以后纳税年度结转扣除。

6. 业务招待费

企业发生的与生产经营活动有关的业务招待费支出,按照发生额的60%扣除,但最高不得超过当年销售(营业)收入的5‰。

7. 广告费和业务宣传费

企业发生的符合条件的广告费和业务宣传费支出,国务院财政、税务主管部门另有规定除外,不超过当年销售(营业)收入15%的部分,准予扣除;超过部分,准予在以后纳税年度结

转扣除。

8. 环保、生态专项资金

企业依照法律、行政法规有关规定提取的用于环境保护、生态恢复等方面的专项资金，准予扣除。上述专项资金提取后改变用途的，不得扣除。

9. 财产保险费

企业参加财产保险，按照规定缴纳的保险费，准予扣除。

10. 租赁费

企业根据生产经营活动的需要租入固定资产支付的租赁费，按照以下方法扣除：

(1) 以经营租赁方式租入固定资产发生的租赁费支出，按照租赁期限均匀扣除。

(2) 以融资租赁方式租入固定资产发生的租赁费支出，按照规定构成融资租入固定资产价值的部分应当提取折旧费用，分期扣除。

11. 劳动保护支出

企业发生的合理的劳动保护支出，准予扣除。

12. 公益性捐赠支出

企业发生的公益性捐赠支出，在年度利润总额12%以内的部分，准予在计算应纳税所得额时扣除。自2017年1月1日起，超过年度总额12%的部分，准予以后3年内在计算应纳税所得额时结转扣除。公益性捐赠是指企业通过公益性社会团体或者县级以上人民政府及其部门，用于《中华人民共和国公益事业捐赠法》规定的公益事业的捐赠。年度利润总额是指企业依照国家统一会计制度的规定计算的年度会计利润。公益性社会团体是指同时符合下列条件的基金会、慈善组织等社会团体：

(1) 依法登记，具有法人资格。

(2) 以发展公益事业为宗旨，且不以营利为目的。

(3) 全部资产及其增值为该法人所有。

(4) 收益和营运结余主要用于符合该法人设立目的的事业。

(5) 终止后的剩余财产不归属于任何个人或者营利组织。

(6) 不经营与其设立目的无关的业务。

(7) 有健全的财务会计制度。

(8) 捐赠者不以任何形式参与社会团体财产的分配。

(9) 国务院财政、税务主管部门会同国务院民政部门等登记管理部门规定的其他条件。

13. 非居民企业有关费用扣除

非居民企业在中国境内设立的机构、场所，就其中国境外总机构发生的与该机构、场所生产经营有关的费用，能够提供总机构出具的费用汇集范围、定额、分配依据和方法等证明文件，并合理分摊的，准予扣除。

三、不得扣除项目

在计算应纳税所得额时，下列支出不得扣除：

(1) 向投资者支付的股息、红利等权益性投资收益款项。

(2) 企业所得税税款。

(3) 税收滞纳金。

(4) 罚金、罚款和被没收财物的损失。

(5) 非公益性捐赠支出。

(6) 赞助支出,是指企业发生的与生产经营活动无关的各种非广告性质支出。

(7) 未经核定的准备金支出,是指不符合国务院财政、税务主管部门规定的各项资产减值准备、风险准备等准备金支出。

(8) 企业之间支付的管理费、企业内营业机构之间支付的租金和特许权使用费,以及非银行企业内营业机构之间支付的利息,不得扣除。

(9) 与取得收入无关的其他支出。

四、弥补以前年度亏损

企业纳税年度发生的亏损,准予向以后年度结转,用以后年度的所得弥补,但结转年限最长不得超过5年。

企业弥补亏损的方式主要有以下三种：

(1) 企业发生的亏损,可以用次年度的税前利润弥补,次年度利润不足以弥补的,可以在5年内延续弥补。

(2) 企业发生的亏损,5年内的税前利润不足以弥补的,用税后利润弥补。这种方式不确认递延所得税,在税法上计算应税所得时不能扣除亏损余额。

(3) 企业发生的亏损,可以用盈余公积弥补。

五、应纳税额的计算

企业所得税应纳税额的计算公式如下：

$$应纳税额 = 应纳税所得额 \times 适用税率 - 减免税额 - 抵免税额$$

公式中的减免税额和抵免税额,是指依照《企业所得税法》和国务院的税收优惠规定减征、免征和抵免的应纳税额。

【案例5-1】

环星企业2023年发生以下业务。本年度共取得收入如下：

(1) 商品销售收入7 200万元。

(2) 转让商标使用权取得收入60万元。

(3) 出租包装物取得租金收入70万元。

(4) 利息收入105万元(其中80万元为购买企业债券获得的利息,25万元为购买国库券获得的利息)。

本年度发生各项支出如下：

(1) 商品销售成本6 200万元。

(2) 商品销售税金525万元。

(3) 销售费用 280 万元。

要求:计算该企业 2023 年应纳企业所得税。

【案例分析】

(1) 按照税法规定,购买国库券获得的利息不征税,该企业其他收入为应税收入项目。企业本年度应纳税收入总额计算如下:

$$应纳税收入总额 = 7\,200 + 60 + 70 + (105 - 25) = 7\,410(万元)$$

(2) 商品销售成本、商品销售税金和营业费用可据实扣除计算如下:

$$准予扣除项目总额 = 6\,200 + 525 + 280 = 7\,005(万元)$$

(3) 应纳税所得额 $= 7\,410 - 7\,005 = 405$(万元)。

(4) 应纳所得税额 $= 405 \times 25\% = 101.25$(万元)。

【案例 5-2】

丝露电器有限责任公司 2023 年发生以下业务:

(1) 销售产品 30 000 台,每台不含税单价 0.3 万元,每台销售成本 0.22 万元。

(2) 购买企业债券利息 60 万元,买卖股票转让所得 100 万元。

(3) 销售费用 800 万元(其中广告费用 450 万元),管理费用 980 万元(其中业务招待费 120 万元)。

(4) 营业外支出 120.75 万元,其中公益性捐赠的自产产品 200 台。

(5) 以 300 台自产产品作为实物股利分配给其投资方,没有确认收入(按新会计准则应确认收入)。

要求:根据上述资料,按下列序号计算有关纳税事项,每个问题需计算出合计数。

(1) 计算全年销售(营业)收入。

(2) 计算全年准予税前扣除的销售成本。

(3) 计算全年准予税前扣除的销售费用。

(4) 计算全年准予税前扣除的管理费用。

(5) 计算全年准予税前扣除的营业外支出。

(6) 计算全年境内生产经营所得应纳税所得额。

(7) 计算 2023 年应纳企业所得税。

【案例分析】

(1) 全年销售(营业)收入 $= (30\,000 + 200 + 300) \times 0.3 = 9\,150$(万元)。

(2) 全年准予税前扣除的销售成本 $= (30\,000 + 200 + 300) \times 0.22 = 6\,710$(万元)。

(3) 全年准予税前扣除的销售费用计算如下:

$$广告费扣除限额 = 9\,150 \times 15\% = 1\,372.5(万元)$$

实际广告费用 450 万元,未超过限额,可据实扣除,全年可扣除销售费用为 450 万元。

(4) 全年准予税前扣除的管理费用计算如下:

业务招待费扣除限额 = 9 150 × 5‰ = 45.75(万元)

       < 实际发生额的 60%[120×60% = 72(万元)]

    准予税前扣除的管理费用 = 980 - 120 + 45.75 = 905.75(万元)

(5) 全年准予税前扣除的营业外支出计算如下：

  会计利润 =(30 000+300)×0.3+60+100-(30 000+300)×0.22-800-980-120.75
    =683.25(万元)
  公益捐赠扣除限额 = 683.25×12% = 81.99(万元)
  营业外支出中的公益捐赠额 = 200×0.22+200×0.3×13% = 51.8(万元)

小于扣除限额，可以据实扣除，税法准予扣除的营业外支出为 120.75 万元。

(6) 全年应纳税所得额 =（9 150 + 60 + 100）- 6 710(成本) - 800(销售费用) - 905.75(管理费用) - 120.75(营业外支出) = 773.5(万元)。

(7) 应纳企业所得税额 = 773.5×25% = 193.38(万元)。

六、核定征收应纳税额的计算

(一) 核定征收企业所得税的适用范围

纳税人具有下列情形之一的，应采取核定征收方式征收企业所得税：

(1) 依照税收法律、法规规定可以不设账簿的或按照税收法律、法规规定应设置但未设置账簿的。

(2) 只能准确核算收入总额，或收入总额能够查实，但其成本费用支出不能准确核算的。

(3) 只能准确核算成本费用支出，或成本费用支出能够查实，但其收入总额不能准确核算的。

(4) 收入总额及成本费用支出均不能正确核算，不能向主管税务机关提供真实、准确、完整的纳税资料，难以查实的。

(5) 账目设置和核算虽然符合规定，但并未按规定保存有关账簿、凭证及有关纳税资料的。

(6) 发生纳税义务，未按照税收法律、法规规定的期限办理纳税申报，经税务机关责令限期申报，逾期仍不申报的。

(二) 核定征收应纳税额的计算

实行核定应税所得率征收办法的，应纳所得额的计算公式如下：

    应纳税所得额 = 收入总额 × 应税所得率
        = 成本费用支出额 ÷ (1 - 应税所得率) × 应税所得率
    应纳所得税额 = 应纳税所得额 × 适用税率

应税所得率应按表 5-4 规定的标准执行。

表 5-4　　　　　　　　　　各行业应税所得率幅度

行业	应税所得率
农、林、牧、渔业	3%～10%
制造业	5%～15%
批发和零售贸易业	4%～15%
交通运输业	7%～15%
建筑业	8%～20%
饮食业	8%～25%
娱乐业	15%～30%
其他行业	10%～30%

任务三　资产的税务处理

企业的各项资产,包括固定资产、生物资产、无形资产、长期待摊费用、投资资产、存货等,以企业取得该项资产时实际发生的支出为计税基础。

企业持有各项资产期间,资产增值或者减值,除国务院财政、税务主管部门规定可以确认损益外,不得调整该资产的计税基础。

一、固定资产的税务处理

固定资产是指企业为生产产品、提供劳务、出租或者经营管理而持有的、使用时间超过 12 个月的非货币性资产,包括房屋、建筑物、机器、机械、运输工具以及其他与生产经营活动有关的设备、器具、工具等。

(一) 固定资产的计税基础

固定资产的计税基础应根据不同类别确定。

1. 外购的固定资产

外购的固定资产,以购买价款和支付的相关费用以及直接归属于使该资产达到预定用途发生的其他支出为计税基础。

2. 自行建造的固定资产

自行建造的固定资产,以竣工结算前发生的支出为计税基础。

3. 融资租入的固定资产

融资租入的固定资产,以租赁合同约定的付款总额和承租人在签订租赁合同过程中发生的相关费用为计税基础。租赁合同未约定付款总额的,以该资产的公允价值和承租人在签订租赁合同过程中发生的相关费用为计税基础。

4. 盘盈的固定资产

盘盈的固定资产,以同类固定资产的重置完全价值为计税基础。

5. 通过捐赠、投资、非货币性资产交换、债务重组等方式取得的固定资产

通过捐赠、投资、非货币性资产交换、债务重组等方式取得的固定资产,以该资产的公允价值和支付的相关税费为计税基础。

6. 改建的固定资产

改建的固定资产,除已足额提取折旧的固定资产的改建支出和租入固定资产的改建支出,以改建过程中发生的改建支出增加计税基础。

(二) 固定资产的折旧

1. 折旧的计提方法

固定资产按照直线法计算的折旧,准予扣除。

企业应当自固定资产投入使用月份的次月起计算折旧;停止使用的固定资产,应当自停止使用月份的次月起停止计算折旧。

企业应当根据固定资产的性质和使用情况,合理确定固定资产的预计净残值。固定资产的预计净残值一经确定,不得变更。

2. 折旧的年限

除国务院财政、税务主管部门另有规定,固定资产计算折旧的最低年限如下:

(1) 房屋、建筑物,为 20 年。

(2) 飞机、火车、轮船、机器、机械和其他生产设备,为 10 年。

(3) 与生产经营活动有关的器具、工具、家具等,为 5 年。

(4) 除飞机、火车、轮船以外的运输工具,为 4 年。

(5) 电子设备,为 3 年。

从事开采石油、天然气等矿产资源的企业,在开始商业性生产前发生的费用和有关固定资产的折耗、折旧方法,由国务院财政、税务主管部门另行规定。

二、生产性生物资产的税务处理

(一) 生产性生物资产的计税基础

生产性生物资产是指企业为生产农产品、提供劳务或者出租等而持有的生物资产,包括经济林、薪炭林、产畜和役畜等。

生产性生物资产按照以下方法确定计税基础:

(1) 外购的生产性生物资产,以购买价款和支付的相关费用为计税基础。

(2) 通过捐赠、投资、非货币性资产交换、债务重组等方式取得的生产性生物资产,以该资产的公允价值和支付的相关费用为计税基础。

(二) 生产性生物资产的折旧

生产性生物资产按照直线法计算的折旧,准予扣除。

企业应当自生产性生物资产投入使用月份的次月起计算折旧;停止使用的生产性生物资产,应当自停止使用月份的次月起停止计算折旧。

企业应当根据生产性生物资产的性质和使用情况,合理确定生产性生物资产的预计净残值。生产性生物资产的预计净残值一经确定,不得变更。

生产性生物资产计算折旧的最低年限如下：
(1) 林木类生产性生物资产，为 10 年。
(2) 畜类生产性生物资产，为 3 年。

三、无形资产的税务处理

(一) 无形资产的计税基础

无形资产是指企业为生产产品、提供劳务、出租或者经营管理而持有的、没有实物形态的非货币性长期资产，包括专利权、商标权、著作权、土地使用权、非专利技术、商誉等。

无形资产按照以下方法确定计税基础：

(1) 外购的无形资产，以购买价款和支付的相关税费，以及直接归属于使该资产达到预定用途发生的其他支出为计税基础。

(2) 自行开发的无形资产，以开发过程中该资产符合资本化条件后至达到预定用途前发生的支出为计税基础。

(3) 通过捐赠、投资、非货币性资产交换、债务重组等方式取得的无形资产，以该资产的公允价值和支付的相关税费为计税基础。

(二) 无形资产的摊销

1. 摊销范围

在计算应纳税所得额时，企业按照规定计算的无形资产摊销费用，准予扣除。

下列无形资产不得计算摊销费用的扣除：

(1) 自行开发的支出已在计算应纳税所得额时扣除的无形资产。
(2) 自创商誉。
(3) 与经营活动无关的无形资产。
(4) 其他不得计算摊销费用扣除的无形资产。

2. 摊销方法

无形资产按照直线法计算的摊销费用，准予扣除。

无形资产的摊销年限不得低于 10 年。

作为投资或者受让的无形资产，有关法律规定或者合同约定了使用年限的，可以按照规定或者约定的使用年限分期摊销。

外购商誉的支出，在企业整体转让或者清算时，准予扣除。

四、长期待摊费用的税务处理

在计算应纳税所得额时，企业发生的下列支出作为长期待摊费用，按照规定摊销的，准予扣除：

(1) 已足额提取折旧的固定资产的改建支出。
(2) 租入固定资产的改建支出。
(3) 固定资产的大修理支出。
(4) 其他应当作为长期待摊费用的支出。

固定资产的改建支出是指改变房屋结构或建筑物结构、延长使用年限等发生的支出。

已足额提取折旧的固定资产的改建支出,按照固定资产预计尚可使用年限分期摊销;租入固定资产的改建支出,按照合同约定的剩余租赁期限分期摊销。

改建的固定资产延长使用年限的,除按已足额提取折旧的固定资产的改建和租入固定资产的改建规定外,应当适当延长折旧年限。

固定资产的大修理支出是指同时符合下列条件的支出:

(1) 修理支出达到取得固定资产时的计税基础的50%以上。

(2) 修理后固定资产的使用年限延长2年以上。

固定资产的大修理支出,按照固定资产尚可使用的年限分期摊销。

其他应当作为长期待摊费用的支出,自支出发生月份的次月起,分期摊销,摊销年限不得低于3年。

五、投资资产的税务处理

投资资产是指企业对外进行权益性投资和债权性投资形成的资产。

企业在转让或者处置投资资产时,投资资产的成本,准予扣除。企业对外投资期间,投资资产的成本在计算应纳税所得额时不得扣除。

投资资产按照以下方法确定成本:

(1) 通过支付现金方式取得的投资资产,以购买价款为成本。

(2) 通过支付现金以外的方式取得的投资资产,以该资产的公允价值和支付的相关税费为成本。

六、存货的税务处理

存货是指企业持有以备出售的产品或者商品、处在生产过程中的在产品、在生产或者提供劳务过程中耗用的材料和物料等。

存货按照以下方法确定成本:

(1) 通过支付现金方式取得的存货,以购买价款和支付的相关税费为成本。

(2) 通过支付现金以外的方式取得的存货,以该存货的公允价值和支付的相关税费为成本。

(3) 生产性生物资产收获的农产品,以产出或者采收过程中发生的材料费、人工费和分摊的间接费用等必要支出为成本。

企业使用或者销售存货,按照规定计算的存货成本,准予在计算应纳税所得额时扣除。

企业使用或者销售的存货的成本计算方法,可以在先进先出法、加权平均法、个别计价法中选用一种。计价方法一经选用,不得随意变更。

任务四 企业所得税的税收优惠

企业所得税的税收优惠是指国家根据经济和社会的发展,在一定期限内对特定地区、行业和企业的纳税人应缴纳的企业所得税,给予减征或者免征的一种照顾和鼓励措施。税收优惠具有很强的政策导向作用。正确制定并运用这种措施,可以更好地发挥税收的调节功能,促进国民经济的健康发展。

一、企业的免税收入

(一) 国债利息收入

国债利息收入是指企业持有国务院财政部门发行的国债取得的利息收入。

(二) 股息、红利等权益性投资收益

(1) 符合条件的居民企业之间的股息、红利等权益性投资收益是指居民企业直接投资于其他居民企业取得的投资收益。

(2) 在中国境内设立机构、场所的非居民企业从居民企业取得与该机构、场所有实际联系的股息、红利等权益性投资收益。

上述(1)(2)项所称股息、红利等权益性投资收益,不包括连续持有居民企业公开发行并上市流通的股票不足 12 个月取得的投资收益。

(三) 符合条件的非营利组织的收入

非营利组织是指同时符合下列条件的组织:

(1) 依法履行非营利组织登记手续。

(2) 从事公益性或者非营利性活动。

(3) 取得的收入除用于与该组织有关的、合理的支出外,全部用于登记核定或者章程规定的公益性或者非营利性事业。

(4) 财产及其孳息不用于分配。

(5) 登记核定或者章程规定,该组织注销后的剩余财产用于公益性或者非营利性目的,或者由登记管理机关转赠给与该组织性质、宗旨相同的组织,并向社会公告。

(6) 投入人对投入该组织的财产不保留或者享有任何财产权利。

(7) 工作人员工资、福利开支控制在规定的比例内,不变相分配该组织的财产。

二、免征、减征企业所得税的所得

(一) 从事农、林、牧、渔业项目的所得

1. 企业从事下列项目的所得,免征企业所得税

(1) 蔬菜、谷物、薯类、油料、豆类、棉花、麻类、糖料、水果、坚果的种植。

(2) 农作物新品种的选育。

(3) 中药材的种植。

(4) 林木的培育和种植。

(5) 牲畜、家禽的饲养。

(6) 林产品的采集。

(7) 灌溉、农产品初加工、兽医、农技推广、农机作业和维修等农、林、牧、渔服务业项目。

(8) 远洋捕捞。

2. 企业从事下列项目的所得,减半征收企业所得税
(1) 花卉、茶及其他饮料作物和香料作物的种植。
(2) 海水养殖、内陆养殖。

(二) 从事国家重点扶持的公共基础设施项目投资经营的所得

国家重点扶持的公共基础设施项目是指《公共基础设施项目企业所得税优惠目录》规定的港口码头、机场、铁路、公路、城市公共交通、电力、水利等项目。

企业从事上述规定的国家重点扶持的公共基础设施项目的投资经营的所得,自项目取得第一笔生产经营收入所属纳税年度起,第一年至第三年免征企业所得税,第四年至第六年减半征收企业所得税。

企业承包经营、承包建设和内部自建自用本条规定的项目,不得享受本条规定的企业所得税优惠。

(三) 从事符合条件的环境保护、节能节水项目的所得

符合条件的环境保护、节能节水项目,包括公共污水处理、公共垃圾处理、沼气综合开发利用、节能减排技术改造、海水淡化等。项目的具体条件和范围由国务院财政、税务主管部门与国务院有关部门制定,报国务院批准后公布施行。

企业从事上述规定的符合条件的环境保护、节能节水项目的所得,自项目取得第一笔生产经营收入所属纳税年度起,第一年至第三年免征企业所得税,第四年至第六年减半征收企业所得税。

上述第(二)(三)项规定享受减免税优惠的项目,在减免税期限内转让的,受让方自受让之日起,可以在剩余期限内享受规定的减免税优惠;在减免税期限届满后转让的,受让方不得就该项目重复享受减免税优惠。

(四) 符合条件的技术转让所得

符合条件的技术转让所得免征、减征企业所得税,是指在一个纳税年度内,居民企业技术转让所得不超过 500 万元的部分,免征企业所得税;超过 500 万元的部分,减半征收企业所得税。

(五) 非居民企业在中国境内所得

非居民企业在中国境内未设立机构、场所的,或者虽设立机构、场所,但取得的所得与其所设机构、场所没有实际联系的,应当就其来源于中国境内的所得,减按 10% 的税率征收企业所得税。

下列所得可以免征企业所得税:
(1) 外国政府向中国政府提供贷款取得的利息所得。
(2) 国际金融组织向中国政府和居民企业提供优惠贷款取得的利息所得。
(3) 经国务院批准的其他所得。

三、小型微利企业的税收优惠

小型微利企业,是指从事国家非限制和禁止行业且同时符合年度应纳税所得额不超过 300 万元、从业人数不超过 300 人、资产总额不超过 5 000 万元等三个条件的企业。

自 2023 年 1 月 1 日至 2024 年 12 月 31 日,对小型微利企业年应纳税所得额不超过 100 万元的部分,减按 25% 计入应纳税所得额,按 20% 的税率缴纳企业所得税。

【案例 5-3】

A 企业于 2021 年成立,从事国家非限制和禁止行业。2023 年第 1 季度季初、季末,A 企业的从业人数分别为 138 人、212 人,第 1 季度季初、季末的资产总额分别为 2 200 万元、3 800 万元,第 1 季度的应纳税所得额为 88 万元。

要求:分析 A 企业第 1 季度的应纳税额。

【案例分析】

2023 年第 1 季度,A 企业"从业人数"的季度平均值为 175 人,"资产总额"的季度平均值为 3 000 万元,应纳税所得额为 88 万元。符合关于小型微利企业预缴企业所得税时的判断标准:从事国家非限制和禁止行业,且同时符合截至本期预缴申报所属期末资产总额季度平均值不超过 5 000 万元、从业人数季度平均值不超过 300 人、应纳税所得额不超过 100 万元,可以享受优惠政策。《财政部税务总局关于小微企业和个体工商户所得税优惠政策的公告》(2023 年第 6 号)规定,对小型微利企业年应纳税所得额不超过 100 万元的部分,减按 25% 计入应纳税所得额,按 20% 的税率缴纳企业所得税。因此,A 企业第 1 季度的应纳税额为:$88 \times 25\% \times 20\% = 4.4$(万元)。

四、高新技术企业减按 15% 的税率征收

国家需要重点扶持的高新技术企业是指拥有核心自主知识产权,并同时符合下列条件的企业:

(1) 企业申请认定时须注册成立 1 年以上。

(2) 企业通过自主研发、受让、受赠、并购等方式,获得对其主要产品(服务)在技术上发挥核心支持作用的知识产权的所有权。

(3) 企业主要产品(服务)发挥核心支持作用的技术属于《国家重点支持的高新技术领域》规定的范围。

(4) 企业从事研发和相关技术创新活动的科技人员占企业当年职工总数的比例不低于 10%。

(5) 企业近 3 个会计年度(实际经营期不满 3 年的按实际经营时间计算)的研究开发费用总额占同期销售收入总额的比例符合相应要求。

(6) 近 1 年高新技术产品(服务)收入占企业同期总收入的比例不低于 60%。

(7) 企业创新能力评价应达到相应要求。

(8) 企业申请认定前 1 年内未发生重大安全、重大质量事故或严重环境违法行为。

自 2018 年 1 月 1 日起,当年具备高新技术企业或科技型中小企业资格(以下统称"资格")的企业,其具备资格年度之前 5 个年度发生的尚未弥补完的亏损,准予结转以后年度弥补,最长结转年限由 5 年延长至 10 年。

国家需要重点扶持的高新技术企业,减按 15% 的税率征收企业所得税。

五、民族自治地方企业的税收优惠

民族自治地方是指依照《中华人民共和国民族区域自治法》的规定,实行民族区域自治

的自治区、自治州、自治县。

民族自治地方的自治机关对本民族自治地方的企业应缴纳的企业所得税中属于地方分享的部分,可以决定减征或者免征。自治州、自治县决定减征或者免征的,须报省、自治区、直辖市人民政府批准。

对民族自治地方内国家限制和禁止行业的企业,不得减征或者免征企业所得税。

六、允许加计扣除的项目

(一)企业开展研发活动的研发费用

为进一步激励企业加大研发投入,更好地支持科技创新,根据《关于进一步完善研发费用税前加计扣除政策的公告》(财政部 税务总局公告2023年第7号)规定,对企业研发费用税前加计扣除政策修订如下:企业开展研发活动中实际发生的研发费用,未形成无形资产计入当期损益的,在按规定据实扣除的基础上,自2023年1月1日起,再按照实际发生额的100%在税前加计扣除;形成无形资产的,自2023年1月1日起,按照无形资产成本的200%在税前摊销。

(二)安置残疾人员及国家鼓励安置的其他就业人员所支付的工资

企业安置残疾人员所支付工资的加计扣除是指企业安置残疾人员,在按照支付给残疾职工工资据实扣除的基础上,再按照支付给残疾职工工资的100%加计扣除。残疾人员的范围适用《中华人民共和国残疾人保障法》的有关规定。

七、创业投资企业的优惠

创业投资企业从事国家需要重点扶持和鼓励的创业投资,可以按投资额的一定比例抵扣应纳税所得额。

创业投资企业采取股权投资方式投资于未上市的中小型高新技术企业2年以上的,可以按照其投资额的70%在股权持有满2年的当年抵扣该创业投资企业的应纳税所得额;当年不足抵扣的,可以在以后纳税年度结转抵扣。

八、特殊固定资产的加速折旧

企业的固定资产由于技术进步等原因,确需加速折旧的,可以缩短折旧年限或者采取加速折旧的方法。

采取缩短折旧年限或者采取加速折旧的方法的固定资产,包括以下两种:

(1)由于技术进步,产品更新换代较快的固定资产。

(2)常年处于强震动、高腐蚀状态的固定资产。

采取缩短折旧年限方法的,最低折旧年限不得低于《企业所得税法》中规定折旧年限的60%;采取加速折旧方法的,可以采取双倍余额递减法或者年数总和法。

九、资源综合利用的税收优惠

企业综合利用资源,生产符合国家产业政策规定的产品所取得的收入,可以在计算应纳税所得额时减计收入。

企业以《资源综合利用企业所得税优惠目录》规定的资源作为主要原材料,生产国家非限制和禁止并符合国家和行业相关标准的产品取得的收入,减按90%计入收入总额。

上述所称原材料占生产产品材料的比例不得低于《资源综合利用企业所得税优惠目录》规定的标准。

十、购置环保、节能、安全生产等专用设备的税收优惠

企业对环境保护、节能节水、安全生产等专用设备的投资额,可以按一定比例实行税额抵免。

企业购置并实际使用《环境保护专用设备企业所得税优惠目录》《节能节水专用设备企业所得税优惠目录》和《安全生产专用设备企业所得税优惠目录》规定的环境保护、节能节水、安全生产等专用设备的,该专用设备投资额的10%可以从企业当年的应纳税额中抵免;当年不足抵免的,可以在以后5个纳税年度结转抵免。

享受上述规定的企业所得税优惠的企业,应当实际购置并自身实际投入使用上述规定的专用设备;企业购置上述专用设备在5年内转让、出租的,应当停止享受企业所得税优惠,并补缴已经抵免的企业所得税税款。

【案例5-4】

A公司会计小王在计算企业所得税时需要理清扣除项目、扣除限额及特殊规定以便提高工作效率,请问他该如何进行归纳?

【案例分析】

根据《企业所得税法》有关规定,扣除项目可分为全额扣除、限额扣除、加计扣除、不得扣除、抵扣税额、抵免税额等,具体内容如表5-5所示。

表5-5　　　　　　　　应纳税所得额扣除项目及扣除限额

项目	子目	扣除限额	特殊规定
有扣除限额,超过部分应调增应纳税所得额	业务招待费	① 业务招待费×60% ② 销售(营业)收入×5‰	—
	广告费和业务招待费	销售(营业)收入×15%	超过部分,准予在以后纳税年度结转扣除
	职工福利费	工资薪金总额×14%	—
	工会经费	工资薪金总额×2%	—
	职工教育经费	工资薪金总额×8%	超过部分,准予在以后纳税年度结转扣除
	公益性捐赠支出	年度利润总额×12%	—
	非金融企业向非金融企业贷款的利息支出	按照金融企业同期同类贷款利率计算的数额	

(续表)

项目	子目	扣除限额	特殊规定
不得扣除，应全额调增应纳税所得额	税收滞纳金	—	—
	罚金、罚款和被没收财物的损失	—	不包括纳税人按照经济合同规定支付的违约金、银行罚息、罚款和诉讼费
	未经核定的准备金支出	—	—
	非广告性质的赞助支出	—	—
	企业之间支付的管理费用	—	—
	纳税人直接向受赠人的捐赠	—	—
	企业为投资者或者职工支付的商业保险费	—	纳税人为特殊工种职工支付的人身安全保险费可以扣除
准予全额扣除，无须进行纳税调整	合理的工资薪金	—	—
	合理的劳动保护	—	—
	财产保险费	—	—
	非金融企业向金融企业贷款的利息支出	—	—
	企业经批准发行债券的利息支出	—	—
	企业在生产经营活动中发生的合理的不需要资本化的借款费用	—	—
加计扣除，调减应纳税所得额	研究开发费用	未形成无形资产计入当期损益，按实际发生额加计100%	—
	支付给残疾职工的工资	按照支付给残疾职工的工资加计100%	—
抵扣应纳税所得额	创业投资企业	投资额×70%	在股权持有满2年的当年抵扣，不足抵扣，可以在以后纳税年度结转抵扣
抵免应纳税所得额	购置并实际使用"符合条件的环境保护、节能节水、安全生产"等设备	投资额×10%	当年不足抵免，可以在以后五个纳税年度结转抵免

任务五　征 收 管 理

一、扣缴义务人

对非居民企业在中国境内未设立机构、场所的，或者虽设立机构、场所但取得的所得与其所设机构、场所没有实际联系的、来源于中国境内的所得应缴纳的所得税,实行源泉扣缴,以支付人为扣缴义务人。税款由扣缴义务人在每次支付或者到期应支付时,从支付或者到期应支付的款项中扣缴。

支付人是指依照有关法律规定或者合同约定对非居民企业直接负有支付相关款项义务的单位或者个人。

支付包括现金支付、汇拨支付、转账支付和权益兑价支付等货币支付和非货币支付。

到期应支付的款项是指支付人按照权责发生制原则应当计入相关成本、费用的应付款项。

对非居民企业在中国境内取得工程作业和劳务所得应缴纳的所得税,税务机关可以指定工程价款或者劳务费的支付人为扣缴义务人。

下述情况的扣缴义务人,由县级以上税务机关指定,并同时告知扣缴义务人所扣税款的计算依据、计算方法、扣缴期限和扣缴方式。

(1) 预计工程作业或者提供劳务期限不足一个纳税年度,且有证据表明不履行纳税义务的。

(2) 没有办理税务登记或者临时税务登记,且未委托中国境内的代理人履行纳税义务的。

(3) 未按照规定期限办理企业所得税纳税申报或者预缴申报的。

应当扣缴的所得税,扣缴义务人未依法扣缴或者无法履行扣缴义务的,由纳税人在所得发生地缴纳。纳税人未依法缴纳的,税务机关可以从该纳税人在中国境内其他收入项目的支付人应付的款项中,追缴该纳税人的应纳税款。

二、纳税期限

企业所得税按纳税年度计算。纳税年度自公历1月1日起至12月31日止。

企业应当自月份或者季度终了之日起15日内,向税务机关报送预缴企业所得税纳税申报表,预缴税款。企业分月或者分季预缴企业所得税时,应当按照月度或者季度的实际利润额预缴;按照月度或者季度的实际利润额预缴有困难的,可以按照上一纳税年度应纳税所得额的月度或者季度平均额预缴,或者按照经税务机关认可的其他方法预缴。预缴方法一经确定,该纳税年度内不得随意变更。

企业应当自年度终了之日起5个月内,向税务机关报送年度企业所得税纳税申报表,并汇算清缴,结清应缴应退税款。

企业在一个纳税年度中间开业,或者终止经营活动,使该纳税年度的实际经营期不足12个月的,应当以其实际经营期为一个纳税年度。企业依法清算时,应当以清算期间作为一个纳税年度。企业在年度中间终止经营活动的,应当自实际经营终止之日起60日内,向税务机关办理当期企业所得税汇算清缴。企业应当在办理注销登记前,就其清算所得向税务机关申报并依法缴纳企业所得税。

三、纳税地点

税收法律、行政法规另有规定除外,居民企业以企业登记注册地为纳税地点,登记注册地在境外的,以实际管理机构所在地为纳税地点。

居民企业在中国境内设立不具有法人资格的营业机构的,应当汇总计算并缴纳企业所得税。非居民企业在中国境内设立机构、场所,以及发生在中国境外但与其所设机构、场所有实际联系的所得,以机构、场所所在地为纳税地点。

非居民企业在中国境内未设立机构、场所的,或者虽设立机构、场所但取得的所得与其所设机构、场所没有实际联系的,以扣缴义务人所在地为纳税地点。

非居民企业在中国境内设立两个或者两个以上机构、场所的,经税务机关审核批准,可以选择由其主要机构、场所汇总缴纳企业所得税。

四、纳税申报

企业在报送企业所得税纳税申报表时,应当按照规定附送财务会计报表和其他有关资料。

企业在纳税年度内无论盈利还是亏损,都应当依照规定的期限,向税务机关报送预缴企业所得税纳税申报表、年度企业所得税纳税申报表、财务会计报告和税务机关规定应当报送的其他有关资料。

企业发生的与其经营活动有关的合理费用,税务机关要求提供证明材料的,应提供能够证明其真实性的合法凭证,否则,不得在税前扣除。

企业向税务机关报送年度企业所得税纳税申报表时,应当就其与关联方之间的业务往来,附送年度关联业务往来报告表。

企业不提供与其关联方之间业务往来资料,或者提供虚假、不完整的资料,未能真实地反映其关联业务往来情况的,税务机关有权依法核定其应纳税所得额。

【知识拓展】

中国香港税务指南之利得税

《香港税务条例》(第112章)规定征收3种直接税:利得税、薪俸税、物业税。课税年度是由4月1日至翌年3月31日。

1. 课税范围

凡在本港经营任何行业、专业或业务而从该行业、专业或业务获得于中国香港产生或得自中国香港的所有利润(由出售资本资产所得的利润除外)的人士,包括法团、合伙商号、信托人或团体,均须缴税。征税对象并无本港居民或非本港居民的分别。因此,本港居民可从海外赚取利润而无须在本港纳税,反过来说,非本港居民如在本港赚取利润,则须在本港纳税。至于业务是否在本港经营及利润是否得自本港的问题,主要是根据事实而定,但所采用的原则可参考中国香港及其他奉行普通法的法院所判决的税务案例。以下各项均视为于中国香港产生或在本港经营行业、专业或业务的收入:

(1)因在本港上映或使用电影或电视片胶卷或纪录带,任何录音,或任何与该等胶卷、纪录带或录音有关的宣传资料而获得的款项。因有人在本港使用或有权使用专利权、设计、商标、版权物料、秘密工序或方程式或其他类似性质的财产而收取的款项。从2004年6月

25日起,如支付人可就有关支出扣税的话,则在海外使用或有权使用此等财产而收取的款项亦包括在内。

(2) 因有人在本港使用或有权使用专利权、设计、商标、版权物料、秘密工序或方程式或其他类似性质的财产而收取的款项。从2004年6月25日起,如支付人可就有关支出扣税的话,则在海外使用或有权使用此等财产而收取的款项亦包括在内。

(3) 因有人在本港使用或有权使用动产,而收取租赁费、租金或其他类似收费款项。由2003/04课税年度开始,法团业务利得税税率由16%调高至17.5%。由2008/09年度起,则降低至16.5%。至于非法团业务,2003/04课税年度利得税税率由15%调高至15.5%,2004/05课税年度起再调高至16%,而2008/09课税年度开始则降回至15%。缴交利得税的营商人士及有限公司可获宽减2007/08及2011/12课税年度最后评税75%的税款,每宗个案分别以$25 000及$12 000为上限。

2. 评税的基础

利得税是根据课税年度内的应评税利润而征收的。对于按年结算账项的业务,应评税利润是按照在有关课税年度内结束的会计年度所赚得的利润计算。在有关课税年度内,经营者须根据上一年度评定的利润缴纳一项暂缴税。当有关年度的利润在下一年度评定后,首先会将已缴纳的暂缴税用于抵销该有关年度应缴纳的利得税,如有剩余,则用于抵销下一年度的暂缴税。在停止经营的业务方面,除了若干情况须特别处理,一般来说,应评税利润是根据上一课税年度基期结束以后至停止营业日期为止所赚得的利润计算。

3. 非居港人士及为非居港人士服务的代理人

非居港人士如在本港经营任何行业、专业或业务而获得于中国香港产生或得自中国香港的所有利润,均须缴税。此税项可直接向该非居港人士或他的代理人征收,而不论该代理人有否实际收取所得利润。税务局并可由该非居港人士的资产中追回此项税款,也可向代理人追讨。代理人必须由非居港人士的资产中保留足够款项,以备缴税。

非居港人士自上述(1)和(2)分段所载获得款项,及非居港人士因非居港艺人或运动员在香港以其艺人或运动员身份演出,而直接或间接收取款项或利益(如包税),均须缴税。此税项可以付款或以转账方式付款与上述非居港人士的名义征收。该名缴付或以转账方式缴付这些款项的人士,须在其付款或以转账方式付款时从这些款项中扣除足够支付应缴税款的款额。

居港代销人须每隔3个月向中国香港税务局局长申报他代非居港寄销人所作的销售总额,并须缴付相等于该总额1%的款项予税务局局长,但在税务局局长同意下,可缴付较少的数额。

如非居港人士与居港人士经营生意,而经营的方法令该居港人士无从获利或所获利润少于普通独立营商者可得的利润时,此项业务可被视为该非居港人士在本港经营的业务,而以该居港人士为代理人。

倘若无法确定非居港人士在本港经营行业、专业或业务实得的利润,税务局可根据该项业务在本港的营业额,按一合理的百分率计算所获的利润。

倘若非居港人士的业务总行设在中国香港以外地方,而账目未能显示该行设在本港的永久办事处所实得的利润,在进行评税时,该驻港分行的利润将以比例方法计算,即中国香港分行的利润在利润总额中所占的比率,等于此分行的营业额在营业总额中所占的比率。

此外,《香港税务条例》对非居港船东或非居港飞机东主,因他们的船只造访中国香港水域或他们的飞机降落中国香港机场而须缴付的税款亦有明文规定。有关进一步的详情可向税务局查询。

4. 豁免及扣除

从须缴付中国香港利得税的法团收取的股息,及从其他人士收取已包括在须予缴付利得税的应评税利润内的款项(如合资经营所分配的利润),都不列入收受人应评税的利润内。一般而论,所有由纳税人为赚取应评税利润而付出的各项开支费用,均可获准扣除,其中包括:

(1) 为赚取该项利润而借款所付的利息(但须符合若干条件)及租用建筑物或土地的租金。

(2) 坏账及呆账(如日后收回须当作入息)。

(3) 为赚取该项利润而使用的处所、工业装置、机械或物品等的修葺或修理费。

(4) 为赚取应评税利润而使用之商标、设计或专利的注册费用。

(5) 为赚取应评税利润而用于购买指明知识产权的资本开支。如该知识产权属专利权或任何工业知识之权利在购买首年即享100%扣除。如属版权、注册外观设计或注册商标,则由2011/12课税年度起,可在购买年度及其后连续4个课税年度内获20%扣除。但如该知识产权的全部或部分是从相联者购入,则有关开支不会获得扣除。

(6) 研究和开发费用(包括市场、工商或管理事务研究),与设计有关的支出及工业教育的支出,但须符合某些条文的规定。

(7) 雇主对按年支付认可职业退休金计划的供款或为此项计划而按年支付的保费,或向强制性公积金计划的固定供款,或任何为该等计划而预备的款项。但就每一雇员所付出的数目,不得超过该雇员在有关期间内的薪酬总额的15%。

(8) 独资经营的东主或合伙业务的合伙人,根据《强制性公积金计划条例》(第485章)的法律责任,作为自雇人士而支付的强制性供款。在某一课税年度,这方面的扣除不得超出该课税年度的最高可获扣除额,而这上限已经包括在《香港税务条例》其他条文下已作出的扣除。自雇人士为配偶所作的供款则不能扣除。每一个课税年度最高可获扣除额为12 000港元。

(9) 支付予认可慈善机构的捐款,但捐款的总和须不少于$100及不得超过经调整后的应评税利润的35%(2006/07及2007/08课税年度不得超过25%)。在计算应课税利润时,以下项目不得扣除:①家庭或私人开支及任何非为产生该项利润而付出的款项;②资本的任何亏损或撤回、用于改进方面的成本,及任何资本性的开支;③可按保险计划或补偿合约收回的款项;④非为产生该项利润而占用或使用楼宇所支付的租金及有关费用;⑤根据《税务条例》缴纳的各种税款(就雇员薪酬支付的薪俸税除外);⑥支付予东主或东主的配偶、合伙人或合伙人配偶(如属合伙经营)的薪酬、资本利息、贷款利息或在《香港税务条例》第16AA条以外,向强制性公积金计划作出的供款。

如纳税人只有分行或附属公司在本港营业,而总行方面将部分可扣除的管理费用转账,作为本港分公司或附属公司的费用,则在计算中国香港税项时,此项转入的费用也可予以扣除,但只限于在有关课税年度的基期内用于赚取应评税利润的数额。

5. 亏损

纳税人于某一会计年度内的亏损可结转用于抵销随后年度的利润,但经营多于一种行业的法团,则可将某一行业的亏损,抵销另一行业的利润。申请以个人入息课税办法计税的人士,如招致营业亏损,可从总入息扣除所亏损的数额。

对于实施优惠税率征税的收益或利润,在计算其盈亏用于抵销正常收益或利润时,会作出相对的调整。

6. 折旧免税额

工业建筑物及构筑物为若干行业兴建工业建筑物及构筑物而付出的资本开支,可获特别免税额。该等行业为交通事业、船坞、水电事业、商品制造加工或贮藏业、在制作所和工厂内从事的行业及农业。在付出该等资本开支的课税年度内,纳税人可获开支总数20%的初期免税额,其后每年可获开支总数4%的免税额,直至该项开支全部注销为止。如有关资产中途变卖,则会根据该项资产的卖价与变卖时折余价值之间的差额,来决定所给予的结余免税额,或作出结余课税。

商业建筑物及构筑物任何非工业建筑物或构筑物,如用作经营行业、专业或业务(用作出售的楼宇除外)均可获商业建筑物免税额,即每年获减免为兴建该等建筑物或构筑物所招致的资本开支的4%。如有关资产中途变卖,则会根据该项资产的卖价与变卖时折余价值之间的差额,来决定所给予的结余免税额,或作出结余课税。

工业装置及机械除那些用于上述《税务优惠》,纳税人可就为产生应评税利润而提供工业装置及机械方面招致的资本开支费用,获得下列免税额:

(1) 工业装置及机械成本的初期免税额(即成本费用的60%)。

(2) 根据该项资产的折余价值而计算的每年免税额。折旧率由税务委员会规定,分别为10%、20%及30%,视该类工业装置或机械的估计可用期而定。按同一比率计算每年免税额的资产,则列入同一"聚合组"内。

(3) 结束时无人继承的业务,可获给予根据未获免税的开支费用与变卖机械及装置所得款项之间的差额而计算的结余免税额;但变卖一项或多项资产的收入,如超过此等资产所属"聚合组"的合计折余价值,则须作出结余课税。

7. 账簿及记录

凡在中国香港经营业务人士,必须就其收入及开支以中文或英文保存适当的记录,以便确定其应评税利润。法例规定必须就各项业务交易记录指定的详细资料。业务记录须自交易完结后,保存至少7年。任何人士如没有保存足够记录,可被罚款最高达$100 000。

(资料来源:中国香港税务局网站)

课后练习题

一、单项选择题

1. 根据企业所得税法律制度的规定,下列关于非居民企业的表述中,正确的是( )。

A. 在境外成立的企业均属于非居民企业

B. 在境内成立但有来源于境外所得的企业属于非居民企业

C. 依照外国法律成立,实际管理机构在中国境内的企业属于非居民企业

D. 依照外国法律成立，实际管理机构不在中国境内但在中国境内设立机构、场所的企业属于非居民企业

2. 根据企业所得税法律制度的规定，企业的下列收入中，属于不征税收入范围的是（　　）。
   A. 财政拨款　　　　B. 租金收入　　　　C. 产品销售收入　　　D. 国债利息收入

3. 根据企业所得税法律制度的规定，在计算企业所得税应纳税所得额时，除国务院财政、税务主管部门另有规定外，有关费用支出不超过规定比例的准予扣除，超过部分，准予在以后年度结转扣除。下列各项中，属于该有关费用的是（　　）。
   A. 工会经费　　　　B. 社会保险费　　　C. 职工福利费　　　　D. 职工教育经费

4. 甲企业2022年度实现利润总额23万元，在营业外支出账户列支了通过公益社会团体向贫困地区捐款3万元。根据企业所得税法律制度的规定，在计算2022年度应纳税所得额时，允许扣除的捐款数额为（　　）万元。
   A. 3　　　　　　　B. 2.76　　　　　　C. 2.4　　　　　　　D. 1.5

5. 企业为开发新技术、新产品、新工艺发生的研究开发费用，未形成无形资产计入当期损益的，在按照规定据实扣除的基础上，按照研究开发费用的（　　）加计扣除。
   A. 20%　　　　　　B. 30%　　　　　　C. 75%　　　　　　D. 100%

6. 乙软件企业是国家需要重点扶持的高新技术企业，2022年度该企业的应纳税额为500万元，该企业2022年度应纳的企业所得税额为（　　）万元。
   A. 50　　　　　　　B. 75　　　　　　　C. 100　　　　　　D. 125

7. 根据企业所得税法律制度的规定，下列各项中，可以在企业所得税前扣除的是（　　）。
   A. 未经核定的准备金
   B. 纳税人因买卖合同纠纷而支付的诉讼费用
   C. 纳税人向关联企业支付的管理费
   D. 企业缴纳的增值税

8. 根据企业所得税法律制度的规定，下列所得中，免征企业所得税的是（　　）。
   A. 海水养殖　　　　B. 内陆养殖　　　　C. 花卉种植　　　　D. 家禽饲养

9. 林木类生产性生物资产计算折旧的最低年限为（　　）。
   A. 3年　　　　　　B. 5年　　　　　　C. 10年　　　　　　D. 没有具体规定

10. 计算企业所得税应纳税额时，通常情况下固定资产按照（　　）计算的折旧，准予扣除。
    A. 直线法　　　　　B. 工作量法　　　　C. 双倍余额递减法　D. 年数总和法

二、多项选择题

1. 根据企业所得税法律制度的规定，下列各项中，不属于企业所得税纳税人的有（　　）。
   A. 有限责任公司　　B. 股份有限公司　　C. 个人独资企业　　D. 合伙企业

2. 根据企业所得税法律制度的规定，下列各项中，属于企业所得税不征税收入的有（　　）。
   A. 财政拨款
   B. 国债利息收入
   C. 债务重组收入
   D. 依法收取并纳入财政管理的行政事业性收费、政府性基金

3. 根据企业所得税法律制度的规定，下列收入中，不属于企业所得税免税收入的有（ ）。
   A. 财政拨款
   B. 国债利息收入
   C. 物资及现金溢余
   D. 依法收取并纳入财政的政府性基金

4. 根据企业所得税法律制度的规定，下列各项中，在计算企业所得税应纳税所得额时不得扣除的有（ ）。
   A. 向投资者支付的红利
   B. 企业内部营业机构之间支付的租金
   C. 企业内部营业机构之间支付的特许权费用
   D. 未经核定的准备金支出

5. 根据企业所得税法律制度的规定，企业的固定资产由于技术进步等原因，确实需要加速折旧的，可以采用加速折旧方法的有（ ）。
   A. 年数总和法
   B. 工作量法
   C. 双倍余额递减法
   D. 缩短折旧年限，但最低折旧年限不得低于法定折旧年限的50％

6. 根据企业所得税法律制度的规定，下列无形资产不得计算摊销费用扣除的有（ ）。
   A. 自行开发的支出已在计算应纳税所得额时扣除的无形资产
   B. 自创商誉
   C. 与经营活动无关的无形资产
   D. 其他不得计算摊销费用扣除的无形资产

7. 根据企业所得税法律制度的规定，下列表述中，正确的有（ ）。
   A. 以融资租赁方式租出的固定资产，不得计算折旧扣除
   B. 符合规定的固定资产按照直线计算的折旧，准予扣除
   C. 企业应当自固定资产投入使用的当月起计算折旧
   D. 企业停止使用的固定资产，应当自停止使用的当月起停止计算折旧

8. 根据企业所得税法律制度的规定，下列资产中，不作为计提的折旧在企业所得税税前扣除的有（ ）。
   A. 以经营租赁方式租入的固定资产
   B. 以经营租赁方式租出的固定资产
   C. 以融资租赁方式租入的固定资产
   D. 以融资租赁方式租出的固定资产

9. 根据企业所得税法律制度的规定，在中国境内未设立机构、场所的非居民企业从中国境内取得的下列所得中，应以收入全额为应纳税所得额的有（ ）。
   A. 红利
   B. 转让财产所得
   C. 租金
   D. 利息

10. 根据企业所得税法律制度的规定，下列各项中，不得在企业所得税税前扣除的有（ ）。
    A. 税收滞纳金
    B. 被没收财物的投资
    C. 向投资者支付的股息
    D. 银行罚息

三、判断题

1. 企业依照法律、行政法规有关规定提取的用于环境保护、生态恢复等方面的专项资金，

准予扣除。（　　）

2. 企业参加商业保险，按照规定缴纳的保险费，准予扣除。（　　）

3. 盘盈的固定资产，以该资产的公允价值和支付的相关税费为计税基础。（　　）

4. 符合条件的技术转让所得免征企业所得税，是指一个纳税年度内，居民企业技术转让所得超过500万元的部分，免征企业所得税。（　　）

5. 企业发生亏损，可以用次年度的税前利润弥补，次年度利润不足弥补的，可以在5年内延续弥补。（　　）

6. 企业持有各项资产期间，资产增值或者减值，除国务院财政、税务主管部门规定可以确认损益外，不得调整该资产的计税基础。（　　）

7. 企业发生的公益性捐赠支出，在年度收入总额12%以内的部分，准予在计算应纳税所得额时扣除。（　　）

8. 企业以《资源综合利用企业所得税优惠目录》规定的资源作为主要原材料，生产国家非限制和禁止并符合国家和行业相关标准的产品取得的收入，减按90%计入收入总额。（　　）

9. 其他应当作为长期待摊费用的支出，自支出发生月份的次月起，分期摊销，摊销年限不得低于5年。（　　）

10. 对非居民企业在中国境内未设立机构、场所的，或者虽设立机构、场所但其取得的所得与其所设机构、场所没有实际联系的、来源于中国境内的所得应缴纳的所得税，实行源泉扣缴，以收款人为扣缴义务人。（　　）

四、计算题

1. 甲企业2023年已计入成本、费用中的全年实发工资总额为800万元（属于合理的范围），拨缴的工会经费为12万元，实际发生的职工福利费为120万元、职工教育经费为30万元。

要求：计算该企业工会经费、职工福利费、职工教育经费并确定是否准予税前扣除。

2. 2023年，某居民企业实现商品销售收入为2 400万元，视同销售收入为800万元，发生的成本费用为3 200万元，其中业务招待费为40万元。

要求：计算该企业准予税前扣除的管理费用。

3. 乙企业2023年度取得商品销售收入为2 000万元，出租设备取得租金收入为500万元，广告费支出为400万元。

要求：计算该企业准予税前扣除的广告费。

4. 丙企业2023年度实现会计利润240万元，营业外支出200万元，其中包括通过市民政局向某灾区捐赠40万元，直接向某希望小学捐赠60万元。

要求：计算该企业准予税前扣除的公益性捐赠额。

五、综合实训题

1. 乐思企业为居民企业2023年经营业务如下：

（1）取得销售收入2 800万元。

（2）销售成本1 200万元。

（3）发生销售费用680万元（其中广告费450万元），管理费用480万元（其中业务招待费15万元),财务费用80万元。

(4) 销售税金160万元(含增值税120万元)。

(5) 营业外收入85万元,营业外支出50万元(含通过公益性社会团体向贫困山区捐赠30万元,支付税收滞纳金6万元)。

(6) 计入成本、费用中的实发工资总额为150万元,计提职工工会经费3万元、职工福利费23万元、职工教育经费4万元。

要求:计算该企业2023年度实际应纳的企业所得税额。

2. 星曼企业为增值税一般纳税人、企业所得税居民企业,2023年取得不含税收入9 500万元,年度利润表反映的其他内容如下:

(1) 产品销售成本4 800万元。

(2) 销售税金及附加300万元。

(3) 销售费用2 000万元(其中广告费200万元),管理费用1 200万元(其中业务招待费85万元,新产品研究开发费30万元),财务费用200万元。

(4) 营业外支出900万元(其中通过省教育厅捐赠给某高校100万元,非广告性赞助支出50万元)。

要求:计算该企业2023年度实际应纳的企业所得税额。

项目六　个人所得税法律制度

学习目标

1. 知识目标
- 了解个人所得税的概念及发展历程
- 掌握个人所得税的纳税人、征税范围及税率等构成要素
- 掌握个人所得税各税目应纳税额的计算
- 理解个人所得税征收管理方式

2. 能力目标
- 能准确判断个人所得税应税所得项目
- 能准确计算个人所得税应纳税所得额及应纳税额
- 能准确运用个人所得税税收优惠政策

【导入案例】

居民个人李先生在某省会城市工作,2023年家庭及收入情况如下:

1. 两个孩子,一个读小学,一个刚满2周岁;自己系独生子,父母双方均年满60岁;无自有住房,每月租房支出5 000元;当年扣除医保报销后个人负担医药费25 000元。

2. 每月从单位领取扣除社保费用和住房公积金后的工资8 000元,截至2023年11月底累计已预扣预缴个人所得税款363元;3月份利用业余时间出版一部画册,取得稿酬20 000元;9月份取得国债利息收入5 000元;10月份购买福利彩票中奖100 000元,并通过当地政府捐赠5 000元给希望小学。

以上专项附加扣除均由李先生100%扣除,且已向任职单位提供有关信息并依法要求办理专项附加扣除。

请思考:李先生2023年哪些收入需要预扣预缴个人所得税,哪些应该直接计算应纳税额?他是否需要自行纳税申报?当年允许扣除的专项附加扣除为多少?并计算李先生2023年取得的综合所得应缴纳的个人所得税税额。

任务一 个人所得税概述

一、个人所得税的概念

个人所得税主要是以自然人取得的各类应税所得为征税对象而征收的一种所得税,是政府利用税收对个人收入进行调节的一种手段。个人所得税的纳税人不仅包括个人还包括具有自然人性质的企业。我国个人独资企业和合伙企业为自然人性质的企业,其投资者将依法缴纳个人所得税。

个人所得税法是指我国制定的用以调整个人所得税征收与缴纳之间权利及义务关系的法律规范。1980年9月10日,第五届全国人民代表大会第三次会议制定了《中华人民共和国个人所得税法》(以下简称《个人所得税法》)。《个人所得税法》多年来经过了七次修订,目前适用的法律是2018年8月31日由第十三届全国人民代表大会常务委员会第五次会议通过的,自2019年1月1日起施行,这也是截至目前历次修订中改革力度最大、涉及面最广、影响最为深远的一次改革,中国个人所得税法将翻开历史新篇章。

从世界范围看,个人所得税的税制模式有三种:分类征收制、综合征收制与混合征收制。分类征收制就是将纳税人不同来源、性质的所得项目,分别规定不同的税率征税;综合征收制是对纳税人全年的各项所得加以汇总,就其总额进行征收;混合征收制是对纳税人不同来源、性质的所得先分别按照不同的税率征税,再将全年的各项所得进行汇总征税。三种不同的征收模式各有其优缺点。目前,我国个人所得税已初步建立分类征收制与综合征收制相结合的征收模式,即混合征收制。个人所得税在组织财政收入、提高公民纳税意识,尤其在调节个人收入分配差距方面具有重要作用。

二、纳税义务人

个人所得税的纳税义务人,包括中国公民、个体工商户、个人独资企业、合伙企业投资者、在中国有所得的外籍人员(包括无国籍人员)和香港、澳门、台湾同胞。上述纳税义务人依据住所和居住时间两个标准,区分为居民个人和非居民个人,分别承担不同的纳税义务。

(一) 居民个人

居民个人承担无限纳税义务。其所取得的应纳税所得,无论是来源于中国境内还是境外,都要在中国缴纳个人所得税。居民个人的判定标准如下:

(1) 在中国境内有住所的个人。

(2) 在中国境内无住所,而在中国境内居住累计满183天(一个纳税年度)的个人。

住所标准和居住时间标准,是判断居民身份的两个并列标准,个人只要符合或达到其中任何一个标准,即可被认定为居民个人。

中国境内有住所是指因户籍、家庭、经济利益关系而在中国境内习惯性居住。这里所说的习惯性居住,是判断纳税义务人属于居民个人还是非居民个人的一个重要依据。它是指个人因学习、工作、探亲等原因消除之后，没有理由在其他地方继续居留时，所要回到的地方，而不是指实际居住或在某一个特定时期内的居住地。一个纳税人因学习、工作、探亲、旅游等原因，原来是在中国境外居住，但是在这些原因消除之后，如果必须回到中国境内居住的，则中国为该人的习惯性居住地。尽管该纳税义务人在一个纳税年度内，甚至连续几个纳税年度，都未在中国境内居住过1天，他仍然是中国居民纳税义务人，应就其来自全球的应纳税所得，向中国缴纳个人所得税。

一个纳税年度在境内居住累计满183天，是指在一个纳税年度（即公历1月1日起至12月31日止）内，在中国境内居住累计满183日。在计算居住天数时，按其一个纳税年度内在境内的实际居住时间确定，取消了原有的临时离境规定。即境内无住所的某人在一个纳税年度内无论出境多少次，只要在我国境内累计住满183天，就可判定为我国的居民个人。例如，一个外籍人员从2022年1月起到中国境内的公司任职，在2022年纳税年度内每月均有多次离境回国，在我国境内的居住停留时间累计达221天，已经超过了一个纳税年度内在境内累计居住满183天的标准，因此该外籍个人应为我国个人所得税的居民个人。

从中国境内和境外取得的所得，分别是指来源于中国境内的所得和来源于中国境外的所得。现行《个人所得税法》中"中国境内"的概念，是指中国大陆地区，目前还不包括中国香港、澳门和台湾地区。

（二）非居民个人

非居民个人是指不符合居民个人判定标准的纳税义务人。非居民个人承担有限纳税义务，仅就其来源于中国境内的所得，向中国缴纳个人所得税。

非居民个人的判定标准如下：

（1）在中国境内无住所又不居住的个人。

（2）在中国境内无住所且居住累计不满183天（一个纳税年度）的个人。

自2019年1月1日起，无住所个人一个纳税年度内在中国境内累计居住天数，按照个人在中国境内累计停留的天数计算。在中国境内提留的当天满24小时的，计入中国境内居住天数，在中国境内停留的当天不足24小时的，不计入中国境内居住天数。

三、征税范围

（一）工资、薪金所得

工资、薪金所得是指个人因任职或者受雇取得的工资、薪金、奖金、年终加薪、劳动分红、津贴、补贴以及与任职或者受雇有关的其他所得。个人因公务用车和通信制度改革而取得的公务用车、通信补贴收入，扣除一定公务费用后，按"工资、薪金所得"项目缴纳个人所得税。离退休人员按规定领取离退休工资或养老金外，另从原任职单位取得的各类补贴、奖金、实物，退休人员再任职取得的收入，都需按"工资、薪金所得"项目缴纳个人所得税。

除了工资、薪金，奖金、年终加薪、劳动分红、津贴、补贴也被确定为工资、薪金范畴；而年终加薪、劳动分红不分种类和取得情况，一律按工资、薪金所得课税；津贴、补贴等则有例外。不属于工资、薪金性质的津贴、补贴，不征收个人所得税的项目如下：

(1) 独生子女补贴。

(2) 执行公务员工资制度未纳入基本工资总额的补贴、津贴差额和家属成员的副食补贴。

(3) 托儿补助费。

(4) 差旅费津贴、误餐补助。

(5) 外国来华留学生，领取的生活津贴费、奖学金。

其中，误餐补助是指按照财政部规定，个人因公在城区、郊区工作，不能在工作单位或返回就餐的，根据实际误餐顿数，按规定的标准领取的误餐费。单位以误餐补助名义发给职工的补助、津贴不能包括在内。

（二）劳务报酬所得

劳务报酬所得是指个人独立从事各种非雇佣的各种劳务取得的所得，包括从事设计、装潢、安装、制图、化验、测试、医疗、法律、会计、咨询、讲学、翻译、审稿、书画、雕刻、影视、录音、录像、演出、表演、广告、展览、技术服务、介绍服务、经纪服务、代办服务，以及其他劳务取得的所得。

个人担任董事职务所取得的董事费收入，属于劳务报酬性质，按"劳务报酬所得"项目征税，但仅适用于担任公司董事、监事，且不在公司任职、受雇的情形。个人在公司（包括关联公司）任职、受雇，同时兼任董事、监事的，应与个人工资收入合并，按"工资、薪金所得"项目征税。

在商品营销活动中，单位对营销业绩突出的雇员以培训班、研讨会、工作考察等名义组织旅游活动，通过免收差旅费、旅游费对个人实行的营销业绩奖励（包括实物、有价证券等），所发生的费用按照"工资、薪金所得"税目征收个人所得税；如果为非雇员，则按照"劳务报酬所得"税目征收个人所得税。

（三）稿酬所得

稿酬所得是指个人因其作品以图书、报刊等形式出版、发表而取得的所得。作品包括文学作品、书画作品、摄影作品，以及其他作品。

作者去世后，财产继承人取得的遗作稿酬，也应征收个人所得税。

（四）特许权使用费所得

特许权使用费所得是指个人提供专利权、商标权、著作权、非专利技术以及其他特许权的使用权取得的所得。提供著作权的使用权取得的所得，不包括稿酬所得。

对于作者将自己的文字作品手稿原件或复印件公开拍卖（竞价）取得的所得，属于提供著作权的使用所得，应按"特许权使用费所得"项目征收个人所得税。

个人取得特许权的经济赔偿收入，应按"特许权使用费所得"项目征收个人所得税。

编剧从电视剧的制作单位取得的剧本使用费，统一按"特许权使用费所得"项目征收个人所得税。

（五）经营所得

经营所得是指：

（1）个体工商户从事生产、经营活动取得的所得，个人独资企业投资人、合伙企业的个人合伙人来源于境内注册的个人独资企业、合伙企业生产、经营的所得。个体工商户以业主为个人所得税纳税义务人。

（2）个人依法从事办学、医疗、咨询以及其他有偿服务活动取得的所得。

（3）个人对企业、事业单位承包经营、承租经营以及转包、转租取得的所得。

（4）个人从事其他生产、经营活动取得的所得。

个体工商户或个人专营种植业、养殖业、饲养业、捕捞业，其经营项目属于农业税、牧业税征税范围，我国已经取消农业税，因此从事上述行业目前暂不征收个人所得税。

个体工商户和从事生产经营的个人，取得与生产、经营活动无关的其他各项应税所得，应分别按照有关规定，计算征收个人所得税。

个人因从事彩票代销业务而取得的所得，或者从事个体出租车运营的出租车驾驶员取得的收入，都应按"经营所得"项目计征个人所得税。这里所说的从事个体出租车运营包括：出租车属个人所有，但挂靠出租汽车经营单位或企事业单位，驾驶员向挂靠单位缴纳管理费的，或出租汽车经营单位将出租车所有权转移给驾驶员的。但出租汽车经营单位对出租车驾驶员采取单车承包或承租方式运营，出租车驾驶员从事客货运营取得的收入，按照"工资、薪金所得"税目征税。

（六）利息、股息、红利所得

利息、股息、红利所得是指个人拥有债权、股权等而取得的利息、股息、红利所得。个人取得国债利息、国家发行的金融债券利息、教育储蓄存款利息，均免征个人所得税。

自 2008 年 10 月 9 日（含）起，暂免征收储蓄存款利息所得税。

按照国家或省级地方政府规定的比例缴付的住房公积金、医疗保险金、基本养老保险金、失业保险金存入银行个人账户所取得的利息所得，免予征收个人所得税。

除个人独资企业、合伙企业的其他企业的个人投资者，以企业资金为本人、家庭成员及其相关人员支付与企业生产经营无关的消费性支出及购买汽车、住房等财产性支出，视为企业对个人投资者的红利分配，依照"利息、股息、红利所得"项目计征个人所得税。

纳税年度内个人投资者从其投资企业（个人独资企业、合伙企业除外）借款，在该纳税年度终了后既不归还又未用于企业生产经营的，其未归还的借款可视为企业对个人投资者的红利分配，依照"利息、股息、红利所得"项目计征个人所得税。

（七）财产租赁所得

财产租赁所得是指个人出租不动产、机器设备、车船及其他财产取得的所得。

个人取得的财产转租收入，属于"财产租赁所得"的征税范围，由财产转租人缴纳个人所得税。

（八）财产转让所得

财产转让所得是指个人转让有价证券、股权、合伙企业中的财产份额、不动产、机器设备、车船以及其他财产取得的所得。

在现实生活中，个人进行的财产转让主要是个人财产所有权的转让。财产转让实际上是一种买卖行为,当事人双方通过签订、履行财产转让合同,形成财产买卖的法律关系,使出让财产的个人从对方取得价款(收入)或其他经济利益。财产转让所得因其性质的特殊性,需要单独列举项目征税。对个人取得的各项财产转让所得,除股票转让所得,都要征收个人所得税。其具体规定如下。

1. 股票转让所得

根据《中华人民共和国个人所得税法实施条例》的规定,对股票转让所得征收个人所得税的办法,由国务院另行规定,并报全国人民代表大会常务委员会备案。为了配合企业改制,促进股票市场的稳健发展,经报国务院批准,对个人转让上市公司股票取得的所得暂免征收个人所得税。

2. 量化资产股份转让

集体所有制企业在改制为股份合作制企业时,对职工个人以股份形式取得的拥有所有权的企业量化资产,暂缓征收个人所得税;待个人将股份转让时,就其转让收入额,减除个人取得该股份时实际支付的费用支出和合理转让费用后的余额,按"财产转让所得"项目计征个人所得税。

(九) 偶然所得

偶然所得是指个人得奖、中奖、中彩以及其他偶然性质的所得。偶然所得应缴纳的个人所得税税款,一律由发奖单位或机构代扣代缴。

个人取得的所得,难以界定应纳税所得项目的,由国务院税务主管部门确定。

四、税率

(一) 工资、薪金所得,劳务报酬所得,稿酬所得和特许权使用费所得适用税率

(1) 居民个人取得工资、薪金所得,劳务报酬所得,稿酬所得和特许权使用费所得等综合所得,适用3%~45%的七级超额累进税率,如表6-1所示。

表6-1　　　　　　居民个人取得综合所得税率

级数	全年应纳税所得额	税率	速算扣除数
1	不超过36 000元的	3%	0
2	超过36 000元至144 000元的部分	10%	2 520
3	超过144 000元至300 000元的部分	20%	16 920
4	超过300 000元至420 000元的部分	25%	31 920
5	超过420 000元至660 000元的部分	30%	52 920
6	超过660 000元至960 000元的部分	35%	85 920
7	超过960 000元的部分	45%	181 920

表中6-1全年应纳税所得额是指居民个人取得综合所得以每一纳税年度收入额减除费用6万元及专项扣除、专项附加扣除和依法确定的其他扣除后的余额。

(2) 非居民个人取得工资、薪金所得,劳务报酬所得,稿酬所得和特许权使用费所得,依

照表6-1按月换算后计算应纳税额,税率表如表6-2所示。

表6-2 非居民个人取得工资、薪金所得,劳务报酬所得,稿酬所得和特许权使用费所得税率表

级数	全月应纳税所得额	税率	速算扣除数
1	不超过3 000元的部分	3%	0
2	超过3 000元至12 000元的部分	10%	210
3	超过12 000元至25 000元的部分	20%	1 410
4	超过25 000元至35 000元的部分	25%	2 660
5	超过35 000元至55 000元的部分	30%	4 410
6	超过55 000元至80 000元的部分	35%	7 160
7	超过80 000元的部分	45%	15 160

(二) 经营所得适用税率

适用5%～35%的五级超额累进税率,如表6-3所示。

表6-3 经营所得税率表

级数	全年应纳税所得额	税率	速算扣除数
1	不超过30 000元的	5%	0
2	超过30 000元至90 000元的部分	10%	1 500
3	超过90 000元至300 000元的部分	20%	10 500
4	超过300 000元至500 000元的部分	30%	40 500
5	超过500 000元的部分	35%	65 500

(三) 其他所得适用税率

利息、股息、红利所得,财产租赁所得,财产转让所得和偶然所得,适用20%比例税率。

任务二 个人所得税应纳税额的计算

居民个人取得工资、薪金所得,以及劳务报酬所得、稿酬所得、特许权使用费所得四种形式的所得(以下简称"综合所得"),按纳税年度合并计算个人所得税;非居民个人取得上述所得,按月或者按次分项计算个人所得税。纳税人取得的经营所得,利息、股息、红利所得,财产租赁所得,财产转让所得,偶然所得,依照规定分别计算个人所得税。

一、居民个人综合所得应纳税额的计算

居民个人取得综合所得,按年综合计算个人所得税;有扣缴义务人的,由扣缴义务人按月或者按次预扣预缴税款。在取得所得的次年3月1日至6月30日内办理汇算清缴。

(一) 年应纳税所得额的确定

居民个人取得综合所得的,以每一纳税年度的收入额减除费用6万元,以及专项扣除、

专项附加扣除和依法确定的其他扣除后的余额,为应纳税所得额。其计算公式如下:

居民个人综合所得年应纳税所得额＝每一纳税年度的收入额－60 000－专项扣除
－专项附加扣除－其他扣除

1) 劳务报酬所得、稿酬所得、特许权使用费所得以收入减除20%的费用后的余额为收入额;稿酬所得的收入额再减按70%计算。

2) 专项扣除包括居民个人按照国家规定的范围和标准缴纳的基本养老保险、基本医疗保险、失业保险等社会保险费和住房公积金等。

3) 专项附加扣除是指个人所得税法规定的婴幼儿照护、子女教育、继续教育、大病医疗、住房贷款利息或者住房租金、赡养老人等项目,具体范围、标准和实施步骤由国务院确定,并报全国人民代表大会常务委员会备案。

(1) 婴幼儿照护。纳税人照护3岁以下婴幼儿子女的相关支出,按照每个婴幼儿每月1 000元的标准定额扣除。自2023年1月1日起,提高至每个婴幼儿每月2 000元。

父母可以选择由其中一方按扣除标准的100%扣除,也可以选择由双方分别按扣除标准的50%扣除,具体扣除方式在一个纳税年度内不能变更。

(2) 子女教育。纳税人的子女接受学前教育和全日制学历教育的相关支出,按照每个子女每月1 000元(每年12 000元)的标准定额扣除。自2023年1月1日起,提高至每个子女每月2 000元。

学前教育包括年满3岁至小学入学前教育。学历教育包括义务教育(小学、初中教育)、高中阶段教育(普通高中、中等职业、技工教育)、高等教育(大学专科、大学本科、硕士研究生、博士研究生教育)。

父母可以选择由其中一方按扣除标准的100%扣除,也可以选择由双方分别按扣除标准的50%扣除,具体扣除方式在一个纳税年度内不能变更。

纳税人子女在中国境外接受教育的,纳税人应当留存境外学校录取通知书、留学签证等相关教育的证明资料备查。

(3) 继续教育。纳税人在中国境内接受学历(学位)继续教育的支出,在学历(学位)教育期间按照每月400元(每年4 800元)定额扣除。同一学历(学位)继续教育的扣除期限不能超过48个月(4年)。纳税人接受技能人员职业资格继续教育、专业技术人员职业资格继续教育的支出,在取得相关证书的当年,按照3 600元定额扣除。

个人接受本科及以下学历(学位)继续教育,符合本办法规定扣除条件的,可以选择由其父母扣除,也可以选择由本人扣除。

纳税人接受技能人员职业资格继续教育、专业技术人员职业资格继续教育的,应当留存相关证书等资料备查。

(4) 大病医疗。在一个纳税年度内,纳税人发生的与基本医保相关的医药费用支出,扣除医保报销后个人负担(指医保目录范围内的自付部分)累计超过15 000元的部分,由纳税人在办理年度汇算清缴时,在80 000元限额内据实扣除。

纳税人发生的医药费用支出可以选择由本人或者其配偶扣除;未成年子女发生的医药

费用支出可以选择由其父母一方扣除。纳税人及其配偶、未成年子女发生的医药费用支出，按本规定分别计算扣除额。

纳税人应当留存医药服务收费及医保报销相关票据原件(或者复印件)等资料备查。医疗保障部门应当向患者提供在医疗保障信息系统记录的本人年度医药费用信息查询服务。

(5) 住房贷款利息。纳税人本人或者配偶单独或者共同使用商业银行或者住房公积金个人住房贷款为本人或者其配偶购买中国境内住房，发生的首套住房贷款利息支出，在实际发生贷款利息的年度，按照每月1 000元(每年12 000元)的标准定额扣除，扣除期限最长不超过240个月(20年)。纳税人只能享受一次首套住房贷款的利息扣除。首套住房贷款是指购买住房享受首套住房贷款利率的住房贷款。

经夫妻双方约定，可以选择由其中一方扣除，具体扣除方式在一个纳税年度内不能变更。夫妻双方婚前分别购买住房发生的首套住房贷款，其贷款利息支出，婚后可以选择其中一套购买的住房，由购买方按扣除标准的100%扣除，也可以由夫妻双方对各自购买的住房分别按扣除标准的50%扣除，具体扣除方式在一个纳税年度内不能变更。

纳税人应当留存住房贷款合同、贷款还款支出凭证备查。

(6) 住房租金。纳税人在主要工作城市没有自有住房而发生的住房租金支出，可以按照以下标准定额扣除：

直辖市、省会(首府)城市、计划单列市及国务院确定的其他城市，扣除标准为每月1 500元(每年18 000元)。除了上述所列城市，市辖区户籍人口超过100万的城市，扣除标准为每月1 100元(每年13 200元)；市辖区户籍人口不超过100万的城市，扣除标准为每月800元(每年9 600元)。市辖区户籍人口，以国家统计局公布的数据为准。

纳税人的配偶在纳税人的主要工作城市有自有住房的，视同纳税人在主要工作城市有自有住房。主要工作城市是指纳税人任职受雇的直辖市、计划单列市、副省级城市、地级市(地区、州、盟)全部行政区域范围；纳税人无任职受雇单位的，为受理其综合所得汇算清缴的税务机关所在城市。

夫妻双方主要工作城市相同的，只能由一方扣除住房租金支出。住房租金支出由签订租赁住房合同的承租人扣除。

纳税人及其配偶在一个纳税年度内不能同时分别享受住房贷款利息和住房租金专项附加扣除。

纳税人应当留存住房租赁合同、协议等有关资料备查。

(7) 赡养老人。纳税人赡养一位及以上被赡养人的赡养支出，统一按照以下标准定额扣除：

纳税人为独生子女的，按照每月2 000元(每年24 000元)的标准定额扣除；纳税人为非独生子女的，由其与兄弟姐妹分摊每月2 000元(每年24 000元)的扣除额度，每人分摊的额度不能超过每月1 000元(每年12 000元)。可以由赡养人均摊或者约定分摊，也可以由被赡养人指定分摊。约定或者指定分摊的须签订书面分摊协议，指定分摊优先于约定分摊。具体分摊方式和额度在一个纳税年度内不能变更。自2023年1月1日，标准提高至每月3 000元。

被赡养人是指年满60岁的父母,以及子女均已去世的年满60岁的祖父母、外祖父母。

4)其他扣除包括个人缴付符合国家规定的企业年金、职业年金,个人购买符合国家规定的商业健康保险、税收递延型商业养老保险的支出,以及国务院规定可以扣除的其他项目。

5)专项扣除、专项附加扣除和其他扣除,以居民个人一个纳税年度应纳税所得额为限额;一个纳税年度扣除不完的,不结转以后年度扣除。

(二)年应纳税额的计算

根据年应纳税所得额,查找3%~45%的七级超额累进税率表6-1后,确定适用税率及速算扣除数。其计算公式如下:

居民个人综合所得个人所得税年应纳税额=年应纳税所得额×适用税率-速算扣除数

【案例6-1】李先生为我国居民个人,2023年全年收入及家庭情况如下:

(1)工资收入为360 000元(未扣除54 000元的三险一金),劳务报酬所得为30 000元,稿酬所得为20 000元,特许权使用费为3 000元。各相关单位已经代扣代缴税款30 560元。

(2)李先生有两个孩子,一个读小学,一个未满1岁,由其夫妻双方分别按扣除标准的50%扣除;自己父亲年满67岁,系独生子;自有唯一一套住房,还未还完房贷,由李先生按扣除标准的100%扣除;当年扣除医保报销后,个人负担医药费为25 000元。

要求:根据上述资料计算李先生2023年综合所得个人所得税年应纳税额。

【案例分析】

① 年收入总额=360 000+30 000×(1-20%)+20 000×(1-20%)×70%+3 000×(1-20%)=397 600(元)。

② 综合所得年应纳税所得额=397 600-60 000-54 000-[(24 000×50%+24 000×50%+36 000+12 000+(25 000-15 000)]=201 600(元)。

③ 查税率表6-1可知,税率为20%,速算扣除数为16 920。

④ 李先生2023年综合所得个人所得税年应纳税额=201 600×20%-16 920=23 400(元)。

由于各相关单位已经代缴税款30 560元,李先生在2024年3月1日至6月30日内汇算清缴时,可以退税30 560-23 400=7 160元。

(三)按月(次)预扣预缴税款方法

1)居民个人取得工资、薪金所得,应由扣缴义务人向居民个人支付工资、薪金所得时,按照累计预扣法计算预扣税款,并按月办理扣缴申报。

累计预扣法是指扣缴义务人在一个纳税年度内预扣预缴税款时,以纳税人在本单位截至当前月份工资、薪金所得累计收入减除累计免税收入、累计减除费用、累计专项扣除、累计专项附加扣除和累计依法确定的其他扣除后的余额为累计预扣预缴应纳税所得额,适用居民个人工资、薪金所得预扣预缴率表(表6-4),计算累计应预扣预缴税额,再减除累计减免税额和累计已预扣预缴税额,其余额为本期应预扣预缴税额。余额为负值时,暂不退税。纳税年度终了后余额仍为负值时,由纳税人通过办理综合所得年度汇算清缴,税款多退少补。

具体计算公式如下:

本期应预扣预缴税额＝(累计预扣预缴应纳税所得额×预扣率－速算扣除数)－
累计减免税额－累计已预扣预缴税额

累计预扣预缴应纳税所得额＝累计收入－累计免税收入－累计减除费用－累计专项扣除－
累计专项附加扣除－累计依法确定的其他扣除

累计减除费用,按照5 000元/月乘以纳税人当年截至本月在本单位的任职受雇月份数计算。居民个人工资、薪金所得预扣预缴率如表6-4所示。

表6-4　　　　　　　　居民个人工资、薪金所得预扣预缴率表

级数	累计预扣预缴应纳税所得额	预扣率	速算扣除数
1	不超过36 000元的	3%	0
2	超过36 000元至144 000元的部分	10%	2 520
3	超过144 000元至300 000元的部分	20%	16 920
4	超过300 000元至420 000元的部分	25%	31 920
5	超过420 000元至660 000元的部分	30%	52 920
6	超过660 000元至960 000元的部分	35%	85 920
7	超过960 000元的部分	45%	181 920

居民个人向扣缴义务人提供有关信息并依法要求办理专项附加扣除的,扣缴义务人应当按照规定在工资、薪金所得按月预扣预缴税款时予以扣除,不得拒绝。年度预扣预缴税额与年度应纳税额不一致的,由居民个人于次年3月1日至6月30日向主管税务机关办理综合所得年度汇算清缴,税款多退少补。

【案例6-2】

中国居民陈某2023年每月取得工资收入30 000元,每月缴纳社保费用和住房公积金3 500元,每月享受子女教育、赡养老人、住房贷款利息专项附加扣除共计3 000元。

要求:请计算2023年陈某工作单位每月为其工资收入预扣预缴的个税情况。

【案例分析】

2023年陈某工资、薪金所得预扣预缴计算公式如下:

累计预扣预缴应纳税所得额＝累计收入－累计免税收入－累计减除费用－累计专项扣除－累计专项附加扣除－累计依法确定的其他扣除

本期应预扣预缴税额＝(累计预扣预缴应纳税所得额×预扣率－速算扣除数)－累计减免税额－累计已预扣预缴税额

2023年1月:

1月累计预扣预缴应纳税所得额＝30 000－5 000－3 500－3 000＝18 500(元)

查表6-4可知,预扣率为3%,速算扣除数为0。

1月应预扣预缴税额=18 500×3%-0=555(元)

2023年2月:

2月累计预扣预缴应纳税所得额=30 000×2-5 000×2-3 500×2-3 000×2=37 000(元)

查表6-4可知,预扣率为10%,速算扣除数为2 520。

2月应预扣预缴税额=(37 000×10%-2 520)-555=1 180-555=625(元)

2023年3月:

3月累计预扣预缴应纳税所得额=30 000×3-5 000×3-3 500×3-3 000×3=55 500(元)

查表6-4可知,预扣率为10%,速算扣除数为2 520。

3月应预扣预缴税额=(55 500×10%-2 520)-1 180=3 030-1 180=1 850(元)

......

2023年12月:

12月累计预扣预缴应纳税所得额=30 000×12-5 000×12-3 500×12-3 000×12=222 000(元)

查表6-4可知,预扣率为20%,速算扣除数为16 920。

12月应预扣预缴税额=(222 000×20%-16 920)-23 780=27 480-23 780=3 700(元)

陈某每月工资收入预扣预缴个税情况如表6-5所示。

表6-5　　　　　　　　陈某每月工资收入预扣预缴个税情况

月份	当月工资收入	每月扣除合计	累计应纳税所得额	预扣率	速算扣除数	累计预扣税额	当月预扣税额
1	30 000	11 500	18 500	3%	0	555	555
2	30 000	11 500	37 000	10%	2 520	1 180	625
3	30 000	11 500	55 500	10%	2 520	3 030	1 850
4	30 000	11 500	74 000	10%	2 520	4 880	1 850
5	30 000	11 500	92 500	10%	2 520	6 730	1 850
6	30 000	11 500	111 000	10%	2 520	8 580	1 850
7	30 000	11 500	129 500	10%	2 520	10 430	1 850
8	30 000	11 500	148 000	20%	16 920	12 680	2 250
9	30 000	11 500	166 500	20%	16 920	16 380	3 700
10	30 000	11 500	185 000	20%	16 920	20 080	3 700
11	30 000	11 500	203 500	20%	16 920	23 780	3 700
12	30 000	11 500	222 000	20%	16 920	27 480	3 700

(1)自2020年7月1日起,对一个纳税年度内首次取得工资、薪金所得的居民个人,扣缴义务人在预扣预缴个人所得税时,可按照5 000元/月乘以纳税人当年截至本月月份数计算累计减除费用。首次取得工资、薪金所得的居民个人,是指自纳税年度首月起至新入职

时,未取得工资、薪金所得或者未按照累计预扣法预扣预缴过连续性劳务报酬所得个人所得税的居民个人。例如,大学生小华毕业后2022年5月进入某公司工作,公司计算5月份工资应预扣预缴的个人所得税时,可减除费用25 000元(5个月×5 000元/月)。

(2)自2021年1月1日起,对同时符合下列第①~③项条件的居民个人,扣缴义务人在预扣预缴本年度工资、薪金所得个人所得税时,累计减除费用自1月份起直接按照全年60 000元计算扣除。即在纳税人累计收入不超过60 000元的月份,暂不预扣预缴个人所得税;在其累计收入超过60 000元的当月及年内后续月份,再预扣预缴个人所得税:

① 上一纳税年度1~12月均在同一单位任职且预扣预缴申报了工资、薪金所得个人所得税。

② 上一纳税年度1~12月的累计工资、薪金收入包括全年一次性奖金等各类工资、薪金所得(且不扣减任何费用及免税收入)不超过60 000元。

③ 本纳税年度自1月起,仍在该单位任职受雇并取得工资、薪金所得。

扣缴义务人应当按规定办理全员全额扣缴申报,并在《个人所得税扣缴申报表》相应纳税人的备注栏注明"上年各月均有申报且全年收入不超过60 000元"字样。

2)居民个人取得劳务报酬所得、稿酬所得、特许权使用费所得的,由扣缴义务人向居民个人支付劳务报酬所得、稿酬所得、特许权使用费所得时,按照表6-6的内容按次或者按月预扣预缴税款。

表6-6 居民个人取得劳务报酬所得、稿酬所得、特许权使用费所得预扣预缴税款方法

所得项目	预扣预缴应纳税所得额	预扣率	预扣预缴税额
劳务报酬所得	每次收入减除费用后的余额为收入额,并以此作为预扣预缴应纳税所得额。 (1)每次收入不超过4 000元的,减除费用按800元计算: 预扣预缴应纳税所得额 =每次收入-800 (2)每次收入4 000元以上的,减除费用按20%计算: 预扣预缴应纳税所得额 =每次收入×(1-20%)	三级超额累进预扣率 (表6-7)	预扣预缴税额 =预扣预缴应纳税所得额×预扣率-速算扣除数
稿酬所得	每次收入减除费用后的余额再减按70%为收入额,并以此作为预扣预缴应纳税所得额。 (1)每次收入不超过4 000元的,减除费用按800元计算: 预扣预缴应纳税所得额 =(每次收入-800)×70% (2)每次收入4 000元以上的,减除费用按20%计算: 预扣预缴应纳税所得额 =每次收入×(1-20%)×70%	比例税率20%	预扣预缴税额 =预扣预缴应纳税所得额×20%
特许权使用费所得	每次收入减除费用后的余额为收入额,并以此作为预扣预缴应纳税所得额。 (1)每次收入不超过4 000元的,减除费用按800元计算: 预扣预缴应纳税所得额 =每次收入-800 (2)每次收入4 000元以上的,减除费用按20%计算: 预扣预缴应纳税所得额 =每次收入×(1-20%)	比例税率20%	预扣预缴税额 =预扣预缴应纳税所得额×20%

表 6-7 居民个人劳务报酬所得预扣预缴率表

级数	预扣预缴应纳税所得额	预扣率	速算扣除数
1	不超过 20 000 元的	20%	0
2	超过 20 000 元至 50 000 元的部分	30%	2 000
3	超过 50 000 元的部分	40%	7 000

【案例 6-3】

中国居民陈某,2023 年 1 月被聘请至甲公司进行技术指导,取得劳务报酬 3 500 元;2023 年 2 月被聘请至乙公司进行技术指导,取得劳务报酬 40 000 元。

要求:请计算甲、乙公司分别为陈某预扣预缴的个人所得税。

【案例分析】

① 2023 年 1 月劳务报酬所得为 3 500 元<4 000 元。

因此,2023 年 1 月劳务报酬预扣预缴应纳税所得额=3 500-800=2 700(元)。

查表 6-7 可知,预扣率为 20%;速算扣除数为 0。

甲公司应为陈某预扣预缴税额=2 700×20%=540(元)。

② 2023 年 2 月劳务报酬所得为 40 000 元>4 000 元。

因此,2023 年 2 月劳务报酬预扣预缴应纳税所得额=40 000×(1-20%)=32 000(元)。

查表 6-7 可知,预扣率为 30%,速算扣除数为 2 000。

乙公司应为陈某预扣预缴税额=32 000×30%-2 000=7 600(元)。

【案例 6-4】

中国居民陈某,2023 年 3 月取得特许权使用费所得 2 000 元,2023 年 4 月取得特许权使用费所得 8 000 元。

要求:请计算特许权使用费支付方应为陈某预扣预缴的个人所得税。

【案例分析】

① 2023 年 3 月特许权使用费所得为 2 000 元<4 000 元。

因此,2023 年 3 月特许权使用费预扣预缴应纳税所得额=2 000-800=1 200(元)。

预扣率为比例税率 20%,支付方应为陈某预扣预缴税额=1 200×20%=240(元)。

② 2023 年 4 月特许权使用费所得为 8 000 元>4 000 元。

因此,2023 年 4 月特许权使用费预扣预缴应纳税所得额=8 000×(1-20%)=6 400(元)。

预扣率为比例税率 20%,支付方应为陈某预扣预缴税额=6 400×20%=1 280(元)。

【案例 6-5】

中国居民陈某,2023 年 5 月发表了一篇文章,取得稿酬所得 1 000 元;2023 年 6 月出版了一本畅销书,取得稿酬所得 70 000 元。

要求:请计算出版社在支付稿酬时应为陈某预扣预缴的个人所得税。

【案例分析】

① 2023 年 5 月稿酬所得为 1 000 元＜4 000 元。

因此,2023 年 5 月稿酬预扣预缴应纳税所得额＝(1 000－800)×70％＝140(元)。

预扣率为比例税率 20％,出版社应为陈某预扣预缴税额＝140×20％＝28(元)。

② 2023 年 6 月稿酬所得为 70 000 元＞4 000 元。

因此,2023 年 6 月稿酬预扣预缴应纳税所得额＝70 000×(1－20％)×70％＝39 200(元)。

预扣率为比例税率 20％,出版社应为陈某预扣预缴税额＝39 200×20％＝7 840(元)。

居民个人办理年度综合所得汇算清缴时,应当依法计算劳务报酬所得、稿酬所得、特许权使用费所得的收入额,与工资、薪金所得一起并入年度综合所得,计算本年度应纳税额,再减去当年预缴税额,得出本年度应退或应补税额,向税务机关申报并办理退税或补税。

【案例 6-6】

综合[案例 6-2]至[案例 6-5]的数据,2023 年年度终了,中国居民陈某需要在 2024 年 3 月 1 日至 6 月 30 日之间进行汇算清缴。

假设 2023 年陈某发生的大病医疗支出扣除医保报销后个人负担部分未超过 15 000 元。

要求:请计算陈某 2023 年综合所得汇算应补(退)税款。

【案例分析】

① 陈某 2023 年综合所得的年收入总额

＝30 000×12＋(3 500＋40 000)×(1－20％)＋(2 000＋8 000)×(1－20％)＋(1 000＋70 000)×(1－20％)×70％

＝360 000＋34 800＋8 000＋39 760

＝442 560(元)

② 陈某 2023 年综合所得的年应纳税所得额

＝442 560－60 000－3 500×12－3 000×12

＝304 560(元)

③ 查表 6-1,其适用税率为 25％,速算扣除数 31 920。

④ 陈某 2023 年综合所得的个人所得税年应纳税额

＝304 560×25％－31 920

＝44 220(元)

⑤ 陈某 2023 年综合所得汇算应补(退)税额

＝44 220－27 480－(540＋7 600)－(240＋1 280)－(28＋7 840)

＝44 220－27 480－8 140－1 520－7 868

＝－788(元)

因此,中国居民陈某在年度汇算后,2023 年综合所得按规定可以申请退税 788 元。

二、非居民个人取得工资、薪金所得,劳务报酬所得,稿酬所得和特许权使用费所得应纳税额的计算

非居民个人取得工资、薪金所得,劳务报酬所得,稿酬所得和特许权使用费所得,有扣缴义务人的,由扣缴义务人按月或者按次代扣代缴税款,不办理汇算清缴。

(一)每次收入的确定

非居民个人取得劳务报酬所得、稿酬所得、特许权使用费所得,属于一次性收入的,以取得该项收入为一次;属于同一项目连续性收入的,以1个月内取得的收入为一次。具体规定如下:

1)就劳务报酬所得来看,从事设计、安装、装潢、制图、化验、测试等劳务,往往是接受客户的委托,按照客户的要求,完成一次劳务后取得收入。因此,属于只有一次性的收入,应以每次提供劳务取得的收入为一次。但如果一次性劳务报酬收入以分月支付方式取得的,就适用同一事项连续取得收入,以1个月内取得的收入为一次的规定。

2)就稿酬所得来看,以每次出版、发表取得收入为一次,不论出版单位是预付还是分笔支付稿酬,或者加印该作品后再付稿酬,均应合并其稿酬所得按一次计征个人所得税。具体又可细分为:

(1)同一作品再版取得所得,应视作另一次稿酬所得计征个人所得税。

(2)同一作品在报刊上连载取得收入的,以连载完成后取得的所有收入合并为一次,计征个人所得税。

(3)同一作品先在报刊上连载,然后再出版,或先出版,再在报刊上连载的,应视为两次稿酬所得征税。即连载作为一次,出版作为另一次。

(4)同一作品在出版和发表时,以预付稿酬或分次支付稿酬等形式取得的稿酬收入,应合并计算为一次。

(5)同一作品出版、发表后,因添加印数而追加稿酬的,应与以前出版、发表时取得的稿酬合并计算为一次,计征个人所得税。

(6)在两处或两处以上出版、发表或再版同一作品而取得稿酬所得,则可分别将各处取得的所得或再版所得按分次所得计征个人所得税。

(7)作者去世后,对取得其遗作稿酬的个人,按"稿酬所得"项目征收个人所得税。

3)就特许权使用费来看,以某项使用权的一次转让所取得的收入为一次。一个非居民个人,可能不仅拥有一项特许权利,每一项特许权的使用权也可能不止一次地向我国境内提供。因此,对特许权使用费所得的"次"的界定,明确为每一项使用权的每次转让所取得的收入为一次。如果该次转让取得的收入是分笔支付的,则应将各笔收入相加为一次的收入,计征个人所得税。

(二)应纳税额的计算

扣缴义务人向非居民个人支付工资、薪金所得,劳务报酬所得,稿酬所得和特许权使用费所得时,应当按照以下方法(表6-8)按月或者按次代扣代缴税款。

项目六 个人所得税法律制度

表 6-8　非居民个人取得工资、薪金所得,劳务报酬所得,稿酬所得和特许权使用费所得应纳税额的计算方法

所得项目	应纳税所得额	税率	应纳税额
工资、薪金所得	以每月收入额减除费用 5 000 元后的余额为应纳税所得额。 应纳税所得额＝每月收入额－5 000	七级超额累进税率 (表 6-2)	应纳税额 ＝应纳税所得额×税率－速算扣除数
劳务报酬所得	以每次收入减除 20% 的费用后的余额为收入额,并以此作为应纳税所得额。 应纳税所得额＝每次收入×(1－20%)		
稿酬所得	以每次收入减除 20% 的费用后的余额再减按 70% 为收入额,并以此作为应纳税所得额。 应纳税所得额＝每次收入×(1－20%)×70%		
特许权使用费所得	收入减除费用后的余额为收入额,并以此作为预扣预缴应纳税所得额。 应纳税所得额＝每次收入×(1－20%)		

【案例 6-7】

某外商投资企业中工作的德国技术人员汤姆(非居民个人),2023 年 5 月由该企业发放的税前工资为 15 000 元。

要求:计算汤姆 5 月份应缴纳的个人所得税。

【案例分析】

① 汤姆 5 月份个人所得税应纳税所得额＝15 000－5 000＝10 000(元)。

② 查表 6-2 可知,确定适用税率为 10%,速算扣除数为 210。

则汤姆 5 月份个人所得税应纳税额＝10 000×10%－210＝790(元)。

【案例 6-8】

2023 年 5 月,非居民个人玛丽一次性取得劳务报酬 10 000 元,一次性取得稿酬 4 000 元,一次性取得特许权使用费 16 000 元。上述收入均为税前收入。

要求:计算玛丽 2023 年 5 月应缴纳的个人所得税。

【案例分析】

非居民个人就其取得的劳务报酬所得、稿酬所得、特许权使用费所得应分别计算个人所得税。

(1) 劳务报酬所得计算如下:

① 应纳税所得额＝10 000×(1－20%)＝8 000(元)。

② 查表 6-2 可知,劳务报酬所得适用税率为 10%,速算扣除数为 210。

则应纳税额＝8 000×10%－210＝590(元)。

(2) 稿酬所得计算如下:

① 应纳税所得额＝4 000×(1－20%)×70%＝2 240(元)。

② 查表 6-2 可知,稿酬所得适用税率为 3%,速算扣除数为 0。

则应纳税额=2 240×3%=67.2(元)。

(3) 特许权使用费所得计算如下：

① 应纳税所得额=16 000×(1-20%)=12 800(元)。

② 查表6-2可知，特许权使用费所得适用税率为20%，速算扣除数为1 410。

则应纳税额=12 800×20%-1 410=1 150(元)。

(4) 玛丽2023年05月应缴纳的个人所得税=590+67.2+1 150=1 807.2(元)。

三、经营所得应纳税额的计算

(一) 应纳税所得额的确定

经营所得，以每一纳税年度的收入总额减除成本、费用以及损失后的余额，为应纳税所得额。

成本、费用是指生产、经营活动中发生的各项直接支出和分配计入成本的间接费用以及销售费用、管理费用、财务费用。损失是指生产、经营活动中发生的固定资产和存货的盘亏、毁损、报废损失，转让财产损失，坏账损失，自然灾害等不可抗力因素造成的损失以及其他损失。

取得经营所得的个人，没有综合所得的，计算其每一纳税年度的应纳税所得额时，应当减除费用60 000元、专项扣除、专项附加扣除以及依法确定的其他扣除。专项附加扣除在办理汇算清缴时减除。

从事生产、经营活动，未提供完整、准确的纳税资料，不能正确计算应纳税所得额的，由主管税务机关核定应纳税所得额或者应纳税额。

对个体工商户业主、个人独资企业和合伙企业自然人投资者的生产经营所得依法计征个人所得税时，个体工商户业主、个人独资企业和合伙企业是自然人投资者本人的费用扣除标准统一确定为60 000元/年(5 000元/月)。个体工商户业主的工资薪金支出不得税前扣除。

对企事业单位的承包经营、承租经营所得，以每一纳税年度的收入总额，减除必要费用后的余额，为应纳税所得额。每一纳税年度的收入总额，是指纳税义务人按照承包经营、承租经营合同规定分得的经营利润和工资、薪金性质的所得；减除必要费用是指按年减除60 000元。

(二) 应纳税额的计算

根据应纳税所得额，查找5%~35%的五级超额累进税率(表6-3)后，确定适用税率及速算扣除数。其计算公式如下：

$$应纳税额=年应纳税所得额×适用税率-速算扣除数$$

【案例6-9】

某小型运输公司系个体工商户，账证健全，2023年12月取得经营收入为460 000元，准许扣除的当月成本、费用(不含业主工资)及相关税金共计280 000元。1至11月累计应纳税所得额98 400元(未扣除业主费用减除标准)，1至11月累计已预缴个人所得税21 300元。除了经营所得,业主本人没有其他收入,且2023年全年均享受子女教育一项专项附加扣除,共计24 000元。不考虑专项扣除和符合税法规定的其他扣除。

要求:试计算该个体工商户2023年度汇算清缴时应补(退)税额。

【案例分析】

纳税人取得经营所得,按年计算个人所得税,由纳税人自月度或季度终了后15日内,向经营管理所在地主管税务机关办理预缴纳税申报;在取得所得的次年3月31日前,向经营管理所在地主管税务机关办理汇算清缴。因此,按照税收法律、法规和文件规定,先计算全年应纳税所得额,再计算全年应纳税额,并根据全年应纳税额和当年已预缴税额计算出当年度应补(退)税额。

① 全年应纳税所得额=460 000-280 000+98 400-60 000-24 000=194 400(元)。

② 查找5%~35%的五级超额累进税率(表6-3)后,确定适用税率为20%,速算扣除数为10 500。

③ 自2023年1月1日至2027年12月31日,个体工商户经营所得年应纳税所得额不超过200万元的部分,在现行优惠政策基础上,减半征收个人所得税。其计算公式如下:

$$全年应缴纳个人所得税=(194\ 400\times20\%-10\ 500)\times50\%=14\ 190(元)$$

④ 该个体工商户2023年1至11月已经预缴个人所得税21 300元,因此,该个体工商户2023年度应申请的个人所得税退税额=21 300-14 190=7 110(元)。

四、利息、股息、红利所得应纳税额的计算

(一) 应纳税所得额的确定

利息、股息、红利所得个人所得税按次征收,以每次取得的收入为一次,不扣除任何费用,其应纳税所得额即为每次收入额。以支付利息、股息、红利时取得的收入为一次。

(二) 应纳税额的计算

利息、股息、红利所得应纳税额的计算公式如下:

$$应纳税额=应纳税所得额\times适用税率=每次收入额\times20\%$$

【案例6-10】

谭某自2022年12月开始持有A上市公司股票,2023年5月,其获得该公司派发的红股20 000股,红股票面价值1.5元/股,派发当日股票市值4元/股。

要求:计算谭某所获得的股息红利应缴纳的个人所得税。

【案例分析】

对于股份制企业在分配股息、红利时,以股票形式向股东个人支付应得的股息、红利(即派发红股),应以派发红股的股票票面金额为收入额,计算征收个人所得税。个人从公开发行和转让市场取得的上市公司股票,持股期限在1个月以上至1年(含1年)的,股息红利所得暂减按50%计入应纳税所得额。

所以,谭某所获得的股息红利应缴纳的个人所得税=20 000×1.5×20%×50%=3 000(元)。

五、财产租赁所得应纳税额的计算

(一) 应纳税所得额的确定

财产租赁所得一般以个人每次取得收入,定额或定率减除规定费用后的余额为应纳税所得额。每次收入不超过 4 000 元的,减除费用 800 元;4 000 元以上的,减除 20% 的费用,其余额为应纳税所得额。

在确定财产租赁的应纳税所得额时,纳税人在出租财产过程中缴纳的税金和教育费附加,可持完税(缴款)凭证,从其财产租赁收入中扣除。准予扣除的项目除了规定费用和有关税、费,还准予扣除能够提供有效、准确凭证,证明由纳税人负担的该出租财产实际开支的修缮费用。允许扣除的修缮费用,以每次 800 元为限。一次扣除不完的,准予在下一次继续扣除,直到扣完为止。

个人出租财产取得的财产租赁收入,在计算缴纳个人所得税时,应依次扣除以下费用:

(1) 准予扣除项目:主要是指财产租赁过程中缴纳的税费。

(2) 由纳税人负担的该出租财产实际开支的修缮费用。修缮费用的扣除以每次 800 元为限;一次扣除不完的,准予在下一次继续扣除,直到扣完为止。

(3) 税法规定的费用扣除标准(即定额减除费用 800 元或定率减除 20% 的费用)。

财产租赁所得,以一个月内取得的收入为一次:

(1) 每次(月)收入不超过 4 000 元的,其计算公式如下:

$$应纳税所得额 = 每次(月)收入额 - 准予扣除项目 - 修缮费用(800 元为限) - 800 元$$

(2) 每次(月)收入超过 4 000 元的,其计算公式如下:

$$应纳税所得额 = [每次(月)收入额 - 准予扣除项目 - 修缮费用(800 元为限)] \times (1 - 20\%)$$

(二) 应纳税额的计算

财产租赁所得适用 20% 的比例税率,但对个人按照市场价格出租的居民住房取得的所得暂减按 10% 的税率征收个人所得税。

(1) 每次(月)收入不超过 4 000 元的,其计算公式如下:

$$应纳税额 = 应纳税所得额 \times 适用税率(20\% 或 10\%)$$
$$= [每次(月)收入额 - 准予扣除项目 - 修缮费用(800 元为限) - 800 元] \times 适用税率(20\% 或 10\%)$$

(2) 每次(月)收入超过 4 000 元的,其计算公式如下:

$$应纳税额 = 应纳税所得额 \times 适用税率(20\% 或 10\%)$$
$$= [每次(月)收入额 - 准予扣除项目 - 修缮费用(800 元为限)] \times (1 - 20\%) \times 适用税率(20\% 或 10\%)$$

【案例 6-11】

刘某于 2023 年 3 月将市区内原居住的一处面积为 80 平方米的住房,以市价出租用于他人居住,租期 1 年,每月租金收入 3 800 元;3 月发生维修下水道费用 1 200 元;每月的相关税费为120元,能提供有效凭证。

要求:计算刘某2023年3月、4月、5月租金收入各缴纳的个人所得税。

【案例分析】

个人以市场价出租的居民住房,个人所得税减按10%的税率征收。纳税人在出租财产过程中缴纳的税金和教育费附加,可持完税(缴款)凭证,从其财产租赁收入中扣除。准予扣除的项目除了规定费用和有关税、费外,还准予扣除能够提供有效、准确凭证,证明由纳税人负担的该出租财产实际开支的修缮费用,但以每次800元为限,一次扣除不完的,准予在下一次继续扣除,直到扣完为止。所以,每月租金收入允许扣除120元的相关税费;收入小于4 000元,每月允许定额扣除800元;而1 200元的修缮费用,在3月份时允许扣除800元,剩余的400元在4月份扣除。

3月租金应纳个人所得税额=(3 800−120−800−800)×10%=208(元)

4月租金应纳个人所得税额=(3 800−120−400−800)×10%=248(元)

5月租金应纳个人所得税额=(3 800−120−800)×10%=288(元)

六、财产转让所得应纳税额的计算

(一)应纳税所得额的确定

财产转让所得一般以收入总额扣除财产原值和合理费用后的余额为应纳税所得额。其计算公式如下:

$$应纳税所得额=收入总额-财产原值-合理费用$$

财产原值,按照下列方法确定:

(1)有价证券,为买入价以及买入时按照规定交纳的有关费用。

(2)建筑物,为建造费或者购进价格以及其他有关费用。

(3)土地使用权,为取得土地使用权所支付的金额、开发土地的费用以及其他有关费用。

(4)机器设备、车船,为购进价格、运输费、安装费以及其他有关费用。

(5)其他财产,参照以上方法确定。

纳税人未提供完整、准确的财产原值凭证,不能按照上述方法确定财产原值的,由主管税务机关核定财产原值。

合理费用,是指卖出财产时按照规定支付的有关税费。

财产转让所得以一件财产的所有权一次转让取得的收入为一次。

(二)应纳税额的计算

财产转让所得适用20%的比例税率其计算公式如下:

$$应纳税额=应纳税所得额×适用税率=(收入总额-财产原值-合理税费)×20\%$$

【案例6-12】

刘某2023年6月转让私有住房一套,取得转让收入3 200 000元,转让时支付有关税费160 000元,该套住房购进时原价为1 100 000元。

要求：计算刘某 2023 年 6 月转让住房应缴纳的个人所得税。

【案例分析】

刘某转让住房应纳税所得额＝财产转让收入额－财产原值－合理税费
$$= 3\,200\,000 - 1\,100\,000 - 160\,000 = 1\,940\,000(元)$$

刘某转让住房应缴纳的个人所得税额＝1 940 000×20％＝388 000(元)

七、偶然所得应纳税额的计算

（一）应纳税所得额的确定

偶然所得和其他所得以个人每次取得的收入额为应纳税所得额，不扣除任何费用。

（1）个人取得单张有奖发票奖金不超过 800 元(含 800 元)的，暂免征收个人所得税；个人取得单张有奖发票所得超过 800 元的，应全额按照"偶然所得"征收个人所得税。

（2）个人购买社会福利彩票、体育彩票中奖获取的所得，一次中奖收入不超过 10 000 元的，不用缴纳个人所得税；一次中奖收入超过 10 000 元的，应全额按照"偶然所得"征收个人所得税。其计算公式如下：

$$应纳税所得额＝每次收入额$$

除有特殊规定，每次收入额即是应纳税所得额，以每次取得该项收入为一次。

（二）应纳税额的计算

偶然所得适用 20％的比例税率，其计算公式如下：

$$应纳税额＝应纳税所得额×适用税率＝每次收入额×20\%$$

八、个人所得税几种特殊情况应纳税额的计算

（一）对公益慈善事业捐赠支出的扣除

1) 个人通过中华人民共和国境内公益性社会组织、县级以上人民政府及其部门等国家机关，向教育、扶贫、济困等公益慈善事业的捐赠(以下简称"公益捐赠")，发生的公益捐赠支出，可以按照个人所得税法有关规定在计算应纳税所得额时扣除。境内公益性社会组织，包括依法设立或登记并按规定条件和程序取得公益性捐赠税前扣除资格的慈善组织、其他社会组织和群众团体。

（1）居民个人按照以下规定扣除公益捐赠支出：

① 居民个人发生的公益捐赠支出可以在财产租赁所得、财产转让所得、利息股息红利所得、偶然所得(以下统称"分类所得")、综合所得或者经营所得中扣除。在当期一个所得项目扣除不完的公益捐赠支出，可以按规定在其他所得项目中继续扣除。

② 居民个人发生的公益捐赠支出，在综合所得、经营所得中扣除的，扣除限额分别为当年综合所得、当年经营所得应纳税所得额的百分之三十；在分类所得中扣除的，扣除限额为当月分类所得应纳税所得额的百分之三十。

③ 居民个人根据各项所得的收入、公益捐赠支出、适用税率等情况，自行决定在综合所

得、分类所得、经营所得中扣除的公益捐赠支出的顺序。

（2）非居民个人按照以下规定扣除公益捐赠支出：非居民个人发生的公益捐赠支出，未超过其在公益捐赠支出发生的当月应纳税所得额百分之三十的部分，可以从其应纳税所得额中扣除。扣除不完的公益捐赠支出，可以在经营所得中继续扣除。

2）个人通过中国境内的非营利的社会团体和国家机关向"红十字事业、农村义务教育、公益性青少年活动场所"进行捐赠，可以全额从其应纳税所得额中扣除。

3）个人直接给受赠者进行捐赠，不得从其应纳税所得额中扣除，国务院另有规定除外。

【案例 6-13】

2023 年 1 月 19 日，一位怀集彩民李先生以一张 10 元 5 注自选单式票中得 1 注一等奖，总奖金为 500 万元，成为 2023 年肇庆市福利彩票第 1 位 500 万元以上大奖得主。

要求：如果李先生在其中奖所得中拿出部分所得进行捐赠，试根据下列不同的捐赠方式，计算其中奖所得应该缴纳的个人所得税。

① 由李先生直接给贫困山区捐款 30 万元。

② 通过教育局向贫困山区捐款 30 万元。

③ 通过教育局向贫困山区捐款 160 万元。

④ 通过教育局向农村义务教育捐款 160 万元。

【案例分析】

① 如果直接给贫困山区捐款 30 万元，不能在税前扣除。

所以，中奖所得应纳个人所得税＝500×20％＝100（万元）。

② 如果通过教育局向贫困山区捐款 30 万元，则符合限额扣除标准。

扣除限额＝500×30％＝150（万元）＞30（万元）。

所以，捐赠可以全部在中奖所得中扣除。

中奖所得应纳个人所得税＝(500－30)×20％＝94（万元）。

③ 如果通过教育局向贫困山区捐款 160 万元，则符合限额扣除标准。

扣除限额＝500×30％＝150（万元）＜160（万元）。

所以，在中奖所得中最多扣除 150 万元，剩余 10 万元可以选择在李先生的其他所得中限额扣除。

中奖所得应纳个人所得税＝(500－150)×20％＝70（万元）。

④ 如果通过教育局向农村义务教育捐款 160 万元，则符合全额扣除标准。

所以，捐赠允许全部在中奖所得中扣除。

中奖所得应纳个人所得税＝(500－160)×20％＝68（万元）。

（二）两个或两个以上的个人共同取得一项收入的个人所得税的计算

两个或两个以上的个人共同取得同一项收入的，每个人应以各自取得的收入分别按照税法规定减除费用后计算纳税，即按"先分、后扣、再税"的办法计算各自应该承担的个人所得税。

（三）境外所得已纳税款抵免的计算

居民个人从中国境外取得的所得，可以从其应纳税额中抵免已在境外缴纳的个人所得税税额,但抵免额不得超过该纳税人境外所得依照我国个人所得税法规定计算的应纳税额。

已在境外缴纳的个人所得税税额,是指居民个人来源于中国境外的所得,依照该所得来源国家(地区)的法律应当缴纳并且实际已经缴纳的所得税税额。

纳税人境外所得依照我国个人所得税法规定计算的应纳税额,是居民个人抵免已在境外缴纳的综合所得、经营所得以及其他所得的所得税税额的限额(以下简称"抵免限额")。国务院财政、税务主管部门另有规定除外,来源于中国境外一个国家(地区)的综合所得抵免限额、经营所得抵免限额以及其他所得抵免限额之和,为来源于该国家(地区)所得的抵免限额。

居民个人在中国境外一个国家(地区)实际已经缴纳的个人所得税税额,低于依照规定计算出的来源于该国家(地区)所得的抵免限额的,应当在中国缴纳差额部分的税款;超过来源于该国家(地区)所得的抵免限额的,其超过部分不得在本纳税年度的应纳税额中抵免,但是可以在以后纳税年度来源于该国家(地区)所得的抵免限额的余额中补扣。补扣期限最长不得超过5年。

居民个人申请抵免已在境外缴纳的个人所得税税额,应当提供境外税务机关出具的税款所属年度的有关纳税凭证。

任务三　个人所得税的税收优惠

一、免征个人所得税的优惠

(1) 省级人民政府、国务院部委和中国人民解放军军以上单位,以及外国组织、国际组织颁发的科学、教育、技术、文化、卫生、体育、环境保护等方面的奖金。

(2) 国债和国家发行的金融债券利息。

(3) 按照国家统一规定发给的补贴、津贴。

(4) 福利费、抚恤金、救济金。

(5) 保险赔款。

(6) 军人的转业费、复员费、退役金。

(7) 按照国家统一规定发给干部、职工的安家费、退职费、基本养老金或者退休费、离休费、离休生活补助费。

(8) 依照有关法律规定应予免税的各国驻华使馆、领事馆的外交代表、领事官员和其他人员的所得。

(9) 中国政府参加的国际公约、签订的协议中规定免税的所得。

(10) 国务院规定的其他免税所得。

上述免税规定,由国务院报全国人民代表大会常务委员会备案。

二、减征个人所得税的优惠

1) 对个人投资者持有2019—2023年发行的铁路债券取得的利息收入,减按50%计入应纳税所得额计算征收个人所得税。税款由兑付机构在向个人投资者兑付利息时代扣代缴。

2) 自 2019 年 1 月 1 日起至 2023 年 12 月 31 日,一个纳税年度内在船航行时间累计满 183 天的远洋船员,其取得的工资薪金收入减按 50% 计入应纳税所得额,依法缴纳个人所得税。

3) 自 2021 年 1 月 1 日至 2022 年 12 月 31 日,对个体工商户经营所得年应纳税所得额不超过 100 万元的部分,在现行优惠政策基础上,减半征收个人所得税。个体工商户在享受现行其他个人所得税优惠政策的基础上,可叠加享受本条款优惠政策。

4) 有下列情形之一的,可以减征个人所得税,具体幅度和期限,由省、自治区、直辖市人民政府规定,并报同级人民代表大会常务委员会备案:

(1) 残疾、孤老人员和烈属的所得。

(2) 因严重自然灾害造成重大损失的。

(3) 国务院可以规定其他减税情形,报全国人民代表大会常务委员会备案。

三、暂免征收个人所得税的优惠

根据《财政部国家税务总局关于个人所得税若干政策问题的通知》和有关文件的规定,对下列所得暂免征收个人所得税:

(1) 外籍个人以非现金形式或实报实销形式取得的住房补贴、伙食补贴、搬迁费、洗衣费。

(2) 外籍个人按合理标准取得的境内、境外出差补贴。

(3) 外籍个人取得的探亲费、语言训练费、子女教育费等,经当地税务机关审核批准为合理的部分。

(4) 外籍个人从外商投资企业取得的股息、红利所得。

(5) 个人举报、协查各种违法、犯罪行为而获得的奖金。

(6) 个人转让自用达 5 年以上、并且是唯一的家庭生活用房取得的所得。

(7) 对个人购买福利彩票、赈灾彩票、体育彩票,一次中奖收入在 1 万元以下的(含 1 万元)暂免征收个人所得税,超过 1 万元的,全额征收个人所得税。

(8) 达到离休、退休年龄,但确因工作需要,适当延长离休、退休年龄的高级专家,其在延长离休、退休期间的工资、薪金所得,视同离休、退休工资免征个人所得税。

(9) 对国有企业职工,因企业依法被宣告破产,从破产企业取得的一次性安置费收入,免予征收个人所得税。

(10) 职工与用人单位解除劳动关系取得的一次性补偿收入(包括用人单位发放的经济补偿金、生活补助费和其他补助费用),在当地上年职工年平均工资 3 倍数额以内的部分,可免征个人所得税;超过该标准的一次性补偿收入,应按照国家有关规定征收个人所得税。

(11) 城镇企业事业单位及其职工个人按照《失业保险条例》规定的比例,实际缴付的失业保险费,均不计入职工个人当期的工资、薪金收入,免予征收个人所得税。

(12) 企业和个人按照国家或地方政府规定的比例,提取并向指定金融机构实际缴付的

住房公积金、医疗保险金、基本养老保险金,免予征收个人所得税。

(13) 个人领取原提存的住房公积金、医疗保险金、基本养老保险金,以及具备《失业保险条例》规定条件的失业人员领取的失业保险金,免予征收个人所得税。

(14) 个人取得的教育储蓄存款利息所得和按照国家或省级地方政府规定的比例缴付的住房公积金、医疗保险金、基本养老保险金、失业保险金存入银行个人账户所取得的利息所得,免予征收个人所得税。

(15) 自2008年10月9日(含)起,对储蓄存款利息所得暂免征收个人所得税。

(16) 自2009年5月25日(含)起,以下情形的房屋产权无偿赠与,对当事双方不征收个人所得税:

① 房屋产权所有人将房屋产权无偿赠与配偶、父母、子女、祖父母、外祖父母、孙子女、外孙子女、兄弟姐妹。

② 房屋产权所有人将房屋产权无偿赠与对其承担直接抚养或者赡养义务的抚养人或者赡养人。

③ 房屋产权所有人死亡,依法取得房屋产权的法定继承人、遗嘱继承人或者受遗赠人。

任务四 征 收 管 理

我国通用实行的是自行申报纳税和全员全额扣缴申报纳税两种征收管理办法。

一、自行申报纳税

自行申报纳税,是指纳税人自行在税法规定的纳税期限内,向税务机关申报取得的应税所得项目和税额,如实填写个人所得税纳税申报表,并按照税法规定计算应纳税额,据此缴纳个人所得税的一种方法。

(一) 自行申报纳税的情形

有下列情形之一的,纳税人应当自行依法办理纳税申报:

(1) 取得综合所得需要办理汇算清缴。

(2) 取得应税所得没有扣缴义务人。

(3) 取得应税所得,扣缴义务人未扣缴税款。

(4) 取得境外所得。

(5) 因移居境外注销中国户籍。

(6) 非居民个人在中国境内从两处以上取得工资、薪金所得。

(7) 国务院规定的其他情形。

(二) 自行申报纳税的期限

纳税人需要办理汇算清缴的,应当在取得所得的次年3月1日至6月30日内办理汇算清缴。纳税人取得应税所得没有扣缴义务人的,应当在取得所得的次月15日内向税务机关报送纳税申报表,并缴纳税款。

纳税人取得应税所得,扣缴义务人未扣缴税款的,纳税人应当在取得所得的次年6月

30日前,缴纳税款;税务机关通知限期缴纳的,纳税人应当按照期限缴纳税款。

居民个人从中国境外取得所得的,应当在取得所得的次年3月1日至6月30日内申报纳税。

非居民个人在中国境内从两处以上取得工资、薪金所得的,应当在取得所得的次月15日内申报纳税。

纳税人因移居境外注销中国户籍的,应当在注销中国户籍前办理税款清算。

(三)自行申报纳税的地点

(1)在中国境内有任职、受雇单位的,向任职、受雇单位所在地主管税务机关申报。

(2)在中国境内有两处或者两处以上任职、受雇单位的,选择并固定向其中一处单位所在地主管税务机关申报。

(3)在中国境内无任职、受雇单位,年所得项目中有个体工商户的生产、经营所得或者对企事业单位的承包经营、承租经营所得(以下统称"生产、经营所得")的,向其中一处实际经营所在地主管税务机关申报。

(4)在中国境内无任职、受雇单位,年所得项目中无生产、经营所得的,向户籍所在地主管税务机关申报。在中国境内有户籍,但户籍所在地与中国境内经常居住地不一致的,选择并固定向其中一地主管税务机关申报。在中国境内没有户籍的,向中国境内经常居住地主管税务机关申报。

(5)其他各种所得纳税人,纳税申报地方分别如下:

① 从两处或者两处以上取得工资、薪金所得的,选择并固定向其中一处单位所在地主管税务机关申报。

② 从中国境外取得所得的,向中国境内户籍所在地主管税务机关申报。在中国境内有户籍,但户籍所在地与中国境内经常居住地不一致的,选择并固定向其中一地主管税务机关申报。在中国境内没有户籍的,向中国境内经常居住地主管税务机关申报。

③ 取得经营所得的个人向实际经营所在地主管税务机关申报。

④ 个人独资、合伙企业投资者兴办两个或两个以上企业的,区分不同情形确定纳税申报地点:兴办的企业全部是个人独资性质的,分别向各企业的实际经营管理所在地主管税务机关申报;兴办的企业中含有合伙性质的,向经常居住地主管税务机关申报;兴办的企业中含有合伙性质,个人投资者经常居住地与其兴办企业的经营管理所在地不一致的,选择并固定向其参与兴办的某一合伙企业的经营管理所在地主管税务机关申报;除以上情形外,纳税人应当向取得所得所在地主管税务机关申报。

(四)纳税申报方式

纳税人可以采用远程办税端、邮寄等方式申报,也可以直接到主管税务机关申报。纳税人办理自行纳税申报时,除填报个人所得税申报表,还应一并报送税务机关要求报送的其他有关资料;首次申报或者个人基础信息发生变化的,还应报送《个人所得税基础信息表(B表)》。

二、全员全额扣缴申报纳税

全员全额扣缴申报,是指扣缴义务人向个人支付应税所得时,不论其是否属于本单位人员、支付的应税所得是否达到纳税标准,扣缴义务人应当在代扣税款的次月内,向主管税务机关报送其支付应税所得个人的基本信息、支付所得项目和数额、扣缴税款数额及其他相关涉税信息。这种方法有利于控制税源、防止漏税和逃税。

(一) 扣缴义务人

个人所得税以取得应税所得的个人为纳税义务人;以支付所得的单位或者个人为扣缴义务人。扣缴义务人扣缴税款时,纳税人应当向扣缴义务人提供纳税人识别号。纳税人有中国公民身份号码的,以中国公民身份号码为纳税人识别号;纳税人没有中国公民身份号码的,由税务机关赋予其纳税人识别号。

(二) 代扣预扣税款的范围

实行个人所得税全员全额扣缴申报的应税所得包括:

(1) 工资、薪金所得。

(2) 劳务报酬所得。

(3) 稿酬所得。

(4) 特许权使用费所得。

(5) 利息、股息、红利所得。

(6) 财产租赁所得。

(7) 财产转让所得。

(8) 偶然所得。

扣缴义务人应当按照国家规定办理全员全额扣缴申报,并向纳税人提供其个人所得和已扣缴税款等信息。扣缴义务人在向纳税人支付各项应纳税所得时,必须履行代扣代缴税款的义务。扣缴义务人对纳税人的应扣未扣税款应由纳税人予以补缴。对扣缴义务人按照所扣缴的税款,税务机关应付给2%的手续费。

居民个人取得综合所得,按年计算个人所得税;有扣缴义务人的,由扣缴义务人按月或者按次预扣预缴税款。预扣预缴办法由国务院税务主管部门制定。

居民个人向扣缴义务人提供专项附加扣除信息的,扣缴义务人按月预扣预缴税款时应当按照规定予以扣除,不得拒绝。

非居民个人取得工资、薪金所得,劳务报酬所得,稿酬所得和特许权使用费所得,有扣缴义务人的,由扣缴义务人按月或者按次代扣代缴税款,不办理汇算清缴。

纳税人取得经营所得,按年计算个人所得税,由纳税人在月度或者季度终了后15日内向税务机关报送纳税申报表,并预缴税款;在取得所得的次年3月31日前办理汇算清缴。

纳税人取得利息、股息、红利所得,财产租赁所得,财产转让所得和偶然所得,按月或者按次计算个人所得税,有扣缴义务人的,由扣缴义务人按月或者按次代扣代缴税款。

(三) 代扣代缴期限

扣缴义务人每月或者每次预扣、代扣的税款,应当在次月15日内缴入国库,并向税务机关报送扣缴《个人所得税扣缴申报表》。

扣缴义务人首次向纳税人支付所得时,应当按照纳税人提供的纳税人识别号等基础信息,填写《个人所得税基础信息表(A 表)》,并于次月扣缴申报时向税务机关报送。扣缴义务人对纳税人向其报告的相关基础信息变化情况,应当于次月扣缴申报时间税务机关报送。

【知识拓展】

营销活动及网络红包个税征免与税收策划

财政部、国家税务总局在2011年发布《关于企业促销展业赠送礼品有关个人所得税问题的通知》(财税〔2011〕50号文件,简称"50号文件"),依照个人所得税法的规定,对企业和单位在营销活动中以折扣折让、赠品、抽奖等方式,向个人赠送现金、消费券、物品、服务等(以下简称"礼品")相关个人所得税三种征税与三种不征税情形予以了明确。对于三种应征税的情形,依照税法规定,税款由赠送礼品的企业代扣代缴。

50号文件还就计税依据作出了规定,企业赠送的礼品是自产产品(服务)的,按该产品(服务)的市场销售价格确定个人的应税所得;是外购商品(服务)的,按该商品(服务)的实际购置价格确定个人的应税所得。

现就50号文件应引起注意的几个问题,作如下理解。

一、适用对象。50号文件所称"企业"包括各类企业、事业单位、社会团体、个人独资企业、合伙企业和个体工商户等(注意:与平时理解的企业范围有很大不同)。上述"企业"以折扣折让、赠品、抽奖等方式,向个人赠送现金、消费券、物品、服务等时,均应按规定划分个人所得税的征免。

二、"三征三免"。总的划分标准为:一看向个人赠送现金、消费券、物品、服务等是否与销售商品(产品)和提供服务有直接关联;二看消费者个人获得的是抽奖机会还是直接获得的赠品。

(一)明确了凡是通过价格折扣、折让方式向个人销售商品(产品)和提供服务,或在向个人销售商品(产品)和提供服务的同时给予赠品,均不征收个人所得税。

例如,甲休闲中心为鼓励客户长期来消费,采取打折的方式出售消费卡,顾客实际支付850元即可获得1 000元的消费卡;乙休闲中心采取的则是赠送消费的方式,顾客支付1 000元可获得1 200元的消费卡。对于前种情形不征税,基本没有争议,因为在市场经济中,企业自主定价已经广为接受,对降低价格销售商品(提供服务)不视为是个人所得也好理解;但是对于后者是否应征收个税,在税收征管中是有争议的,有的认为应按"其他所得"征收个人所得税。

实际上,这两者情形的本质是相同的,只是体现的价格金额不同,因此50号文件明确对这两种情形均不征收个税。

(二)必须是在向个人销售商品(产品)和提供服务的同时,也就是必须与当次销售业务有关联,给予特定个人的赠品方不征收个税。

例如,通信企业对个人购买手机赠话费(预交话费送手机)不征税个税;但是如果恰逢"电信日",向没有办理业务的路人赠送20元话费卡,则属于企业在年会、座谈会、庆典及其他活动中向本单位以外的不特定个人赠送礼品,应按照"其他所得"项目,全额适用20%的税率缴纳个人所得税的情形。

(三)对于累积消费一定额度的个人发放奖品和反馈礼品的征免划分。企业对累积消

费达到一定额度的顾客,给予额外抽奖机会,由此获得的物品为"获奖所得",需要按照"偶然所得"征收20%的个税;对累积消费达到一定额度的个人按消费积分赠送的物品则为"反馈礼品",不征收个税。

两者看似差不多,都是以"累积消费达到一定额度"为条件,但区别在于:前者,消费者个人只是通过购买商品(产品)或接受服务获得了参加商家举办的抽奖活动的资格,能否抽中奖品未定,抽取的奖品价值高低也不同,由于所获得的物品是活动的奖品,因此要征税;而后者,消费者个人是在购买商品(产品)或接受服务的同时,所有达到商家规定的条件的消费者都可以均等的获得物品,实质是一种与折扣、折让相同的返利行为,因此不征收个税。

其实,商家在举办该类活动时,对个税问题是可以策划的。现在有的商家对消费达到一定额度的消费者,设立几种档次的奖励,由消费者通过抽奖获得奖品,这是要征收个税的;如果将活动方式改变一下,商家按照不同的消费额度(积分)设立几个档次的奖励,适当拉大额度级次和奖品价值,但是无需消费者再抽奖,而是按相应的档次直接给予发放奖品,对于消费者而言更实惠,达到标准的人都可活动奖品,对商家来说促销的效果也达到了,但就个税而言,这种方式的促销活动所赠送的物品属于"反馈礼品",则无需扣缴消费者的个税了。

(四)企业在业务宣传、广告活动、年会、座谈会、庆典及其他活动中向本单位以外的个人赠送礼品,对个人取得的礼品所得,按照"其他所得"项目依20%的税率征收个人所得税。

需注意的是,这里规定的是"本单位以外的个人"按"其他所得"征税,而对本单位员工在这些活动中取得的礼品,则应并入"工资薪金所得"征收个税。

三、不依法扣缴个税将导致的涉税风险。按照规定,对于应缴纳个人所得税的三种情形的税款应由赠送礼品的企业代扣代缴。

对于未依法扣缴个税的,一般情况下,税务机关会依照《国家税务总局关于贯彻〈中华人民共和国税收征收管理法〉及其实施细则若干具体问题的通知》(国税发〔2003〕47号文件,现已部分废止)中"责成扣缴义务人限期将应扣未扣的税款补扣"内容,以及《税收征管法》第69条规定对扣缴义务人处以50%至3倍以下的罚款。由于涉及的个税税款的纳税人是成千上万零散的不知名的消费者个人,企业是无法再向消费者个人补扣的,税务机关更是无法向个人去追缴的,那么为了换回国家财政收入的损失,同时对扣缴义务人不履行扣缴义务的违法行为给予惩戒,税务机关所处以的罚款一般都会在1倍以上,企业为此将面临很大的涉税风险。

例如,某次促销活动,预计奖品费用100万元,按规定需要扣缴个税20万元,而按照我国的消费习俗,如果先足额配置100万元奖品,在发放奖品时再分别向中奖的众多消费者收取合计20万元的个税,这种方法显然是不被人接受的也是不现实的,至于企业举办年会、座谈会、庆典以及其他活动,向本单位以外的个人赠送礼品,更是不可能向接受礼品的个人去扣缴个税。但是如果按100万元配置奖品而不代扣个税,事后被税务机关查出,将可能受到20万元以上的罚款处罚(责成企业向众多不知名的受礼者追缴已不现实)。那么这次促销活动的费用就达到了120万元以上(罚款还不能在企业所得税前扣除)。

因此,在配置奖品(奖金)时就应该先考虑个税问题,在奖品(奖金)费用100万元的含税总额内,只能实际配置不含税的80万元奖品(奖金),据此在发放(支付)前先按奖品(奖金)费用总额100万元代扣个税20万元,实际发放(支付)奖品(奖金)80万元,这样总费用还是100万元,同时又依法履行了扣缴义务。

由此可见,由于未按扣缴税款以后的税后金额配置奖品,以含税的金额配置奖品发给了中奖消费者,实际就是连同税金一起发给了消费者,事后还要承担罚款,这就意味着是双倍以上的经济支出。因此,企业在策划举办需向本单位以外的个人赠送礼品的各类营销活动、举办年会、座谈会、庆典以及其他活动,应首先考虑个税的计算和扣缴问题,及时依法扣缴个税,方能避免涉税风险的发生。

四、企业网络红包相关的个人所得税问题。

近几年来,随着互联网的迅猛发展,微信等网络工具成了很多企业宣传的重要阵地,为广告或其他商业目的,通过网络随机向个人派发红包(包括现金和非现金红包)的情形很普遍。依据个人所得税法规定,对于个人通过网络取得的红包,应按前述50号文件确定的原则划分征税与不征税。

(一)个人取得企业派发的现金网络红包,按照"偶然所得项目"依20%的税率征收个人所得税,税款由派发网络红包的企业代扣代缴。

(二)个人取得企业派发的且用于购买该企业商品(产品)或服务才能使用的非现金网络红包,包括各种消费券、代金券、抵用券、优惠券等,以及个人因购买该企业商品或服务达到一定额度而取得企业返还的现金网络红包,因与企业销售业务有直接关联,属于经营行为的价格折扣、折让,不征收个人所得税。

五、网友之间互相抢红包(个人之间派发现金网络红包)属于个人之间的馈赠、娱乐,不属于个人所得税法规定的应税所得范围,不应征收个人所得税。

(资料来源:搜狐网)

课后练习题

一、单选题

1. 目前,我国个人所得税采用(　　)模式。
   A. 单一征收制　　　　　　　　　　B. 混合征收制
   C. 综合征收制　　　　　　　　　　D. 分类征收制

2. 下列人员中,不属于个人所得税居民个人的是(　　)。
   A. 中国境内有住所的个人
   B. 中国境内无住所,而一个纳税年度在中国境内居住累计满183天但不满200天的个人
   C. 中国境内无住所,而一个纳税年度在中国境内居住累计满200天但不满365天的个人
   D. 中国境内无住所,而一个纳税年度在中国境内居住累计满90天但不满180天的个人

3. 下列各项所得中,按"工资、薪金所得"计算缴纳个人所得税的是(　　)。
   A. 个人合伙人从合伙企业按月取得的劳动所得

B. 律师以个人名义聘请的其他人员从律师处获得的报酬

C. 任职于杂志社的记者在本杂志社上发表作品取得的稿费

D. 出版社的专业作者的作品,由本社以图书形式出版而取得的稿费

4. 关于综合所得专项附加扣除中的大病医疗支出,下列说法中,错误的是( )。

  A. 纳税人发生的医药费用支出可以选择由本人或者其配偶扣除

  B. 纳税人应当留存医药服务收费及医保报销相关票据原件等留存备查

  C. 纳税人可以在预扣预缴时扣除,也可以选择在年度汇算清缴时扣除

  D. 只能在符合规定的限额内据实扣除

5. 下列关于预扣预缴率和税率的表述中,错误的是( )。

  A. 综合所得适用七级超额累进税率

  B. 劳务报酬所得预扣预缴时适用20%的预扣预缴率

  C. 特许权使用费所得预扣预缴时适用20%的预扣预缴率

  D. 工资薪金所得预扣预缴时适用七级超额累进税率

6. 根据个人所得税法的规定,下列关于每次收入的确定的说法中,不正确的是( )。

  A. 劳务报酬所得,属于同一事项连续取得收入的,以一个月内取得的收入为一次计征个人所得税

  B. 财产租赁所得,以一个月内取得的收入为一次计征个人所得税

  C. 同一作品在报刊上连载取得收入的,以每次连载取得的收入为一次计征个人所得税

  D. 同一作品在出版和发表时,以预付稿酬或分次支付稿酬等形式取得的稿酬收入,应合并计算为一次计征个人所得税

7. 下列项目中,属于"劳务报酬所得"的是( )。

  A. 发表论文取得的报酬

  B. 提供著作版权而取得的报酬

  C. 将国外的作品翻译出版取得的报酬

  D. 高校教师受出版社委托进行审稿取得的报酬

8. 作者将自己的文字作品手稿原件或复印件拍卖取得的所得,按照( )税目计征个人所得税。

  A. 财产转让所得   B. 稿酬所得
  C. 特许权使用费所得   D. 劳务报酬所得

9. 以下个人所得,需要缴纳个人所得税的是( )。

  A. 个人取得的保险赔款   B. 境内上市公司股票转让所得
  C. 国债利息收入   D. 企业债券利息收入

10. 国内某大学教授取得下列所得中,免予征收个人所得税的是( )。

  A. 因任某高校兼职教授取得的课酬

  B. 购买的福利彩票中奖5 000元

  C. 因拥有持有期不足一年的某上市公司股票取得股息

  D. 被学校评为校级优秀教授获得的奖金

二、多选题

1. 居民个人取得的下列各项所得中,属于综合所得的有( )。
   A. 稿酬所得
   B. 劳务报酬所得
   C. 财产租赁所得
   D. 利息、股息、红利所得

2. 下列各项中,应列入"工资、薪金所得"计算缴纳个人所得税的有( )。
   A. 年终加薪
   B. 劳动分红
   C. 季度奖金
   D. 独生子女补贴

3. 下列属于个人所得税专项附加扣除的有( )。
   A. 住房公积金
   B. 子女教育费
   C. 大病医疗费
   D. 住房租金

4. 根据个人所得税法律制度的规定,下列各项中,按照"特许权使用费所得"项目缴纳个人所得税的有( )。
   A. 个人提供著作权使用权取得的所得
   B. 作者将自己的文字作品手稿原件公开拍卖取得的所得
   C. 编剧从电视剧的制作单位取得的剧本使用费
   D. 个人取得特许权的经济赔偿收入

5. 下列各项中,可以采用五级超额累进税率计算个人所得税的有( )。
   A. 私营有限公司
   B. 合伙企业的生产经营所得
   C. 个人独资企业的生产经营所得
   D. 个体工商户的生产经营所得

6. 下列项目应当作为一次性收入计缴个人所得税的有( )。
   A. 甲出租房屋,期限1年,6月取得本月租金收入3 000元
   B. 乙出书一本,出版社分两次支付稿酬,每次稿酬5 600元
   C. 丙在3月10日、3月18日和3月27日在某单位讲课3次,共取得讲课收入3 000元
   D. 丁转让两项专利,分别为3.5万元、4.5万元,合计8万元

7. 下列个人所得按"劳务报酬所得"项目缴纳个人所得税的有( )。
   A. 个人兼职收入
   B. 个人兼任董事所取得的收入
   C. 演员参加本单位义演取得的奖金
   D. 演员参加外单位义演取得的报酬

8. 下列所得中,应按"偶然所得"征收个人所得税的有( )。
   A. 个人因参加企业的有奖销售活动而取得的奖品所得
   B. 个人取得单张有奖发票奖金
   C. 购买福利彩票所得奖金
   D. 销售彩票取得的所得

9. 根据个人所得税法律制度的规定,下列说法正确的有( )。

A. 任职、受雇于报纸、杂志等单位的记者、编辑等专业人员,因在本单位的报纸、杂志上发表作品取得的所得,按照"稿酬所得"项目缴纳个人所得税

B. 专业人员以外的其他人员在本单位的报纸、杂志上发表作品取得的所得,按照"稿酬所得"项目缴纳个人所得税

C. 出版社的专业作者撰写、编写或翻译的作品,由本社以图书形式出版而取得的稿费收入,应按"工资、薪金所得"项目征收个人所得税

D. 出版社的专业作者撰写、编写或翻译的作品,由本社以图书形式出版而取得的稿费收入,应按"稿酬所得"项目征收个人所得税

10. 下列各项中,应按"经营所得"项目征收个人所得税的有(　　)。

A. 出租车属个人所有,但挂靠出租汽车经营单位的出租车驾驶员取得的收入

B. 合伙企业的个人投资者以企业资金为本人购买的住房

C. 个人独资企业的个人投资者以企业资金为本人购买的住房

D. 法人制企业的个人投资者以企业资金为本人购买的住房

三、判断题

1. 个人担任董事职务所取得的董事费收入,属于工资薪金所得性质,按"工资、薪金所得"项目征收个人所得税。　　　　　　　　　　　　　　　　　　　　(　　)

2. 在中国境内无住所又不居住,或者无住所而在境内居住累计不满 183 天(一个纳税年度)的个人,属于我国的非居民个人。　　　　　　　　　　　　　　　(　　)

3. 同一作品出版、发表后,因添加印数而追加稿酬的,应与以前出版、发表时取得稿酬所得区别,作为两次所得分别计算个人所得税。　　　　　　　　　　　(　　)

4. 个人取得单张有奖发票奖金所得不超过 800 元(含 800 元)的,暂免征收个人所得税。(　　)

5. 居民个人,应就其来源于中国境内和境外的所得,依照个人所得税法律制度的规定向中国政府履行全面纳税义务,缴纳个人所得税。　　　　　　　　　　(　　)

6. 企业和个人按照省级人民政府规定的比例收取缴付的基本养老金、失业保险金,不计入个人当期的工资、薪金收入,免于征收个人所得税。但个人领取时,则应征收个人所得税。(　　)

7. 作者去世后,财产继承人取得的遗作稿酬,不计算缴纳个人所得税。(　　)

8. 个人办理内部退养手续后从原任职单位取得的一次性收入,免征个人所得税。(　　)

9. 纳税人从两处或两处以上取得工资、薪金的,可选择并固定在其中一地税务机关申报纳税。(　　)

10. 扣缴义务人未履行扣缴个人所得税义务的,由扣缴义务人承担应纳的税款、滞纳金和罚款。(　　)

四、计算题

1. 杨某于 2023 年 1 月将其自有面积为 150 平方米的公寓按市场价出租,每月取得租金收入 4 500 元,全年租金收入为 54 000 元。

要求:

(1) 计算李某全年租金收入应缴纳的个人所得税。(不考虑其他税费)

(2) 假定当年 5 月因房屋漏水发生维修费用 1 000 元,有维修部门的正式收据。请计算杨某 5 月和 6 月应缴纳的个人所得税。

2. 在我国某外商投资企业中工作的非居民个人麦克,2023 年 5 月取得该企业发放的含税工资收入 13 200 元,此外还从国内别处取得含税劳务报酬 30 000 元。

要求:

计算当月麦克在我国应缴纳的个人所得税。

3. 中国公民王某是某单位退休职工,2023 年收入情况如下:

(1) 每月退休工资为 8 500 元。

(2) 储蓄存款利息收入为 3 200 元。

(3) 国债利息收入为 2 300 元。

(4) 国债转让收入为 6 000 元,原购入价格为 2 500 元。

要求:

(1) 计算该年的工资收入应缴纳的个人所得税总和。

(2) 计算存款和国债利息收入利息应缴纳的个人所得税。

(3) 计算国债转让收入应缴纳的人所得税。

4. 吴某为我国居民个人,2023 年收入及家庭情况如下:

(1) 工资所得为 320 000 元(已扣除三险一金),一次性劳务报酬所得为 50 000 元,稿酬所得为 20 000 元。各相关单位已经代缴税款 15 520 元。

(2) 吴某有两个孩子,一个读幼儿园,一个上小学,由吴某按扣除标准的 100% 扣除;自有唯一一套住房,未还完房贷,由夫妻双方分别按扣除标准的 50% 扣除;当年扣除医保报销后个人负担医药费为 55 000 元;自己父亲年满 65 岁,吴某为独生子女。

要求:

(1) 计算吴某 2023 年劳务报酬所得计入综合所得的收入额。

(2) 计算吴某 2023 年稿酬所得计入综合所得的收入额。

(3) 计算吴某 2023 年允许扣除的专项附加扣除额。

(4) 计算吴某 2023 年个人所得税应纳税所得额。

(5) 计算吴某 2023 年应补(退)个人所得税税额。

五、综合实训题

我国居民个人张某系某大学教授,2023 年取得收入项目如下:

(1) 每月扣除三险一金后工资收入为 30 000 元。

(2) 9 月教师节期间获得全国教学名师奖,获得教育部颁发的奖金 50 000 元。

(3) 10 月出版了一本书稿,获得稿酬 10 000 元,后因出版社添加印数,获得追加稿酬 6 000 元。

(4) 11 月取得 5 年期国债利息收入 8 700 元,一年期储蓄存款利息收入 500 元,某上市公司发行企业债券利息收入 1 500 元。

(5) 12 月因持有两年前购买的某上市公司股票 10 000 股,取得该公司年中股票分红所得 2 000 元,随后将该股票卖出,获得股票转让所得 50 000 元。

已知张教授全年可以扣除的专项附加项目只有赡养费用一项,无其他扣除项目。

要求：

(1) 9月张教授获得全国教学名师奖金是否需要纳税,请说明理由。如需要,计算其应纳税额。

(2) 计算10月份稿酬预扣预缴个人所得税。

(3) 计算11月张教授取得的利息收入应缴纳的个人所得税。

(4) 计算12月张教授取得的股息和股票转让所得应缴纳的个人所得税。

(5) 假设当年综合所得已预扣预缴税款为 37 000 元,请计算张教授2023年综合所得汇算清缴应退(补)税额。

项目七 资源税类法律制度

学习目标

1. **知识目标**
- 掌握资源税各税的概念
- 掌握资源税各税的纳税人、征税对象及税率等构成要素
- 掌握资源税各税应纳税额的计算
- 理解资源税各税征收管理方式

2. **能力目标**
- 能准确计算资源税各税应纳所得税额
- 掌握资源税各税税收优惠政策

【导入案例】

2022年,启航房地产开发公司销售其新建商品房一幢,取得不含增值税销售收入14 000万元,已知该公司支付与商品房相关的土地使用费及开发成本合计为4 800万元;该公司没有按房地产项目计算分摊银行借款利息;该商品房所在地的省政府规定计征土地增值税时房地产开发费用扣除比例为最高比例;准予扣除的有关税金为770万元。

请思考:该商品房应缴纳的土地增值税是多少?

任务一 资源税法律制度

资源税法是国家制定,用于调整资源税征收与缴纳之间权利与义务关系的法律规范。2019年8月26日,第十三届全国人民代表大会及其常务委员会第十二次会议表决通过了《中华人民共和国资源税法》(以下简称《资源税法》),并于2020年9月1日起实施。

一、资源税的概念

资源税是以应税资源为课税对象,对在中华人民共和国领域和中华人民共和国管辖的其他海域开发应税资源的单位和个人,就其应税资源销售额或销售数量为计税依据而征收的一种税。

二、纳税义务人

在中华人民共和国领域和中华人民共和国管辖的其他海域开发应税资源的单位和个人,为资源税的纳税人。中外合作开采陆上、海上石油资源的企业依法缴纳资源税。2011年11月1日前已依法订立中外合作开采陆上、海上石油资源合同的,在该合同有效期内,继续依照国家有关规定缴纳矿区使用费,不缴纳资源税;合同期满后,依法缴纳资源税。

三、征税范围、税目、税率

(一) 征税范围

我国目前资源税的征税范围仅涉及矿产品和盐两大类:

(1) 能源矿产,包括原油;天然气、页岩气、天然气水合物;煤;煤成(层)气;铀、钍;油页岩、油砂、天然沥青、石煤;地热。

(2) 金属矿产,包括黑色金属和有色金属。

(3) 非金属矿产,包括矿物类、岩石类和宝玉石类。

(4) 水气矿产,包括二氧化碳气、硫化氢气、氦气、氡气;矿泉水。

(5) 盐,包括钠盐、钾盐、镁盐、锂盐;天然卤水;海盐。

纳税人开采或者生产应税产品自用的,应当依照《资源税法》的规定缴纳资源税;但是,自用于连续生产应税产品的,不缴纳资源税。

(二) 税目

《资源税法》共设置5个一级税目17个二级子税目。所列的具体税目有164个,各税目的征税对象包括原矿或选矿,涵盖了所有已经发现的矿种和盐。根据《资源税法》的规定,对取用地表水或者地下水的单位和个人试点征收水资源税。具体税目表如表7-1所示。

表7-1 资源税税目表

税目	提示		征税对象
能源矿产	原油		原矿
	天然气、页岩气、天然气水合物		原矿
	煤		原矿或选矿
	煤成(层)气		原矿
	铀、钍		原矿
	油页岩、油砂、天然沥青、石煤		原矿或选矿
	地热		原矿
金属矿产	黑色金属	包括铁、锰等	原矿或选矿
	有色金属	包括铜、铅、锌、锡等(钨钼稀土征税对象是选矿)	原矿或选矿

(续表)

税目	提示		征税对象
非金属矿产	矿物类	包括高岭土、石灰岩等	原矿或选矿
	岩石类	包括大理岩、花岗岩等	
	宝玉石类	包括宝石、玉石等	
水气矿产	二氧化碳气、硫化氢气、氦气、氡气		原矿
	矿泉水		
盐	钠盐、钾盐、镁盐、锂盐		选矿
	天然卤水		原矿
	海盐		—

注：对取用地表水或者地下水的单位和个人试点征收水资源税。

（三）税率

《资源税法》继续采用固定税率和幅度税率两类税率，如表 7-2 所示。

表 7-2　　　　　　　　　　资源税税率表

税目	具体标准	税率形式
原油	6%	固定比例税率
天然气、页岩气、天然气水合物	6%	
铀、钍	4%	
钨	6.5%	
钼	8%	
中重稀土	20%	
地热	1%~20%或者每立方米 1~30 元	幅度比例税率或幅度定额税率
石灰岩	1%~6%或者每吨（每立方米）1~10 元	
其他黏土	1%~5%或者每吨（每立方米）0.1~5 元	
砂石	1%~5%或者每吨（每立方米）0.1~5 元	
矿泉水	1%~20%或者每立方米 1~30 元	
天然卤水	3%~15%或者每吨（每立方米）1~10 元	
其他税目	—	幅度比例税率

注：《税目税率表》中规定实行幅度税率的，其具体适用税率由省、自治区、直辖市人民政府统筹考虑该应税资源的品位、开采条件以及对生态环境的影响等情况，在《税目税率表》规定的税率幅度内提出，报同级人民代表大会常务委员会决定，并报全国人民代表大会常务委员会和国务院备案。《税目税率表》中规定征税对象为原矿或者选矿的，应当分别确定具体适用税率。

四、资源税计税依据与应纳税额的计算

（一）计税依据

1. 从价定率征收

实行从价征收的，计税依据为应税产品的销售额。销售额确定的基本规定为：销售额为

纳税人销售应税产品(原矿和选矿产品)向购买方收取的全部价款和价外费用,但不包括收取的增值税销项税额。资源税从价定率计税的销售额,与增值税计税的销售额规定是一致的。

另外,纳税人以人民币以外的货币结算销售额的,应当折合人民币计算。其销售额的人民币折合率可以选择销售额发生的当天或者当月1日人民币汇率的中间价。纳税人应事先确定采用何种折合率计算方法,确定后1年内不得变更。

2. 从量定额征收

实行从量定额征收的,资源税的计税依据是应税产品的销售数量。

注意事项:《税目税率表》中规定可以选择实行从价计征或者从量计征的,具体计征方式由省、自治区、直辖市人民政府提出,报同级人民代表大会常务委员会决定,并报全国人民代表大会常务委员会和国务院备案。

(二) 应纳税额的计算

1) 按从价定率征收办法计算应纳税额,其计算公式如下:

$$应纳税额＝销售额×适用比例税率$$

2) 从量定额征收办法计算应纳税额,其计算公式如下:

$$应纳税额＝销售数量×适用的单位税额$$

【案例7-1】

假设某锌矿开采企业2023年9月开采并销售锌矿原矿,开具增值税专用发票,注明金额为400万元、税额为52万元,销售锌矿选矿取得不含增值税销售额2 500万元。当地省人民政府规定,锌矿原矿资源税税率为4%,锌矿选矿资源税税率为8%。请计算该企业2023年9月缴纳的资源税税额。

【案例分析】

该锌矿企业应缴纳资源税＝销售额×适用税率＝400×4%＋2 500×8%＝216(万元)

【案例7-2】

某石化企业为增值税一般纳税人,假设其2023年9月发生以下业务:

(1) 开采原油6 000吨,本月销售2 000吨,取得含增值税销售额734.5万元。

(2) 将自行开采的原油500吨移送加工汽油410吨。

原油资源税税率为6%。请计算该石化企业2023年9月应缴纳的资源税税额。

【案例分析】

(1) 业务一应缴纳的资源税＝734.5÷(1＋13%)×6%＝39(万元)。

(2) 业务二应缴纳的资源税＝734.5÷(1＋13%)÷2 000×500×6%＝9.75(万元)。

2022年9月该石化企业应缴纳资源税＝39＋9.75＝48.75(万元)。

【案例 7-3】

2023 年 5 月某矿山销售非金属矿产石灰岩 25 万吨,当地省人民政府规定,石灰岩适用 3 元/吨的单位税额。请问:当月该矿山应纳多少资源税?

【案例分析】

应纳资源税额＝销售数量×适用的单位税额＝25×3＝75(万元)

3) 纳税人申报的应税产品销售额明显偏低且无正当理由的,或者有自用应税产品行为而无销售额的,主管税务机关可以按下列方法和顺序确定其应税产品销售额:

(1) 按纳税人最近时期同类产品的平均销售价格确定。

(2) 按其他纳税人最近时期同类产品的平均销售价格确定。

(3) 按后续加工非应税产品销售价格,减去后续加工环节的成本利润后确定。

(4) 按应税产品组成计税价格确定。其计算公式如下:

$$组成计税价格＝成本×(1＋成本利润率)÷(1－资源税税率)$$

(5) 按其他合理方法确定。

4) 原煤加工为洗选煤的资源税应纳税额的计算。纳税人将其开采的原煤加工为洗选煤销售的,以洗选煤销售额乘以折算率作为应税煤炭销售额计算缴纳资源税。其计算公式如下:

$$洗选煤应纳税额＝洗选煤销售额×折算率×适用税率$$

5) 已税产品的税务处理。纳税人用已纳资源税的应税产品进一步加工应税产品销售的,不再缴纳资源税。

五、资源税的税收优惠

(一) 免税规定

(1) 开采原油以及在油田范围内运输原油过程中用于加热的原油、天然气。

(2) 煤炭开采企业因安全生产需要抽采的煤成(层)气。

(二) 减征规定

(1) 从低丰度油气田开采的原油、天然气,减征 20% 资源税。

(2) 高含硫天然气、三次采油和从深水油气田开采的原油、天然气,减征 30% 资源税。

(3) 稠油、高凝油减征 40% 资源税。

(4) 从衰竭期矿山开采的矿产品,减征 30% 资源税。

注:根据国民经济和社会发展需要,国务院对有利于促进资源节约集约利用、保护环境等情形可以规定免征或者减征资源税,报全国人民代表大会常务委员会备案。

(三) 由省、自治区、直辖市决定的免征或者减征规定

(1) 纳税人开采或者生产应税产品过程中,因意外事故或者自然灾害等原因遭受重大损失。

(2) 纳税人开采共伴生矿、低品位矿、尾矿。

注：上述规定的免征或者减征资源税的具体办法，由省、自治区、直辖市人民政府提出，报同级人民代表大会常务委员会决定，并报全国人民代表大会常务委员会和国务院备案。

六、资源税的征收管理

（一）纳税义务发生时间

（1）纳税人采取分期收款结算方式销售应税产品的，其纳税义务发生时间为销售合同规定的收款日期的当天。

（2）纳税人采取预收货款结算方式销售应税产品的，其纳税义务发生时间为发出应税产品的当天。

（3）纳税人采取除分期收款和预收货款以外的其他结算方式销售应税产品，其纳税义务发生时间为收讫价款或者取得索取价款凭证的当天。

（4）纳税人自产自用应税产品，其纳税义务发生时间为移送使用应税产品的当天。

（二）纳税地点

（1）纳税人应当向应税产品的开采地或者生产所在地主管税务机关缴纳。

（2）纳税人跨省开采资源税应税产品，其下属生产单位与核算单位不在同一省、自治区、直辖市的，对其开采的矿产品，一律在开采地或者生产地纳税。

（三）纳税期限

资源税按月或者按季申报缴纳；不能按固定期限计算缴纳的，可以按次申报缴纳。

纳税人按月或者按季申报缴纳的，应当自月度或者季度终了之日起15日内，向税务机关办理纳税申报并缴纳税款；按次申报缴纳的，应当自纳税义务发生之日起15日内，向税务机关办理纳税申报并缴纳税款。

任务二　城镇土地使用税法律制度

城镇土地使用税法是指国家制定的调整城镇土地使用税征收与缴纳权利与义务关系的法律规范。现行城镇土地使用税法的基本规范，是2006年12月31日国务院修改并颁布的《中华人民共和国城镇土地使用税暂行条例》，2013年12月4日国务院第三十二次常务会议作了部分修订（2013年12月7日起实施）。

一、城镇土地使用税的概念

城镇土地使用税是以城市、县城、建制镇和工矿区内的国有土地或集体土地为征税对象，以实际占用的土地面积为计税标准，按规定税额对拥有土地使用权的单位和个人征收的一种税。

二、纳税人及征税范围

（一）纳税人

凡在城市、县城、建制镇、工矿区范围内使用土地的单位和个人，为城镇土地使用税的纳税义务人。

(1) 城镇土地使用税由拥有土地使用权的单位或个人缴纳。

(2) 土地使用权未确定或权属纠纷未解决的,由实际使用人纳税。

(3) 拥有土地使用权的单位和个人不在土地所在地的,土地的实际使用人或土地的代管人为纳税人。

(4) 土地使用权共有的,共有各方都是纳税人,由共有各方分别纳税。

(二) 征税范围

城镇土地使用税的征税范围包括城市、县城、建制镇、工矿区内的国家所有和集体所有的土地。其中,城市的土地是指市区和郊区的土地;县城的土地是指县人民政府所在地的城镇的土地;建制镇的土地是指镇人民政府所在地的土地。

三、税额标准

城镇土地使用税采用定额税率,实行分级幅度的差别税额,按大、中、小城市和县城、建制镇、工矿区,分别规定每平方米土地使用税年应纳税额。

城镇土地使用税税率如表 7-3 所示。

表 7-3 城镇土地使用税税率表

级别	人口	每平方米税额(元)	级别	人口	每平方米税额(元)
大城市	50 万人以上	1.5~30	小城市	20 万人以下	0.9~18
中等城市	20 万~50 万人	1.2~24	县城、建制镇、工矿区		0.6~12

注:① 省、自治区、直辖市人民政府,应当在规定的税额幅度内,根据市政建设状况、经济繁荣程度等条件,确定所辖地区的适用税额幅度。市、县人民政府应当根据实际情况,将本地区土地划分为若干等级,在省、自治区、直辖市人民政府确定的税额幅度内,制定相应的适用税额标准,报省、自治区、直辖市人民政府批准执行。

② 经省、自治区、直辖市人民政府批准,经济落后地区土地使用税的适用税额标准可以适当降低,但降低额不得超过规定最低税额的 30%。经济发达地区土地使用税的适用税额标准可以适当提高,但须报经财政部批准。

四、计税依据与应纳税额的计算

(一) 计税依据

城镇土地使用税以纳税人实际占用的土地面积为计税依据,以每平方米为计量标准。

(1) 纳税人实际占用的土地面积,以房地产管理部门核发的土地使用证书与确认的土地面积为准。

(2) 尚未核发土地使用证书的,应由纳税人据实申报土地面积,据以纳税,待核发土地使用证书后再作调整。

(3) 土地使用权由几方共有的,由共有各方按照各自实际使用的土地面积占总面积的比例,分别计算并缴纳土地使用税。

(二) 应纳税额的计算

城镇土地使用税的计算公式如下:

$$年应纳税额 = 实际占用应税土地面积(平方米) \times 单位税额$$

【案例 7-4】

某盐场 2023 年办公楼占地 20 000 平方米,盐场内部绿化占地 50 000 平方米。该盐场所在地城镇土地使用税单位年税额为每平方米 0.7 元。

要求:计算该盐场 2023 年应缴纳的城镇土地使用税。

【案例分析】

$$\begin{aligned}该盐场2023年应纳城镇土地使用税 &= 实际占用应税土地面积 \times 单位税额 \\ &= (20\,000 + 50\,000) \times 0.7 \\ &= 49\,000(元)\end{aligned}$$

五、税收优惠

(一)减免税政策的基本规定

下列土地免缴土地使用税:

(1) 国家机关、人民团体、军队自用的土地。

(2) 由国家财政部门拨付事业经费的单位自用的土地。企业办的学校、医院、托儿所、幼儿园,其自用的土地免征土地使用税。

(3) 宗教寺庙、公园、名胜古迹自用的土地。

宗教寺庙自用的土地是指举行宗教仪式等的用地和寺庙内的宗教人员生活用地。

公园、名胜古迹自用的土地是指供公共参观游览的用地及其管理单位的办公用地。以上单位的生产、经营用地和其他用地,不属于免税范围,应按规定缴纳土地使用税,如公园、名胜古迹中附设的营业单位(影剧院、饮食部、茶社、照相馆等)使用的土地。

(4) 市政街道、广场、绿化地带等公共用地(企业内部绿化用地不免)。

(5) 直接用于农、林、牧、渔业的生产用地(不包括农副产品加工场地和生活办公用地)。它是指直接从事种植、养殖、饲养的专业用地。农副产品加工厂占地和从事农、林、牧、渔业生产单位的生活、办公用地不包括在内。

(6) 开山填海整治的土地。自行开山填海整治的土地和改造的废弃土地,从使用的月份起免缴土地使用税 5~10 年。开山填海整治的土地是指纳税人经有关部门批准后自行填海整治的土地,不包括纳税人通过出让、转让、划拨等方式取得的已填海整治的土地。

(7) 由财政部另行规定免税的能源、交通、水利用地和其他用地。

(8) 省、自治区、直辖市税务机关确定减免土地使用税的规定如下:①个人所有的居住房屋及院落用地;②免税单位职工家属宿舍用地;③集体和个人举办的各类学校、医院、托儿所、幼儿园用地;④房产管理部门在房租调整改革前经租的居民住房用地。

(二)特殊规定

1. 免税单位与纳税单位之间无偿使用的土地

对免税单位无偿使用纳税单位的土地(如公安、海关等单位使用铁路、民航等单位的土地),免征土地使用税;对纳税单位无偿使用免税单位的土地,纳税单位应照章缴纳土地使用税。

2. 房地产开发公司建造商品房的用地

房地产开发公司建造商品房的用地,除经批准开发建设经济适用房的用地,对各类房地产开发用地一律不得减免城镇土地使用税。

3. 企业的绿化用地

对企业厂区(包括生产、办公及生活区)以内的绿化用地,应照章征收土地使用税,厂区以外的公共绿化用地和向社会开放的公园用地,暂免征收土地使用税。

4. 盐场、盐矿用地

(1) 盐场、盐矿的生产厂房、办公、生活区用地征收城镇土地使用税。

(2) 盐场的盐滩、盐矿的矿井用地暂免征收土地使用税。

(3) 其他用地,由省、自治区、直辖市税务机关根据实际情况确定征收或给予定期减免。

5. 民航机场用地

(1) 机场飞行区用地、场内外通讯导航设施用地和飞行区四周排水防洪设施用地,免征城镇土地使用税。

(2) 在机场道路中,场外道路用地免征城镇土地使用税;场内道路用地依照规定征收城镇土地使用税。

(3) 机场工作区(包括办公、生产和维修用地及候机楼、停车场)用地、生活区用地、绿化用地,均须依照规定征收城镇土地使用税。

6. 福利性、非营利性的老年服务机构自用地

对政府部门和企事业单位、社会团体,以及个人等社会力量投资兴办的福利性、非营利性的老年服务机构自用土地,暂免征收城镇土地使用税。

7. 供热的企业自用地

对向居民供热而收取采暖费的供热企业,为居民供热使用的土地继续免征。对既向居民供热,又向单位或者兼营其他生产经营活动的供热的企业,按其向居民供热收取的采暖费收入占企业总收入的比例划分征免税界限。

8. 城市公交站场、道路客运站场的运营用地

城市公交站场运营用地包括城市公交首末车站、停车场、保养场、站场办公用地、生产辅助用地,道路客运站场运营用地包括站前广场、停车场、发车位、站务用地、站场办公用地、生产辅助用地。对以上用地,免征城镇土地使用税。

六、征收管理

(一) 纳税义务发生时间

(1) 购置新建商品房,自房屋交付使用之次月起,计征城镇土地使用税。

(2) 购置存量房,自办理房屋权属转移、变更登记手续,房地产权属登记机关签发房屋权属证书之次月起,计征城镇土地使用税。

(3) 出租、出借房产,自交付出租、出借房产之次月起,计征城镇土地使用税。

(4) 房地产开发企业自用、出租、出借本企业建造的商品房,自房屋使用或交付之次月

起,计征城镇土地使用税。

(5) 纳税人新征用的耕地,自批准征用之日起满1年时,开始缴纳城镇土地使用税。

(6) 纳税人新征用的非耕地,自批准征用次月起,缴纳城镇土地使用税。

(二) 纳税期限

城镇土地使用税按年计算、分期缴纳,缴纳期限由省、自治区、直辖市人民政府确定。

纳税人新征用的土地,必须于批准新征用之日起30日内申报登记。

(三) 纳税地点

城镇土地使用税由土地所在地的税务机关负责征收。土地不属于同一市(县)管辖范围内的,由纳税人分别向土地所在地的税务机关申报缴纳。在同一省(自治区、直辖市)管辖范围内,纳税人跨地区使用的土地,由各省、自治区、直辖市税务局确定纳税地点。

任务三 土地增值税法律制度

土地增值税法是指国家制定的用于调整土地增值税征收与缴纳之间权利与义务关系的法律规范。现行土地增值税的基本规范,是1993年12月13日国务院公布的《中华人民共和国土地增值税暂行条例》,从1994年1月1日起开征土地增值税。2019年7月,财政部会同国家税务总局发布了《中华人民共和国土地增值税法(征求意见稿)》。

一、土地增值税的概念

土地增值税是对有偿转让国有土地使用权及地上建筑物和其他附着物产权,取得增值收入的单位和个人征收的一种税。

土地增值税是1994年税制改革中新开征的一个税种,它是一种收益税,是对纳税人转让房地产取得的土地增值额征收的一种税。其具有以下特点:

(1) 在房地产转让环节征收。土地增值税实行按次计征制度,在房地产转让环节征收。

(2) 以房地产转让实现的增值额为计税依据。增值额是纳税人转让房地产收入减去税法规定准予扣除项目金额后的余额,有增值额就征收土地增值税,无增值额就不征收土地增值税。

(3) 征税面比较广。土地增值税的征税范围包括在我国境内转让房地产并取得增值额的所有单位和个人。

(4) 采用扣除法和评估法计税增值额。以纳税人转让房地产取得的收入,减除法定准予扣除项目金额后的余额作为计税依据。

(5) 实行超率累进税率。土地增值税以转让房地产的增值率高低为依据,按照累进原则设计,实行分级计税。

二、纳税义务人

土地增值税的纳税人为转让国有土地使用权及地上的一切建筑物和其他附着物产权,并取得收入的单位和个人,包括机关、团体、部队、企事业单位、个体工商业户及国内其他单位和个人,还包括外商投资企业、外国企业及外国机构、华侨、中国港澳台同胞及外国公民等。

三、征税范围

(1) 土地增值税只对转让国有土地使用权的行为征税,对转让非国有土地和出让国有土地的行为均不征税。

(2) 土地增值税既对转让土地使用权征税,也对转让地上建筑物和其他附着物的产权征税。

(3) 土地增值税只对有偿转让的房地产征税,对以继承、赠与等方式无偿转让的房地产则不予征税。

土地增值税征税范围的界定,以转让的土地是否为国有、产权是否发生转让、是否取得了收入为判定标准。具体情况归纳如表 7-4 所示。

表 7-4　　　　　　　　　　土地增值税征税范围界定

具体事项	征收规定
以房地产进行投资、联营	房地产作价入股转让到投资联营企业,暂免征收;投资、联营的企业属于从事房地产开发的,或者房地产开发企业以其建造的商品房进行投资和联营的,征税。将投资、联营的上述房地产再转让,征税
合作建房	① 建成后自用,暂免;② 建成后转让,征税
企业兼并转让房地产	暂免
房地产交换	① 单位之间换房,征税;② 个人之间互换自有居住用房,免征
房地产抵押	① 抵押期不征;② 抵押期满,不能偿还债务、房地产抵债,征税
房地产出租	不征
房地产评估增值	不征
国家收回国有土地使用权、征用地上建筑物及附着物	免征
代建房行为	不征
土地使用者转让、抵押、置换土地	征税

注:房地产的继承、赠与,虽然发生了房地产的权属变更,但作为房屋产权、土地使用权的原所有人并没有因为权属变更而取得任何收入,故不属于土地增值税的征税范围。这里的赠与仅指以下情况:

① 房产所有人、土地使用权所有人将房屋产权、土地使用权赠与直系亲属或承担直接赡养义务人的行为。

② 房产所有人、土地使用权所有人通过中国境内非营利的社会团体、国家机关将房屋产权、土地使用权赠与教育、民政和其他社会福利、公益事业的行为。

四、税率

土地增值税实行四级超率累进税率,按照增值额占扣除项目的比例,划分税率累进级次。土地增值税超率累进税率如表 7-5 所示。

表 7-5　　　　　　　　　　土地增值税四级超率累进税率表

级　数	增值额占扣除项目的比例	税　率	速算扣除系数
1	50%以下（含50%）	30%	0
2	50%～100%（含100%）	40%	5%
3	100%～200%（含200%）	50%	15%
4	200%以上	60%	35%

五、应纳税额的计算

土地增值税的增值额计税依据如下：

土地增值税的增值额＝应税收入（转让房地产取得的收入）－扣除项目

（一）应税收入的确定

纳税人转让房地产取得的收入，包括转让房地产取得的全部价款及有关的经济收益。"营改增"后，土地增值税纳税人转让房地产取得的收入为不含增值税收入。从形式上来看，这种收入包括货币收入、实物收入和其他收入。

（1）货币收入。货币收入包括纳税人转让房地产而取得的现金、银行存款、支票、银行本票、汇票等各种信用票据和国库券、金融债券、企业债券、股票等有价证券。这种类型收入的实质都是转让方因转让土地使用权、房屋产权而向取得方收取的价款。货币收入一般比较容易确定。

（2）实物收入。纳税人转让房地产而取得的各种实物形态的收入，如钢材、水泥等建材，房屋、土地等不动产等。实物收入的价值不太容易确定，一般要对这些实物形态的财产进行估价。

（3）其他收入。纳税人转让房地产而取得的无形资产收入或具有财产价值的权利，如专利权、商标权、著作权、专有技术使用权、土地使用权、商誉等。这种类型的收入比较少见，其价值需要进行专门的评估。

（二）扣除项目的确定

1. 取得土地使用权所支付的金额

取得土地使用权所支付的金额包括以下两方面内容：

（1）纳税人为取得土地使用权支付的地价款：以出让方式取得的地价款为支付的土地出让金；以行政划拨方式取得的地价款为按规定补交的土地出让金；以转让方式取得的地价款为向原土地使用权人实际支付的地价款。

（2）纳税人在取得土地使用权时国家统一规定缴纳的有关费用，如登记、过户手续费和契税。

2. 房地产开发成本

房地产开发成本是指开发土地和新建房及配套设施的成本，是纳税人房地产开发项目实际发生的成本，包括以下六方面内容：

（1）土地征用及拆迁补偿费，包括土地征用费、耕地占用税、劳动力安置费及有关地上、地下附着物拆迁补偿的净支出、安置动迁用房支出等。

（2）前期工程费，包括规划、设计、项目可行性研究和水文、地质、勘察、测绘、"三通一平"等支出。

(3)建筑安装工程费,是指以出包方式支付给承包单位的建筑安装工程费,以自营方式发生的建筑安装工程费。

(4)基础设施费,包括开发小区内道路、供水、供电、供气、排污、排洪、通讯、照明、环卫、绿化等工程发生的支出。

(5)公共配套设施费,包括不能有偿转让的开发小区内公共配套设施发生的支出。

(6)开发间接费,是指直接组织、管理开发项目发生的费用,包括工资、职工福利费、折旧费、修理费、办公费、水电费、劳动保护费、周转房摊销等。

3. 房地产开发费用

房地产开发费用是指与开发土地和新建房及配套设施有关的销售费用、管理费用、财务费用。根据《中华人民共和国会计法》的规定,这三项费用作为期间费用,直接冲减当期利润,不按成本核算对象分摊。故土地增值税扣除项目的房地产开发费用,不按实际发生额进行扣除,而是按以下标准计算:

(1)纳税人能够按转让房地产项目计算分摊利息支出,并能提供金融机构的贷款证明的。利息支出据实扣除,但最高不能超过按商业银行同类同期贷款利率计算的金额。

其他开发费用按地价款和房地产开发成本计算的金额之和的5%扣除,用公式表示如下:

$$房地产开发费用 = 利息 + (取得土地使用权所支付的金额 + 房地产开发成本) \times 5\%$$

(2)纳税人不能按转让房地产项目计算分摊利息支出,或不能提供金融机构贷款证明的,房地产开发费用按地价款和房地产开发成本金额之和的10%计算扣除,用公式表示如下:

$$房地产开发费用 = (取得土地使用权所支付的金额 + 房地产开发成本) \times 10\%$$

注意事项:

(1)利息的上浮幅度按国家的有关规定执行,超过上浮幅度的部分不允许扣除。

(2)超过贷款期限的利息部分和加罚的利息不允许扣除。

(3)全部使用自有资金,没有利息支出的,按照以上方法扣除。

(4)房地产开发企业既向金融机构借款,又有其他借款的,其房地产开发费用计算扣除时不能同时适用上述第(1)项、第(2)项所述两种办法。

(5)土地增值税清算时,已经计入房地产开发成本的利息支出,应调整至财务费用中计算扣除。

4. 与转让房地产有关的税金

与转让房地产有关的税金,是指在转让房地产时缴纳的"两税一费",即城市维护建设税、印花税、教育费附加。

5. 财政部规定的其他扣除项目

对从事房地产开发的纳税人可按第1项、第2项规定计算的金额之和,加计20%的扣除,用公式表示为:加计扣除费用 = (取得土地使用权支付的金额 + 房地产开发成本) × 20%。此项优惠仅适用于从事房地产开发的纳税人,其他纳税人不适用。

6. 旧房和建筑物的扣除项目的确定

纳税人转让旧房的,应按房屋及建筑物的评估价格、取得土地使用权所支付的地价款或出让金,按国家统一规定缴纳的有关费用和转让环节缴纳的税金作为扣除项目金额计征土地增值税。对取得土地使用权时未支付地价款或不能提供已支付地价款凭据的,在计征土地增值税时不允许扣除。

(1) 房屋及建筑物的评估价格计算公式如下:

$$评估价格 = 重置成本价 \times 成新度折扣率(成新度不等同于会计的折旧)$$

纳税人转让旧房及建筑物,凡不能取得评估价格,但能提供购房发票的,经当地税务部门确认,可按发票所载金额并从购买年度起至转让年度止每年加计 5% 计算扣除。计算扣除项目时"每年"按购房发票所载日期起至售房发票开具之日止,每满 12 个月计 1 年;超过 1 年,未满 12 个月但超过 6 个月的,可以视同为 1 年。对纳税人购房时缴纳的契税,凡能提供契税完税凭证的,准予作为"与转让房地产有关的税金"予以扣除,但不作为加计 5% 的基数。

(2) 取得土地使用权所支付的地价款(未支付或无凭据不扣)和国家统一规定缴纳的有关费用(评估费可以扣除,但隐瞒、虚报情形下的评估费不得扣除)。

(3) 转让环节的税金,包括城市维护建设税、教育费附加、印花税。

对于个人购入房地产再转让的,其在购入环节缴纳的契税,由于已经包含在旧房及建筑物的评估价格之中,故计征土地增值税时,不另作为与转让房地产有关的税金予以扣除。

(三) 土地增值税应纳税额的计算

1. 土地增值税的计算顺序

(1) 计算转让房地产取得的收入(货币收入、实物收入和其他收入)。

(2) 计算扣除项目金额。

(3) 计算增值额。

(4) 计算土地增值率。

(5) 根据土地增值率确定适用税率。

2. 速算扣除计算法

土地增值税税额的计算公式如下:

$$土地增值税税额 = 增值额 \times 适用税率 - 扣除项目金额 \times 速算扣除系数$$

【案例 7-5】

某外商投资房地产开发公司于 2022 年 3 月将一座写字楼整体转让给某单位,合同约定的转让价为 20 000 万元,公司按税法规定缴纳增值税 1 240 万元、印花税 10 万元;公司为取得土地使用权而支付的地价款和按国家统一规定缴纳的有关费用和税金为 3 500 万元;投入房地产开发成本为 4 200 万元;房地产开发费用中的利息支出为 1 200 万元(不能按转让房地产项目计算分摊利息支出,也不能提供金融机构证明)。

已知:该公司所在省级人民政府规定的房地产开发费用的计算扣除比例为 10%。城市维护建设税税率为 7%,教育费附加为 3%。

要求:计算该公司转让写字楼应缴纳的土地增值税税额。

【案例分析】

(1) 房地产转让收入＝20 000(万元)。

(2) 确定下列转让房地产的扣除项目金额：

① 取得土地使用权所支付的金额＝3 500(万元)。

② 房地产开发成本＝4 200(万元)。

③ 房地产开发费用＝(3 500＋4 200)×10％＝770(万元)。

④ 与转让房地产有关的税金＝10＋1240×(7％＋3％)＝134(万元)。

⑤ 从事房地产开发的加计扣除额＝(3 500＋4 200)×20％＝1 540(万元)。

⑥ 扣除项目金额＝3 500＋4 200＋770＋134＋1 540＝10 144(万元)。

(3) 增值额＝20 000－10 144＝9 856(万元)。

(4) 增值率＝9 856÷10 144＝97.16％。

(5) 应纳土地增值税税额＝9 856×40％－10 144×5％＝3 435.2(万元)。

六、税收优惠

(1) 建造普通标准住宅出售,其增值率未超过20％的,予以免税;增值率超过20％的,应就其全部增值额按规定计税。其中,普通标准住宅标准必须同时满足：住宅小区建筑容积率在1.0以上、单套建筑面积在120平方米以下；实际成交价格低于同级别土地上住房平均交易价格1.2倍以下；允许单套建筑面积和价格标准适当浮动,但向上浮动的比例不得超过上述标准的20％。

(2) 因国家建设需要而被政府征用、收回的房地产免税,此类房地产是指因城市实施规划、国家建设的需要而被政府批准征用的房产或收回的土地使用权。纳税人自行转让原房地产的,免征土地增值税。

(3) 企事业单位、社会团体以及其他组织转让旧房作为廉租房、经济适用房房源且增值额未超过扣除项目金额20％的,免征土地增值税。

七、征收管理

(一) 纳税申报

土地增值税的纳税义务人应于转让房地产合同签订之日起7日内到房地产所在地的税务机关办理纳税申报,并向税务机关提交房屋及建筑物产权、土地使用权证书、土地转让和房产买卖合同、房地产评估报告以及其他与转让房地产有关的资料。

纳税人因经常发生房地产转让而难以在每次转让后申报,是指房地产开发企业开发建造的房地产、因分次转让而频繁发生纳税义务、难以在每次转让后申报的纳税情况,土地增值税可按月或按各省、自治区、直辖市和计划单列市地方税务局规定的期限申报缴纳。纳税人选择定期申报方式的,应向纳税所在地的地方税务机关备案。定期申报方式确定后,1年之内不得变更。

纳税人应按照税务机关核定的税额及规定的期限缴纳土地增值税。纳税人没有依法缴纳土地增值税的,土地管理和房产管理部门可拒办权属变更手续。

(二)纳税地点

纳税申报地点为房地产所在地,房地产所在地是指房地产的坐落地。纳税人转让房地产坐落在两个或两个以上地区的,应按房地产所在地分别申报纳税。

【知识拓展】

土地增值税纳税筹划方法

一、收入分散筹划法

按相关税法规定,土地增值额是纳税人转让房地产所取得的收入减去规定扣除项目金额后的余额。在扣除项目金额一定的情况下,转让收入越少,土地增值额就越小,当然税率和税额就越低。因此,如何通过分散转让房地产的收入,就是一个着眼点。一般常见的方法是将可以分开单独处理的部分从整个房地产中分离,分次单独签订合同。例如,某房产开发企业准备开发一栋精装修的楼房,预计精装修房屋的市场售价是1 800万元(含装修费600万元),该企业可以分两次签订合同,在毛坯房建成后先签1 200万元的房屋买卖合同,等装修时再签600万元的装修合同,则纳税人只就第一份合同上注明金额缴纳土地增值税,而第二份合同上注明的金额属于增值税征税范围,不用缴纳土地增值税。这样就使应纳税额有所减少,达到节税的目的。

二、费用迁移筹划法

房地产开发费用即期间费用(管理费用、财务费用、销售费用)不以实际发生数扣除,而是根据利息是否按转让房地产项目计算分摊作为一定条件,按房地产项目直接成本的一定比例扣除。纳税人可以通过事前筹划,把实际发生的期间费用转移到房地产开发项目直接成本中去,例如属于公司总部人员的工资、福利费、办公费、差旅费、业务招待费等都属于期间费用的开支范围,由于它的实际发生数不能增加土地增值税的扣除金额,因此,人事部门可以在不影响总部工作的同时把总部的一些人员安排或使其兼职于每一个具体房地产项目中。那么这些人的有关费用就可以分摊一部分到房地产开发成本中。期间费用少了又不影响房地产开发费用的扣除,而房地产的开发成本却增大了。也就是说,房地产开发公司在不增加任何开支的情况下,通过费用迁移法,就可以增大土地增值税允许扣除项目的金额,从而达到节税的目的。

三、"临界点"筹划法

房地产开发公司开发一个项目,总要获得一定的利润,但利润率越高,缴纳的土地增值税就越多,税后利润可能反而越小。因此,如何做到使房价在同行中最低、应缴土地增值税最少、所获利润最多是房地产公司应认真考虑的问题。税法有关优惠政策规定:纳税人建造普通标准住宅出售,增值额未超过扣除项目金额20%的,免征土地增值税;增值额超过扣除项目金额20%的,应就其全部增值额按规定计税。这里的"20%的增值额"就是"临界点"。根据临界点的税负效应,可以对此进行纳税筹划。

实际工作中,首先要测算增值率(增值额与允许扣除项目金额的比率),然后设法调整增值率。改变增值率的方法有两种:一是合理定价,如在销售过程中增值率略高于两级税率档次交界的增值率,通过适当降低价格可以减少增值额,降低土地增值税的适用税率,从而减轻税负。二是增加扣除额,主要是通过加大投入来提高市场竞争力。按《土地增值税暂行实施细则》规定,房地产开发成本中包括可以扣除的项目有:土地征用及拆迁补偿费、前期工程费、建筑安装费、基础设施费、公共配套设施费、开发间接费用等。纳税人可以通过改善住房环境,提高房产的质量来适当增加扣除项目,以高质低价来占领市场。例如,某房地产公司建成一栋普通标准住宅,扣除项目金额为800万元,当地同类住宅的市场售价约为1 000万元,假如定价为1 000万元,增值率为25%,应纳土地增值税为60万元。假如不考虑其他因素,获利为140万元(1 000−800−60)。但如果定价为960万元,增值率为20%[增值率=增值额÷扣除项目金额=(960−800)÷800],由于纳税人建造的是普通标准住宅出售,且增值额未超过扣除项目金额的20%,所以就可以免征土地增值税,则获利为160万元(960−800),两者相比税后利润增加20万元。从这个例子可以看出,企业在出售普通标准住宅时,通过合理定价进行纳税筹划,完全可以使自己保持较低价格并获得较高的利润。

四、费用均分筹划法

这种方法主要是针对房地产开发业务较多的企业。因为这类企业可能同时进行几处房地产的开发业务,不同地方开发成本因为地价或其他原因可能不同,这就会导致有的房屋开发出来销售后的增值率较高,而有的房屋增值率较低,这种不均匀的状态实际上会加重企业的税收负担。这就要求企业对开发成本进行必要的调整,使得各处开发业务的增值率大致相同,从而节省税款。因此,平均费用分摊是抵销增值额、减少纳税的极好选择。房地产开发企业可将一段时间内发生的各项开发成本进行最大限度的调整分摊,就可以将获得的增值额进行最大限度的平均,这样就不会出现某段时间增值率过高的现象,从而节省部分税款的缴纳。如果结合其他筹划方法,使增值率刚好在某一临界点以下,则节税就更明显。

五、利息支出筹划法

房地产开发企业属于高负债的行业,一般都会发生大量的借款,因此利息支出是不可避免的。利息支出的不同扣除方法也会对企业的应纳税额产生很大的影响。财务费用中的利息支出,凡能够按转让房地产项目计算分摊并提供金融机构证明的,允许据实扣除,但最高不能超过按商业银行同类同期贷款利率计算的金额,其房地产开发的其他费用还可按该项目地价款和开发成本之和的5%再扣除;凡不能按转让房地产项目计算分摊利息支出或不能提供金融机构证明的,房地产开发费用按该项目地价款和开发成本之和的10%直接扣除成本,其实际利息支出就不能扣除了。这给纳税人提供了可供选择的余地:如果房地产开发企业在开发过程中主要依靠借款筹资,利息费用较高,则应尽可能提供金融机构贷款证明,并按房地产项目计算分摊利息支出,实现利息据实扣除,降低税额;反之,开发过程中借款不多,利息费用较低,则可不计算应分摊的利息支出或不提供金融机构的贷款证明,这样就可多扣除房地产开发费用,以实现企业利润最大化。

(资料来源:中国税务网)

 课后练习题

一、单项选择题

1. 某油田于2022年5月份生产原油10 500吨,其中已销售8 000吨,每吨不含税价格为5 000元,领用1 500吨用于非生产经营项目,另有1 000吨待销售。该油田当月应纳资源税为(　　)万元(资源税税率为6%)。
   A. 265　　　　　　B. 144　　　　　　C. 285　　　　　　D. 200

2. 下列关于资源税的说法中,正确的是(　　)。
   A. 将自采的原煤加工为居民用煤炭制品销售,在加工环节不需要缴纳资源税
   B. 将自采的轻稀土自用,不需要缴纳资源税
   C. 将自采的原油连续生产汽油,不缴纳资源税
   D. 将自采的铜原矿对外投资,视同销售铜原矿缴纳资源税

3. 下列各项中,属于城镇土地使用税暂行条例直接规定的免税项目的是(　　)。
   A. 个人所有的居住房屋及院落用地
   B. 宗教寺庙自用的土地
   C. 免税单位职工家属的宿舍用地
   D. 个人办的医院、托儿所和幼儿园用地

4. 某人民团体有A、B两栋办公楼,A栋占地3 000平方米,B栋占地1 000平方米。2022年3月31日至12月31日该团体将B栋出租。当地城镇土地使用税的年税额为每平方米15元,该团体2022年应缴纳城镇土地使用税(　　)元。
   A. 3 750　　　　　B. 11 250　　　　C. 12 500　　　　D. 15 000

5. 2022年某民用机场占地100万平方米,其中飞行区用地90万平方米,场外道路用地7万平方米,场内道路用地0.5万平方米,工作区用地2.5万平方米,城镇土地使用税年税额每平方米5元。2022年该机场应缴纳城镇土地使用税(　　)元。
   A. 125 000　　　B. 150 000　　　C. 475 000　　　D. 500 000

6. 下列单位出售的矿产品中,不缴纳资源税的有(　　)。
   A. 采矿销售天然大理石　　　　　　B. 油田出售的天然气
   C. 盐场销售的卤水　　　　　　　　D. 盐业公司销售的食盐

7. 根据我国《土地增值税暂行条例》的规定,我国现行的土地增值税适用的税率属于(　　)。
   A. 比例税率　　　　　　　　　　　B. 超额累进税率
   C. 定额税率　　　　　　　　　　　D. 超率累进税率

8. 房地产开发企业在确定土地增值税扣除项目时,允许单独扣除的税金是(　　)。
   A. 增值税、印花税、城市维护建设税、教育费附加
   B. 增值税、城市维护建设税、教育费附加
   C. 城市维护建设税、教育费附加
   D. 印花税、城市维护建设税、教育费附加

9. 某房地产公司转让商品楼收入5 000万元,计算土地增值额准予扣除项目金额4 200万元,则适用税率为( )。
   A. 30%   B. 40%   C. 50%   D. 60%
10. 纳税人开采应税矿产品销售的,其资源税的计税依据为( )。
    A. 开采数量   B. 销售数量   C. 实际产量   D. 不含税销售额

二、多项选择题

1. 下列企业中,既是增值税纳税人又是资源税纳税人的有( )。
   A. 销售有色金属矿产品的贸易公司
   B. 在境内开采销售有色金属矿产品的企业
   C. 进口有色金属矿产品的企业
   D. 在境内生产销售固体盐的企业

2. 下列各项中,属于资源税纳税人的有( )。
   A. 开采原煤的国有企业   B. 进口铁矿石的私营企业
   C. 开采石灰石的个体经营者   D. 开采天然气原油的外商投资企业

3. 下列各项中,不征收资源税的有( )。
   A. 液体盐   B. 人造原油
   C. 洗煤、选煤   D. 煤炭生产的天然气

4. 根据城镇土地使用税的规定,下列说法中,不正确的有( )。
   A. 城镇土地使用税实行按年计算、分期缴纳的征收办法
   B. 纳税人使用的土地不属于同一省的,由纳税人分别向土地所在地的税务机关缴纳土地使用税
   C. 纳税人因土地的权利发生变化而依法终止城镇土地使用税纳税义务的,其应纳税款的计算应截止到土地权利发生变化的当天
   D. 城镇土地使用税的纳税期限由省、自治区、直辖市的地方税务局确定

5. 下列说法中,不符合城镇土地使用税税率规定的是( )。
   A. 有幅度差别的比例税率
   B. 有幅度差别的定额税率
   C. 全国统一定额
   D. 由各地税务机关确定所辖地区适用的税额幅度

6. 下列各项中,应当缴纳城镇土地使用税的有( )。
   A. 用于渔场的办公楼及职工宿舍用地   B. 某公园内专设游客餐厅用地
   C. 公园中管理单位的办公用地   D. 学校食堂对外营业的餐馆用地

7. 根据资源税规定,下列各项中,属于资源税征税范围的有( )。
   A. 食用盐   B. 宝石   C. 矿泉水   D. 原煤

8. 转让旧房地产及建筑物的扣除项目包括( )。
   A、支付评估机构的费用
   B、旧房及建筑物的重置成本价

C、旧房及建筑物的评估价格

D、转让环节缴纳的税款

9. 以下项目中,转让新建房地产和转让旧房产,计算土地增值税额时均可以扣除的项目有(　　)。

　　A．取得土地使用权所支付的金额　　B．房地产开发成本

　　C．与转让房地产有关的税金　　D．旧房及建筑物的评估价格

10. 下列转让行为中,须缴纳土地增值税的有(　　)。

　　A．国家机关将房产无偿划拨给下属事业单位

　　B．税务机关拍卖扣押欠税单位的房产

　　C．某企业以房产对外投资,参股分红

　　D．某企业与外国企业合作建房后出售

三、判断题

1. 对在中国境内开采煤炭的单位和个人,应按税法规定征收资源税,但对进口煤炭的单位和个人,则不征收资源税。(　　)

2. 列入资源税明确税目的那些未列举名称的其他非金属矿原矿和其他有色金属矿原矿,一律免征资源税。(　　)

3. 资源税纳税人开采或者生产应税产品自用的,应当依照《资源税法》规定缴纳资源税;自用于连续生产应税产品的,需缴纳资源税。(　　)

4. 2022年某企业开采原煤34万吨,当年销售30万吨,每吨不含税价格为560元,资源税税率5%,则该企业当年应缴纳资源税为840万元。(　　)

5. 经省、自治区、直辖市人民政府批准,经济发达地区城镇土地使用税的适用税额标准可以适当提高,但提高额不得超过暂行条例规定最高税额的30%。(　　)

6. 纳税单位无偿使用免税单位的土地免征城镇土地使用税;免税单位无偿使用纳税单位的土地照章征收城镇土地使用税。(　　)

7. 个人因工作调动或改善居住条件而转让原自用住房,经向税务机关申报核准,凡居住满3年或3年以上的,免征土地增值税。(　　)

8. 某单位向政府有关部门缴纳土地出让金取得土地使用权时,不需缴纳土地增值税。(　　)

9. 纳税人建造普通标准住宅出售,增值额未超过扣除项目金额20%的,免征土地增值税;增值额超过扣除项目金额20%的,就超过部分按规定计税。(　　)

10. 某单位支付土地出让金取得50年土地使用权,该支出不缴纳土地增值税。(　　)

四、计算题

1. 设在某小城市的一家企业使用土地面积为2 000平方米,经税务机关核定,该土地为应税土地,每平方米税额为5元。

要求:计算该企业全年应纳的城镇土地使用税税额。

2. 某市一商场坐落该市繁华地段,企业土地使用证书记载占用土地面积为6 000平方米,经确定属于一等地段;该商场另设两个统一核算的分店坐落在市区三等地段,共占用土地4 000平方米;一座仓库位于市郊,属五等地段,占地面积为1 000平方米;另外,该商场自

办托儿所占地面积 2 500 平方米,属于三等地段。

要求:计算该商场全年应纳城镇土地使用税税额(一等地段年税额 4 元/平方米;三等地段年税额 2 元/平方米;五等地段年税额 1 元/平方米。该地规定托儿所占地面积免税)。

3. 某非房地产开发企业,建造并出售了一栋写字楼,取得收入 5 000 万元,并按税法规定缴纳了有关税费 277.5 万元。该单位为建写字楼支付地价款 600 万元,投入的房地产开发成本为 1 500 万元,房地产开发费用为 400 万元。

要求:计算该企业出售写字楼应缴纳的土地增值税税额。

4. 太阳房地产开发公司转让写字楼一栋,获得不含增值税货币收入 20 000 万元,公司取得土地使用权支付的金额为 4 000 万元,开发土地、建房及配套设施支付 3 800 万元,开发费用共计 1 500 万元(其中利息支出 1 000 万元,未超过标准,当地政府规定其他开发费用扣除比例为 5%),按规定支付了转让环节应缴纳的增值税(税率为 11%)、城市维护建设税(税率为 7%)、教育费附加(税率为 3%)和印花税(税率为 0.05%)。

要求:计算该公司应缴纳的土地增值税税额。

5. 某油田企业为增值税一般纳税人,2023 年 9 月销售自产原油 1 000 吨,取得含税收入 2 260 万元,原油资源税税率 6%。

要求:计算该油田企业当月应纳资源税多少万元。

6. 假设某矿泉水生产企业 2023 年 9 月开发生产矿泉水 6 900 立方米,本月销售 6 000 立方米。该企业所在省政府规定,矿泉水实行定额征收资源税,资源税税率为 5 元/立方米。

要求:计算该企业 2023 年 9 月应缴纳的资源税税额。

项目八　财产税类法律制度

学习目标

1. **知识目标**
   - 掌握财产税类各税的概念
   - 掌握财产税类各税的纳税人、征税对象及税率等构成要素
   - 掌握财产税类各税应纳税额的计算
   - 理解财产税类各税征收管理方式
2. **能力目标**
   - 能准确计算财产类各税应纳所得税额
   - 掌握财产类各税税收优惠政策

【导入案例】

快乐公司（出租方）出租一栋楼房，将房产交由承租方进行装修后无偿使用半年时间，请思考：无偿使用期间房产税应如何缴纳？

任务一　房产税法律制度

房产税法是指国家制定的调整房产税征收与缴纳之间权利与义务关系的法律规范。自2009年1月1日起，我国废止了《城市房产税暂行条例》，外商投资企业、外国企业和组织以及外籍个人，依照《中华人民共和国房产税暂行条例》（以下简称《房地产税暂行条例》）和内资企业一样缴纳房产税。

一、房产税的概念

房产税是指以房屋为征税对象，按照房产计税余值或房产租金收入征收的一种财产税。这里所称的房产，是指以房屋形态表现的财产，房屋则是指有屋面和围护结构（有墙或两边有柱），能够遮风避雨，可供人们在其中生产、工作、学习、娱乐、居住或储藏物资的场所。独立于房屋之外的建筑物，如围墙、烟囱、水塔、变电塔、油池油柜、酒窖菜窖、酒精池、糖蜜池、室外游泳池、玻璃暖房、砖瓦石灰窑以及各种油气罐等，则不属于房产。房产税属于财产税

类,是财产税类的主要税种,对房产征税是征收财产税的主要表现形式,也是世界各地的普遍做法。

二、纳税义务人

房产税以在征税范围内的房屋产权所有人为纳税人。自2009年1月1日起,涉外企业、单位和个人也纳入了房地产的征收管理范围,我国的房产税和城市房地产税实现了两税合并,具体如表8-1所示。

表8-1 房产税纳税义务人

情形	纳税义务人
产权属于国家所有	经营管理单位
产权出典	承典人
对居民住宅区内业主共有的经营性房产	实际经营(包括自营和出租)的代管人或使用人
产权所有人、承典人不在房屋所在地、产权未确定及租典纠纷未解决	房产代管人或使用人
无租使用房产管理部门、免税单位及纳税单位的房产	由使用人代为缴纳房产税

三、征税范围

房产税以房产为征税对象。房产是指有屋面和围护结构(有墙或两边有柱),能够遮风避雨,可供人们在其中生产、工作、学习、娱乐、居住或储藏物资的场所。房地产开发企业建造的商品房,在出售前,不征收房产税;但对于出售前房地产开发企业已经使用或出租、出借的商品房应按规定征收房产税。

房产税的征收区域为城市、县城、建制镇和工矿区,不包括农村。

四、税率

现行房产税税率采用比例税率。自用房产,以计税余值为基础,税率为1.2%;出租的房产,以租金收入为基础,税率为12%。对个人按市场价格出租的居民住房,按4%的税率征收房产税。

五、计税依据

房产税的计税依据是房产的计税价值或房产的租金收入。房产出租的,计征房产税的租金收入不含增值税,对应为按房产余值从价计征和按租金收入从租计征两种。

1. 从价计征

自用的房产,以房产计税价值为依据,实行从价计征。

房产计税价值即计税余值,是指依照税法规定按房产原值一次减除10%~30%的损耗价值以后的余额,具体扣除幅度由省、自治区、直辖市人民政府规定。

(1) 房产原值应包括与房屋不可分割的各种附属设备或一般不单独计算价值的配套设施。

(2) 纳税人对原有房屋进行改建、扩建的,要相应增加房屋的原值。

(3) 更换房屋附属设施和配套设施的,在将其价值计入房产原值时,可扣减原来相应设备和设施的价值;对附属设备和配套设施中易损坏,需要经常更换的零配件,更新后不再计入房产原值,原零配件的原值也不扣除。

(4) 自2006年1月1日起,凡在房产税征收范围内的具备房屋功能的地下建筑,包括与地上房屋相连的地下建筑以及完全建在地面以下的建筑、地下人防设施等,均应当依据有关规定征收房产税。对于与地上房屋相连的地下建筑,如房屋的地下室、地下停车场、商场的地下部分等,应将地下部分与地上房屋视为一个整体按照地上房屋建筑的有关规定计算征收房产税。

(5) 对按照房产原值计税的房产,无论会计上如何核算,房产原值均应包含地价,包括为取得土地使用权支付的价款、开发土地发生的成本费用等。宗地容积率低于0.5的,按房产建筑面积的2倍计算土地面积并据此确定计入房产原值的地价。

(6) 在确定计税余值时,房产原值的具体减除比例,由省、自治区、直辖市人民政府在税法规定的减除幅度内自行确定。

如果纳税人未按会计制度规定记载原值,在计征房产税时,应按规定调整房产原值。

2. 从租计征

出租的房产,以房产租金收入为依据,实行从租计征。房产租金收入是指房屋产权所有人出租房产使用权所得的报酬,包括货币收入和实物收入。

对于出租房产,租赁双方签订的租赁合同约定有免收租金期限的,免租金期间由产权所有人按照房产原值缴纳房产税。

以房产投资联营,参与投资方利润分配并共担风险的,以房产余值作为计税依据;以房产投资,收取固定收入但不承担联营风险的,按租金收入计征房产税。

无租使用其他单位房产的应税单位和个人,依照房产余值代缴纳房产税。产权出典的房产,由承典人依照房产余值缴纳房产税。融资租赁的房产,由承租人自融资租赁合同约定开始日的次月起依照房产余值缴纳房产税。合同未约定开始日的,由承租人自合同签订的次月起依照房产余值缴纳房产税。

房地产开发企业建造的商品房,在出售之前,不征收房产税,但对出售前房产开发企业已使用或出租、出借的商品房,按规定征收房产税。

各种来源的房产,自办理权属转移的次月起或自交付使用的次月起,缴纳房产税。

六、应纳税额的计算

(一) 从价计征

从价计征是按房产的原值减除一定比例后的余值计征,其计算公式如下:

$$年应纳税额 = 应税房产原值 \times (1 - 扣除比例) \times 1.2\%$$

其中,房产原值是"固定资产"科目中记载的房屋原价;减除比例是省、自治区、直辖市人民政府规定的10%～30%的减除比例;计征适用税率为1.2%。

注:独立地下建筑物中,工业用房产的计税价值是房屋原值的50%～60%,商业和其他用房产的计税价值是房屋原值的90%～80%。地下建筑物的原值折算为计税价值的比例,由各省、自治区、直辖市和计划单列市财政和地方税务部门在幅度内自行确定。

(二) 从租计征

从租计征是按房产的租金收入计征,其计算公式如下:

$$年应纳税额 = 全年租金收入 \times 12\%(个人出租住房或向个人出租住房为4\%)$$

【案例8-1】

大顺公司2022年年初拥有厂房原值2 000万元,仓库原值500万元。2022年5月20日,将仓库以1 000万元的价格转让给东阳公司,当地政府规定房产税减除比例为30%。

要求:计算大顺公司2022年应缴纳的房产税。

【案例分析】

$$年应纳税额 = 应税房产原值 \times (1-扣除比例) \times 1.2\%$$
$$应缴纳房产税 = 2\,000 \times (1-30\%) \times 1.2\% + 500 \times (1-30\%) \times 1.2\% \times 5 \div 12$$
$$= 18.55(万元)$$

【案例8-2】

陈某拥有三套房产,一套供自己和家人居住;另一套于2022年7月1日出租给刘某居住,每月租金不含税收入2 200元;还有一套于8月1日出租给王某用于生产经营,每月不含税租金5 000元。

要求:计算2022年陈某应缴纳的房产税。

【案例分析】

$$年应纳税额 = 全年租金收入 \times 12\%(个人出租住房或向个人出租住房为4\%)$$
$$年应纳房产税 = 2\,200 \times 6 \times 4\% + 5\,000 \times 5 \times 4\% = 1\,528(元)$$

【案例8-3】

某公司办公大楼原值30 000万元,2022年2月25日签订合同从下月起将其中部分闲置房间出租,租期2年。出租部分房产原值5 000万元,租金每年不含税收入1 000万元。当地规定房产税原值减除比例为20%。

要求:计算2022年该公司应缴纳的房产税。

【案例分析】

经营自用的房产从价计征房产税,年应纳税额=应税房产原值×(1-扣除比例)×1.2%;出租的房产从租计征房产税,年应纳税额=全年租金收入×12%。

$$该公司2022年自用房产应纳房产税 = (30\,000 - 5\,000) \times (1-20\%) \times 1.2\% + 5\,000 \times (1-20\%) \times 1.2\% \times 2/12$$
$$= 248(万元)$$

该公司2022年出租房产应纳房产税＝1 000×10/12×12％＝100(万元)

该公司2022年应缴纳房产税＝248＋100＝348(万元)

【案例8-4】

2022年,某企业有两处独立的地下建筑物,分别为工业用途房产(原价30万元)和非工业用途房产(原价20万元)。该企业所在省规定房产税依照房产原值减除30％后的余值计算缴纳,工业用途地下建筑房产以原价的50％作为应税房产原值,其他用途地下建筑房产以原价的80％作为应税房产原值。

要求:计算2022年该企业的地下建筑物应缴纳的房产税。

【案例分析】

工业用房产应税原值为房屋原价的50％～60％,应纳房产税的税额＝应税房产原值×(1－原值减除比例)×1.2％。非工业用途房产应税原值为房屋原价的70％～80％,应纳房产税的税额＝应税房产原值×(1－原值减除比例)×1.2％。

该企业地下建筑物应缴纳房产税＝[30×50％×(1－30％)×1.2％＋20×80％×(1－30％)×1.2％]×10 000
＝2 604(元)

房屋承租方将租用的房产进行装修,在一定期限内无租使用,其实质是承租方以房屋装修费抵付租金,属于房屋出租。因此,应由房产的产权所有人,即出租方将承租方承担的装修费折算为租金收入,按规定缴纳房产税。

七、税收优惠

房产税的税收优惠是根据国家政策需要和纳税人的负担能力制定的。由于房产税属地方税,因此给予地方一定的减免权限,有利于地方因地制宜地处理问题。

目前,房产税的税收减免优惠政策主要有以下五方面内容:

1) 国家机关、人民团体、军队自用的房产免征房产税。

2) 国家财政部门拨付事业经费的单位自用的房产免征房产税。

3) 宗教寺庙、公园、名胜古迹自用的房产免征房产税。

4) 个人拥有的非营业用的房产免征房产税。

5) 经财政部批准免税的其他房产:

(1) 企业办的各类学校、医院、托儿所、幼儿园自用的房产免税。

(2) 经有关部门鉴定,对毁损不堪居住的房屋和危险房屋,在停止使用后,可免征房产税。

(3) 自2004年8月1日起,对军队空余房产租赁收入暂免征收房产税。

(4) 凡是在基建工地为基建工地服务的各种工棚、材料棚和办公室、食堂等临时性房屋在施工期间一律免征房产税。如果在基建工程结束以后,施工企业将这种临时性房屋交还或者估价转让给基建单位,应当从基建单位接收的次月起,依照规定征收房产税。

(5) 自2004年7月1日起,纳税人房屋大修导致连续停用半年以上的,在房屋大修理期间免征房产税。

(6) 纳税单位与免税单位共同使用的房屋,按各自使用的部分划分,分别征收或免征房产税。

(7) 老年服务机构自用的房产暂免征收房产税。

(8) 按政府规定价格出租的公有住房和廉租住房,免征房产税。

(9) 对于邮政部门坐落在城市、县城、建制镇、工矿区范围内的房产,应当依法征收房产税。

(10) 对房地产开发企业建造的商品房,在出售前不征收房产税,但对出售前房地产开发企业已使用或出租、出借的商品房应按规定征收房产税。

(11) 铁道部(现由国家铁路局承担铁道部的企业职责)所属铁路运输企业自用的房产,继续免征房产税。

(12) 对行使国家行政管理职能的中国人民银行总行(含国家外汇管理局)所属分支机构自用的房产,免征房产税。

(13) 天然林的保护工程相关的房产免税。

(14) 经营公租房所取得的租金收入免房产税。

(15) 对商品储备管理公司及其直属库承担粮食储备业务自用的房产、土地,免征房产税。

八、征收管理

1. 纳税义务发生时间

(1) 原有房产用于生产经营的,从生产经营之月起缴纳房产税。

(2) 纳税人自建房屋用于生产经营的,自建成次月起缴纳房产税。

(3) 纳税人委托施工企业建房的,从办理验收手续次月起纳税;在办理验收手续前已使用的,从使用当月起计征房产税。

(4) 纳税人购置新建的商品房,自房屋交付使用次月起缴纳房产税。

(5) 纳税人购置存量的房地产,自房产证签发次月起缴纳房产税。

(6) 纳税人出租、出借的房产,自交付出租、出借房产之次月起缴纳房产税。

(7) 房地产开发企业自用出租、出借本企业建造的商品房,自房产使用或交付次月起缴纳房产税。

2. 纳税期限

房产税实行按年计算、分期缴纳的征收方法,具体纳税期限由省、自治区、直辖市人民政府确定。

3. 纳税地点

房产税在房产所在地缴纳。房产不在同一地方的纳税人,应按房产的坐落地点分别向房产所在地的税务机关缴纳。

九、房产税改革

我国现行房产税对"个人所有的非营业用房产"实行免税,即现行房产税只对经营性房产征税,所以,个人住房的持有成本为零。随着住房房价上涨,为了调控房价,对住房开征房产税的问题成为热点问题。对个人住房征收房产税,通过增加住房持有成本,可以引导购房者理性地选择居住面积适当的住房,从而促进土地的节约、集约和利用。

(一)上海市房产税试点方案

2011年1月起,上海市开征房产税。上海市房产税征税范围是:上海居民家庭在当地新购且属于该居民家庭第2套及以上的住房(包括新购的二手存量住房和新建商品住房)和非上海居民家庭在上海市新购的住房。

上海市房产税的税率为:房价低于28 426元/平方米的,税率为0.4%;房价超过28 426元/平方米的,税率为0.6%。

上海市房产税的免税规定为:上海居民家庭人均住房面积为60平方米的,免税。在计算免税面积时,合并计算家庭全部住房建筑面积。

房产税的计税公式如下:

$$应纳房产税 = 新购住房应征税建筑面积 \times 新购住房单价(或核定的计税价格) \times 70\% \times 税率$$

【案例8-5】

王某家庭成员2人,现购买第二套房产,面积140平方米,房价3万元/平方米,王某家庭原有一套面积70平方米的房产。问王某需要缴交多少房产税。

【案例分析】

家庭人均住房面积60平方米免税,则王某家庭可免试房产面积为120平方米(60×2),新购住房应征税建筑面积为90平方米(140+70−120)。房价30 000元/平方米>28 426元/平方米,税率为0.6%,则:

$$应纳房产税 = 90 \times 3 \times 70\% \times 0.6\% = 1.134(万元)$$

每年12月31日前,纳税人应凭有效身份证明原价,自行向主管税务机关申报缴纳税款。未按时足额缴纳的,次年1月1日起按日加收滞纳税款的0.05%滞纳金。

上海市房产税的优惠政策如下:

(1)上海居民家庭新购一套住房后1年内出售该家庭原有唯一住房,退税。

(2)上海居民家庭中子女成年后,首次新购住房且属于成年子女家庭唯一住房,暂免征税。

(3)引进高层次人才、重点产业紧缺急需人才,持上海居住证并在上海工作生活,新购住房且属家庭唯一住房,暂免征收房产税。

(4)持居住证满3年,并在上海工作生活的购房人,其新购住房且属家庭唯一住房,暂免征税;持居住证但不满3年的购房人,先按规定计征房产税,在上海工作生活满3年后,实施退税。

(二)重庆市房产税试点方案

2011年1月起,重庆市开征房产税。重庆市房产税的征税范围是:主城九区内存量增量独栋别墅、新购高档商品房、外地炒房客(在重庆无户口、无工作、无投资的三无人员)在重庆购买的第 2 套以上房产。

重庆市房产税税率规定如下：

（1）独栋商品住宅和新购高档住房单价在上 2 年主城九区新建商品房成交均价 2 倍以下的，免税；2 倍（含 2 倍）至 3 倍的，税率为 0.5%；3 倍（含 3 倍）至 4 倍的，税率为 1%；4 倍（含 4 倍）以上的，税率为 1.2%。

（2）在重庆市同时无户籍、无企业、无工作的个人新购第 2 套及以上的普通住房，税率为 0.5%。

重庆房产税试点方案还强调：对未列入征税范围的个人高档住房、多套普通住房，将适时纳入征税范围。

（三）房产税发展趋势

房产税扩大试点范围势在必行。其他地区开征房产税时，必须以重庆市和上海市的试点方案为参考。

征收房产税，必须全面掌握每个人的住房信息。而我国除了商品住房，各地还存在大量的其他房产，可能未录入住房信息系统，包括名目繁多的保障房、房改房、自建房等。有些地区的住房信息还是纸质档案，未录入电子信息库。2014 年 11 月 12 公布的，自 2015 年 3 月 1 日起施行的《不动产登记暂行条例》，为房产税的全面开征打下了基础。

任务二　契税法律制度

契税法是指国家制定的用于调整契税征收与缴纳之间权利与义务关系的法律规范。2020 年 8 月 11 日，第十三届全国人民代表大会常务委员会第二十一次会议通过了《中华人民共和国契税法》。《中华人民共和国契税法》自 2021 年 9 月 1 日起施行，1997 年 7 月 7 日国务院发布的《中华人民共和国契税暂行条例》同时废止。

一、契税的概念

契税是以所有权发生转移的不动产为征税对象，向产权承受人征收的一种财产税。

契税以发生转移的不动产，即土地和房屋为征税对象，具有财产转移课税性质。土地、房屋产权未发生转移的，不征契税。一般税种都确定销售者为纳税人，即卖方纳税。契税则属于土地、房屋产权发生交易过程中的财产税，由承受人纳税，即买方纳税。

二、纳税义务人

契税纳税人是指在我国境内承受土地、房屋权属（土地使用权、房屋所属权）的单位和个人。契税由权属承受人缴纳，具体是指以受让、购买、受赠、交换等方式取得土地、房屋权属。

三、征税范围

契税的征税对象为发生土地使用权和房屋所有权权属转移的土地和房屋。其具体征税范围包括国有土地使用权出让,土地使用权转让(包括出售、赠与和交换),房屋买卖等。

(1) 国有土地使用权出让。

(2) 土地使用权转让(不包括农村集体土地承包)。

(3) 房屋买卖:①以房产抵债或以实物交换房屋按房屋现值缴纳;②以房产作投资或作股权转让按投资房产价值或房产买价缴纳(自有房产作股投入本人独资经营企业,免纳契税);③买房拆料或翻建新房,应照章征收契税。

(4) 房屋赠与。房屋的受赠人要缴纳契税。以获奖方式取得房屋产权的,其实质是接受赠与房产,应照章缴纳契税。

(5) 房屋交换。房屋产权相互交换,双方交换价值相等,免纳契税,办理免征契税手续。其价值不相等的,按超出部分由支付差价方缴纳契税。

(6) 承受国有土地使用权支付的土地出让金。对承受国有土地使用权支付的土地出让金,要计征契税,不得因减免土地出让金而减免契税。

随着经济形势的发展,下面这些以特殊方式转移土地、房屋权属的,视同土地使用权转让、房屋买卖或者赠与:一是以土地、房屋权属作价投资、入股;二是以土地、房屋抵债;三是以获奖方式承受土地、房屋权属;四是以预购方式或者预付集资建房款方式承受土地、房屋权属。

四、税率

(1) 契税实行幅度比例税率,税率幅度为3‰~5‰。实行幅度税率是考虑到我国经济发展的不平衡,各地经济差别比较大的实际情况。因此,各省、自治区、直辖市人民政府可以在3‰~5‰的幅度税率规定范围内,按照本地区的实际情况决定。

(2) 从2016年2月22日起,对个人购买家庭唯一住房(家庭成员范围包括购房人、配偶以及未成年子女,下同),面积为90平方米及以下的,减按1‰的税率征收契税;面积为90平方米以上的,减按1.5‰的税率征收契税。

五、计税依据与应纳税额的计算

(一) 计税依据

计征契税的成交价格不含增值税。

1) 土地使用权出售、房屋买卖,其计税依据为成交价格。

2) 土地使用权赠与、房屋赠与,其计税依据由征收机关参照土地使用权出售、房屋买卖的市场价格核定。

3) 土地使用权交换、房屋交换,其计税依据是所交换的土地使用权、房屋的价格差额。

4) 国有土地使用权出让,其计税依据为承受人为取得该土地使用权而支付的全部经济利益。

(1) 协议方式出让的计税价格为成交价格。没有成交价格或者成交价格明显偏低的,征收机关可依次按下列两种方式确定。

评估价格:政府批准设立的房地产评估机构根据相同地段、同类房地产进行综合评定,并经当地税务机关确认的价格。

土地基准地价:县以上人民政府公示的土地基准地价。

(2) 以竞价方式出让的,其契税计税价格一般应确定为竞价的成交价格,土地出让金、市政建设配套费以及各种补偿费用应包括在内。

(3) 先以划拨方式取得土地使用权,后经批准改为以出让方式取得该土地使用权的,应依法缴纳契税,其计税依据为应补缴的土地出让金和其他出让费用。

(4) 已购公有住房经补缴土地出让金和其他出让费用成为完全产权住房的,免征土地权属转移的契税。

5) 房屋买卖的契税计税价格为房屋买卖合同的总价款,买卖装修的房屋,装修费用应包括在内。

(二) 契税应纳税额的计算

契税应纳税额按照省、自治区、直辖市人民政府确定的适用税率和税法规定的计税价格计算征收。其计算公式如下:

$$应纳税额 = 计税价格 \times 税率$$

【案例 8-6】

某企业以 1 500 万元(不含增值税)购得一块土地的使用权,当地规定契税税率为 3%。

要求:计算该企业应纳的契税。

【案例分析】

$$应纳契税 = 计税依据 \times 税率 = 1\,500 \times 3\% = 45(万元)$$

【案例 8-7】

居民贾某共有三套房产。他在 2022 年将第一套市价为 80 万元的房产与王某交换,并支付给王某 16.65 万元,将第二套市价为 60 万元的房产折价给刘某抵偿了 50 万元的债务,将第三套市价为 30 万元的房产作股投入本人独资经营的企业。

要求:若当地确定的契税税率为 3%,计算贾某应缴纳的契税。

【案例分析】

土地使用权交换、房屋交换,支付补价的一方纳税。贾某需缴纳第一套房以补价为计税依据的契税额;第二套房抵偿债务的契税应由刘某缴纳;贾某将第三套房以自有房产作股投入本人独资经营企业,免纳契税。

$$贾某应纳契税 = 16.65 \div (1 + 11\%) \times 3\% = 0.45(万元)$$

六、税收优惠

(一) 契税减免基本规定

(1) 国家机关、事业单位、社会团体、军事单位承受土地、房屋用于办公、教学、医疗、科研和军事设施的,免征契税。

(2) 因不可抗力丧失住房而重新购买住房的,酌情准予减征或者免征契税。

(3) 土地、房屋被县级以上人民政府征用、占用后,重新承受土地、房屋权属的,由省级人民政府确定是否减免。

(4) 承受荒山、荒沟、荒丘、荒滩土地使用权,并用于农、林、牧、渔业生产的,免征契税。

(5) 外国使领馆、联合国驻华机构及外交人员承受土地、房屋权属,免征契税。

(6) 对国有控股公司以部分资产投资组建新公司,且该国有控股公司占新公司股份85%以上,对新公司承受该国有控股公司的土地和房屋权属免征契税。

(二) 财政部规定的其他减免契税项目

1) 售后回租方式进行融资等有关契税政策。

(1) 对金融租赁公司开展售后回租业务,承受承租人房屋、土地权属的,照章征税。对售后回租合同期满,承租人回购原房屋、土地权属的,免征契税。

(2) 以招拍挂方式出让国有土地使用权的,纳税人为最终与土地管理部门签订出让合同的土地使用权承受人。

(3) 市、县级人民政府根据规定征收居民房屋,居民因个人房屋被征收而选择货币补偿用于重新购置房屋,并且购房成交价格不超过货币补偿的,对新购房屋免征契税;购房成交价格超过货币补偿的,对差价部分按规定征收契税。居民因个人房屋被征收而选择房屋产权调换,并且不缴纳房屋产权调换差价的,对新换房屋免征契税;缴纳房屋产权调换差价的,对差价部分按规定征收契税。

(4) 企业承受土地使用权用于房地产开发,并在该土地上代政府建设保障性住房的,计税价格为取得全部土地使用权的成交价格。

(5) 单位、个人以房屋、土地以外的资产增资,相应扩大其在被投资公司的股权持有比例,无论被投资公司是否变更工商登记,其房屋、土地权属不发生转移,不征收契税。

(6) 个体工商户的经营者将其个人名下的房屋、土地权属转移至个体工商户名下,或个体工商户将其名下的房屋、土地权属转回原经营者个人名下,免征契税。(合伙企业的合伙人和合伙企业之间与之相同)

2) 对国家石油储备基地第一期项目建设过程中涉及的契税予以免征。

3) 对廉租住房经营管理单位购买住房作为廉租住房、经济适用住房经营管理单位回购经济适用住房继续作为经济适用住房房源的,免征契税。个人购买家庭唯一住房的普通住房、经济适用住房,在法定税率基础上减半征收。

4) 2011年8月31日起,婚姻关系存续期间,房屋、土地权属原归夫妻一方所有,变更为夫妻双方共有的,免契税。

5) 已缴纳契税的购房者,权属变更前退房的,退税,变更后退房的,不退税。

6) 公租房经管单位购买住房作为公租房的,免契税。

7) 对经营管理单位回购已分配的改造安置住房继续作为改造安置房源的,免征契税。

8) 自2019年6月1日至2025年12月31日,为社区提供养老、托育、家政等服务的机构,承受房屋、土地用于提供社区养老、托育、家政服务的,免征契税。

9) 自2019年1月1日至2020年12月31日,对饮水工程运营管理单位为建设饮水工程而承受土地使用权,免征契税。

10) 个人购买住房适用税率的优惠政策。

(1) 对个人购买90平方米及以下且属家庭唯一住房的普通住房的,税率为1%;面积大于90平方米且属家庭唯一住房的普通住房,税率为1.5%。

(2) 对个人购买家庭第二套改善性住房,面积90平方米及以下的,税率为1%;面积大于90平方米的,税率为2%。

11) 企业事业单位改制重组的契税政策。

(1) 企业改制。企业按照有关规定整体改制,原企业投资主体存续并在改制(变更)后的公司中所持股权(股份)比例超过75%,且改制(变更)后公司承继原企业权利、义务的,对改制(变更)后公司承受原企业土地、房屋权属,免征契税。

(2) 事业单位改制。事业单位按照国家有关规定改制为企业,原投资主体存续并在改制后企业中出资(股权、股份)比例超过50%的,对改制后企业承受原事业单位土地、房屋权属,免征契税。

(3) 公司合并。两个或两个以上的公司,依照法律规定、合同约定,合并为一个公司,且原投资主体存续的,对合并后公司承受原合并各方土地、房屋权属,免征契税。

(4) 公司分立。公司依照法律规定、合同约定分立为两个或两个以上与原公司投资主体相同的公司,对分立后公司承受原公司土地、房屋权属,免征契税。

(5) 企业破产。①债权人(包括破产企业职工)承受破产企业抵偿债务的土地、房屋权属,免征契税;②对非债权人承受破产企业土地、房屋权属,凡按照国家有关法律法规政策妥善安置原企业全部职工规定,与原企业全部职工签订服务年限不少于3年的劳动用工合同的,对其承受所购企业土地、房屋权属,免征契税;与原企业超过30%的职工签订服务年限不少于3年的劳动用工合同的,减半征收契税。

(6) 资产划转。①对承受县级以上人民政府或国有资产管理部门按规定进行行政性调整、划转国有土地、房屋权属的单位,免征契税;②同一投资主体内部所属企业之间土地、房屋权属的划转,包括母公司与其全资子公司之间,同一公司所属全资子公司之间,同一自然人与其设立的个人独资企业、一人有限公司之间土地、房屋权属的划转,免征契税;③母公司以土地、房屋权属向其全资子公司增资,视同划转,免征契税。

(7) 债权转股权。经国务院批准实施债权转股权的企业,对债权转股权后新设立的公司承受原企业的土地、房屋权属,免征契税。

(8) 划拨用地出让或作价出资。以出让方式或国家作价出资(入股)方式承受原改制重组企业、事业单位划拨用地的,不属上述规定的免税范围,对承受方应按规定征收契税。

(9) 公司股权(股份)转让。在股权(股份)转让中,单位、个人承受公司股权(股份),公司土地、房屋权属不发生转移,不征收契税。

七、征收管理

1. 纳税义务发生时间

契税的纳税义务发生时间是纳税人签订土地、房屋权属转移合同的当天,或者纳税人取得其他具有土地、房屋权属转移合同性质凭证的当天。

2. 纳税期限

纳税人应当自纳税义务发生之日起10日内,向土地、房屋所在地的契税征收机关办理纳税申报,并在契税征收机关核定的期限内缴纳税款。

3. 纳税地点

在土地、房屋所在地的征收机关缴纳。

任务三　车船税法律制度

车船税法是指国家制定的用于调整车船税征收与缴纳之间权利与义务关系的法律规范。现行资源税法的基本规范,是2011年2月25日,由中华人民共和国第十一届全国人民代表大会常务委员会第十九次会议通过的《中华人民共和国车船税法》,自2012年1月1日起施行。

一、车船税的概念

车船税是指在中华人民共和国境内的车辆、船舶的所有人或者管理者,按照《中华人民共和国车船税法》应缴纳的一种税。

二、纳税义务人和征税范围

在中华人民共和国境内,车辆、船舶(以下简称车船)的所有人或者管理人为车船税的纳税人。

三、征税范围

车船税的征收范围包括依法在公安、交通、农业等车辆管理部门登记的车辆,具体分为车辆和船舶两大类:

(1) 车辆,包括载客汽车(包括电车),载货汽车(包括半挂牵引车、挂车),三轮汽车,低速货车,摩托车,专业作业车和轮式专用机械车、拖拉机、无轨电车等。

(2) 船舶(包括机动船舶和非机动驳船)。

四、税目、税额

车船税采用定额幅度税率(60元至5 400元),确定总的原则是排气量低的车辆的税负轻于排气量高的车辆,小吨位船舶的税负轻于大船舶。

省、自治区、直辖市人民政府根据车船税法所附《车船税税目税额表》确定车辆具体适用税额,应当遵循以下原则:

(1) 考虑本地区车辆保有情况和税负状况。

(2) 乘用车依排气量从小到大递增税额。

(3) 客车应依照大型和中型分别确定税额。

(4) 根据本地区情况变化适时调整。

车船税税目税额如表8-2所示。

表 8-2　　　　　　　　　　　　　　车船税税目税额表

税目		计税单位	年基准税额(元)	备注
乘用车[按发动机汽缸容量（排气量）分档]		每辆	60～5 400	核定载客人数9人(含)以下
商用车	客车	每辆	480～1 440	核定载客人数9人以上,包括电车
	货车	整备质量每吨	16～120	包括半挂牵引车、三轮汽车和低速载货汽车等
挂车		整备质量每吨		按照货车税额的50%计算
其他车辆	专用作业车	整备质量每吨	16～120	不包括拖拉机
	轮式专用机械车		16～120	
摩托车		每辆	36～180	—
船舶	机动船舶	净吨位每吨	3～6	拖船、非机动驳船分别按照机动船舶税额的50%计算
	游艇	艇身长度每米	600～2 000	

注：(1) 拖船按照发动机功率每1千瓦折合净吨位0.67吨计算征收车船税。

(2) 排气量、整备质量、核定载客人数、净吨位、千瓦、艇身长度,以车船登记管理部门核发的车船登记证书或者行驶证所载数据为准。

依法不需要办理登记的车船和依法应当登记而未办理登记或者不能提供车船登记证书、行驶证的车船,以车船出厂合格证明或者进口凭证标注的技术参数、数据为准;不能提供车船出厂合格证明或进口凭证的,由主管税务机关参照国家相关标准核定,没有国家相关标准的参照同类车船核定。

(3) 购入当年不足1年的自纳税义务发生"当月"按月计征。

(4) 其他相关问题：

① 专用作业车的认定。对于在设计和技术特性上用于特殊工作,并装置有专用设备或器具的汽车,应认定为专用作业车,如汽车起重机、消防车、混凝土泵车、清障车、高空作业车、洒水车、扫路车等。以载运人员或货物为主要目的的专用汽车,如救护车,不属于专用作业车。

② 税务机关核定客货两用车的征税问题。客货两用车又称多用途货车,是指在设计和结构上主要用于载运货物,但在驾驶员座椅后带有固定或折叠式座椅,可运载3人以上乘客的货车。客货两用车依照货车的计税单位和年基准税额计征车船税。

③ 车船税应纳税额的计算。车船税法及其实施条例涉及的整备质量、净吨位、艇身长度等计税单位,有尾数的一律按照含尾数的计税单位据实计算车船税应纳税额。计算得出的应纳税额小数点后超过两位的可四舍五入保留两位小数。

乘用车以车辆登记管理部门核发的机动车登记证书或者行驶证书所载的排气量毫升数确定税额区间。

④ 关于车船因质量问题发生退货时的退税。已经缴纳车船税的车船,因质量原因,车船被退回生产企业或者经销商的,纳税人可以向纳税所在地的主管税务机关申请退还自退货月份起至该纳税年度终了期间的税款。退货月份以退货发票所载日期的当月为准。

⑤ 关于境内外租赁船舶征收车船税的问题。境内单位和个人租入外国籍船舶的,不征收车船税。境内单位和个人将船舶出租到境外的,应依法征收车船税。

五、计税依据和应纳税额计算

(一) 计税依据

车船税的计税依据有"辆""整备质量吨"和"艇身长度米"三种。乘用车、客车和摩托车按"辆"计算车船税,货车、挂车和其他车辆按"整备质量吨"计算车船税,机动船舶按"净吨位"计算车船税,游艇按"艇身长度米"计算车船税。

(二) 应纳税额计算

车船税按年征收,纳税人在规定的申报纳税期限内一次缴纳全年税款。对购置的新车船,购置当年的应纳税额自纳税义务发生的当月起按月计算。

1. 乘用车、客车和摩托车应纳车船税的计算

全年应纳车船税的计算公式如下:

$$全年应纳车船税 = 应税车辆的数量 \times 单位税额$$

2. 货车、挂车和其他车辆应纳车船税的计算

全年应纳车船税的计算公式如下:

$$全年应纳车船税 = 应税车辆的装备质量吨数 \times 单位税额$$

3. 机动船舶应纳车船税的计算

全年应纳车船税的计算公式如下:

$$全年应纳车船税 = 应税机动船舶的净吨位数 \times 单位税额$$

4. 游艇应纳车船税的计算

全年应纳车船税的计算公式如下:

$$全年应纳车船税 = 应税游艇的艇身长度米 \times 单位税额$$

注意事项:

(1) 在一个纳税年度内,已完税的车船被盗抢、报废、灭失的,纳税人可以凭有关管理机关出具的证明和完税凭证,向纳税所在地的主管税务机关申请退还自被盗抢、报废、灭失月份起至该纳税年度终了期间的税款。

(2) 已办理退税的被盗抢车船失而复得的,纳税人应当从公安机关出具相关证明的当月起计算缴纳车船税。

(3) 已缴纳车船税的车船在同一纳税年度内办理转让过户的,不另纳税,也不退税。

(4) 挂车应纳车船税额按照货车税额的 50% 计算;拖船、非机动驳船分别按照机动船舶税额的 50% 计算。

【案例 8-8】

某运输公司拥有载货汽车 15 辆(货车整备质量全部为 10 吨),乘人大客车 20 辆,小客车 10 辆。计算该公司应纳车船税。

注:载货汽车每吨年税额为80元,乘人大客车每辆年税额为800元,小客车每辆年税额为700元。

【案例分析】
(1) 载货汽车应纳税额=15×10×80=12 000(元)。
(2) 乘人汽车应纳税额=20×800+10×700=23 000(元)。
(3) 公司全年应纳车船税额=12 000+23 000=35 000(元)。

六、税收优惠

(一) 法定减免

下列情形可减免车船税:
(1) 捕捞、养殖用渔船。
(2) 军队、武装警察部队专用的车船。
(3) 警用车船。
(4) 依照法律规定应当予以免税的外国驻华使领馆、国际组织驻华代表机构及其有关人员的车船。
(5) 对使用新能源的车船免征车船税;对受严重自然灾害影响纳税困难以及有其他特殊原因确需减税、免税的,可以减征或者免征车船税(包括纯电动汽车、燃料电池汽车和插电式混合动力汽车免征车船税,其他混合动力汽车减半征税)。
(6) 省、自治区、直辖市人民政府根据当地实际情况,可以对公共交通车船,农村居民拥有并主要在农村地区使用的摩托车、三轮汽车和低速载货汽车定期减征或者免征车船税。

(二) 特定减免

(1) 经批准临时入境的外国车船和我国香港特别行政区、澳门特别行政区、台湾地区的车船,不征收车船税。
(2) 按照规定缴纳船舶吨税的机动船舶,自车船税法实施之日起5年内免征车船税。
(3) 依法不需要在车船登记管理部门登记的机场、港口、铁路站场内部行驶或者作业的车船,自车船税法实施之日起5年内免征车船税。
(4) 国家综合性消防救援车辆由部队号牌改挂应急救援专用号牌的,一次性免征改挂当年车船税。

(三) 对节能汽车,新能源车船减免

1. 对节能汽车,减半征收车船税

其主要包括以下两类:
(1) 节能乘用车:排量为1.6升以下(含1.6升)的燃用汽油、柴油的乘用车(含非插电式混合动力乘用车、双燃料乘用车和两用燃料乘用车);综合工况燃料消耗量应符合相关标准。
(2) 节能商用车:燃用天然气、汽油、柴油的轻型和重型商用车(含非插电式混合动力、双燃料和两用燃料轻型和重型商用车);燃用汽油、柴油的轻型和重型商用车综合工况燃料消耗量应符合相关标准。

2. 对新能源车船免征车船税

1）纯电动商用车、插电式（含增程式）混合动力汽车、燃料电池商用车免征车船税。

2）免征车船税的新能源汽车应同时符合以下标准：

（1）获得许可在中国境内销售的纯电动商用车、插电式（含增程式）混合动力汽车、燃料电池商用车。

（2）符合新能源汽车产品技术标准。

（3）通过新能源汽车专项检测，符合新能源汽车标准。

（4）新能源汽车生产企业或进口新能源汽车经销商在产品质量保证、产品一致性、售后服务、安全监测、动力电池回收利用等方面符合相关要求。

3）免征车船税的新能源船舶应符合以下标准：船舶的主推进动力装置为纯天然气发动机。发动机采用微量柴油引燃方式且引燃油热值占全部燃料总热值的比例不超过5%的，视同纯天然气发动机。

4）纯电动乘用车和燃料电池乘用车不属于车船税征税范围，对其不征车船税。

七、征收管理

1. 纳税期限

车船税的纳税义务发生时间为取得车船所有权或者管理权的当月，以购买船舶的发票或者其他证明文件所载日期的当月为准。

2. 纳税地点

车船的登记地或者车船税扣缴义务人所在地为车船税的纳税地点。依法不需要办理登记的车船，车船税的纳税地点为车船的所有人或者管理人所在地。

3. 申报缴纳

公安、交通运输、农业、渔业等车船登记管理部门、船舶检验机构和车船税扣缴义务人的行业主管部门应当在提供车船有关信息方面，协助税务机关加强车船税的征收管理。

车辆所有人或者管理人在申请办理车辆相关登记、定期检验手续时，应当向公安机关交通管理部门提交依法纳税或者免税证明。公安机关交通管理部门核查后办理相关手续。

车船税按年申报，分月计算，一次性缴纳。纳税年度为公历1月1日至12月31日。依法不需要购买交强险的车辆，向主管税务机关申报。

【知识拓展】

遗产税小知识

遗产税即对死者留下的遗产征税，国外有时也称之为"死亡税"。遗产税有助于加强对遗产和赠与财产的调节，防止贫富过分悬殊。各国及地区征收遗产税的情况大致可分为以下三类：

（1）总遗产税制，是就被继承人死亡时所遗留的财产价值课税，以遗嘱执行人或遗产管理人为纳税义务人。

(2) 分遗产税制,是被继承人死亡后将遗产分给继承人,然后就各个继承人分得的遗产课税。纳税义务人是遗产继承人,税负的大小以继承人与被继承人之间的亲疏关系而定。

(3) 混合遗产税制,是对被继承人的遗产先征收遗产税,税后遗产分配给各继承人时再就继承人的继承财产额征一次继承税。

开征遗产税可节约资本,平均社会财富,减少社会浪费,提倡劳动所得,增加国库收入,补充所得税的不足。遗产税始征于4000多年前的古埃及。出于筹措军费的需要,埃及法老胡夫开征了遗产税。近代遗产税始征于1598年的荷兰,其后英国、法国、德国、日本、美国等国相继开征了遗产税。

(资料来源:中国法律网)

课后练习题

一、单项选择题

1. 以下关于房产税纳税人和征税范围的说法中,正确的是( )。
   A. 房产税的征税对象是房屋和建筑物
   B. 房产税不对外资企业征收
   C. 房屋产权出典的,以承典人为房产税的纳税人
   D. 农民出租农村的房屋也应缴纳房产税

2. 某公司办公大楼原值30 000万元,2022年2月28日,该公司将其中部分闲置房间出租,租期为两年。出租部分房产原值5 000万元,租金为每年1 000万元。当地规定房产税原值减除比例为20%,2022年该公司应缴纳房产税为( )万元。
   A. 288　　　　　B. 340　　　　　C. 348　　　　　D. 360

3. 下列各项中,可以享受减免契税优惠待遇的是( )。
   A. 城镇职工购买公有住房的
   B. 房屋所有者之间互相交换房屋的
   C. 在婚姻关系存续期间,丈夫将归属于自己的房产变更为夫妻双方共有的
   D. 承受荒山、荒沟、荒丘、荒滩土地使用权,用于工业园建设的

4. 下列各项中,应征收契税的是( )。
   A. 法定继承人承受房屋权属　　　　B. 以自有房产作股投入本人独资经营的企业
   C. 承包者获得农村集体土地承包经营权　D. 运动员因成绩突出获得国家奖励的住房

5. 车辆适用的车船税税率形式是( )。
   A. 比例税率　　　B. 超额累进税率　　C. 超率累进税率　　D. 定额税率

6. 下列属于法定减免车船税的是( )。
   A. 军队专用的车船　　　　　　　　B. 武警部队出租的闲置车船
   C. 抢险车　　　　　　　　　　　　D. 非营利性医疗机构的自用车船

7. 某企业2022年房产原值共计9 000万元,其中该企业所属的幼儿园和子弟学校用房原

值分别为300万元、800万元,当地政府确定计算房产税余值的扣除比例为25%,该企业2022年应缴纳的房产税为( )万元。

A. 71.1　　　　B. 73.8　　　　C. 78.3　　　　D. 81

8. 某企业2022年2月委托一施工单位新建厂房,6月对建成的厂房办理验收手续,同时接管基建工地价值100万元的材料棚,一并转入固定资产,原值合计1 100万元。该企业所在省规定的房产余值扣除比例为30%。2022年企业该项固定资产应缴纳房产税为( )万元。

A. 4.1　　　　B. 4.23　　　　C. 4.3　　　　D. 4.26

9. 某国家级森林公园,2022年共占用2 000万平方米,其中行政管理部门办公用房占地0.1万平方米,所属酒店占地1万平方米,饮食部占地0.5万平方米,公园所在地城镇土地使用税税率为2元/平方米。该公园2022年度应缴纳的城镇土地使用税为( )万元。

A. 1　　　　B. 3.2　　　　C. 2　　　　D. 3

10. 根据车船税的有关规定,以下说法中,正确的是( )。

A. 车船税的纳税义务发生时间为车辆管理部门核发的车船登记证书或者行使证书所记载日期的次月

B. 车船的所有人或管理人未缴纳车船税的,使用人应当代为缴纳车船税

C. 应办理车船登记手续而未办理的,暂不缴纳车船税

D. 跨省、自治区、直辖市使用的车船,由纳税人自由选择一地进行申报纳税

二、多项选择题

1. 下列情形中,应由房产代管人或者使用人缴纳房产税的有( )。

   A. 房屋产权未确定的

   B. 房屋产权所有人不在房屋所在地的

   C. 房屋租典纠纷未解决的

   D. 房屋承典人不在房屋所在地的

2. 下列有关房产税税率的表述中,符合现行规定的有( )。

   A. 工厂拥有并使用的车间适用1.2%的房产税税率

   B. 个体户房屋用于自办小卖部的适用1.2%的房产税税率

   C. 个人出租住房用于美容机构开设连锁店的适用12%的房产税税率

   D. 个人出租住房,不区分用途,按照4%的房产税优惠税率计税

3. 下列房产属于免征房产税的有( )。

   A. 向居民供热并向居民收取采暖费的供热企业生产用房

   B. 宗教寺庙中宗教人员使用的生活用房屋

   C. 纳税单位与免税单位共同使用的房屋,免税单位使用的部分

   D. 信托投资公司自用房产

4. 下列各项中,符合契税有关规定的有( )。

   A. 对公租房经营管理单位购买住房作为公租房,免征契税

   B. 对已缴纳契税的购房单位和个人,在未办理房屋权属变更登记前退房的,退还已缴

纳契税,在办理房屋权属变更登记后退房的,不予退还已纳契税

C. 采取分期付款方式购买房屋所有权的,按合同规定的总价款计征契税

D. 契税的纳税义务发生时间是纳税人签订土地、房屋权属转移合同的当天

5. 下列关于契税的陈述中,正确的有( )。

A. 对已缴纳契税的购房单位和个人,在未办理房屋权属变更登机前退房的,退还已缴纳契税

B. 对金融租赁公司开展售后租回业务,承受承租人房屋、土地权属的,照章征税

C. 契税是以发生土地使用权和房屋所有权权属转移的土地和房屋为征税对象

D. 个人购买普通住房免征契税

6. 关于契税的计税依据,下列表述中,正确的有( )。

A. 以协议方式出让国有土地使用权的,仅以土地出让金作为计税依据

B. 房屋赠与的,由征收机关参照房屋买卖的市场价格核定计税依据

C. 买卖已装修的房屋,契税计税依据中应包括装修费用

D. 土地使用权交换的,以所交换的土地使用权的价格差额为计税依据

7. 下列关于房产投资的房产税的说法中,正确的有( )。

A. 以房产投资成立有限公司,投资方按房产余值为计税依据计征房产税

B. 房产联营投资,不承担经营风险,只收取固定收入,投资方视固定收入为租金收入,以租金收入为计税依据计征房产税

C. 以房产联营投资,共担经营风险的,被投资方按房产余值为计税依据计征房产税

D. 以房产联营投资,共担经营风险的,投资方不再计征房产税

8. 下列各项中,属于车船税纳税人的有( )。

A. 事业单位   B. 外商投资企业   C. 私营企业   D. 个人

9. 以下关于我国车船税税目税率的表述中,正确的有( )。

A. 车船税实行定额税率

B. 客货两用汽车按照货车征税

C. 拖船和非机动驳船分别按机动船舶税额的70%计算征税

D. 半挂牵引车和挂车按照货车征税

10. 下列各项中,符合车船税征收管理规定的有( )。

A. 车船税按年申报,分月计算,一次性缴纳

B. 纳税人自行申报缴纳车船税的,纳税地点为车船登记地的主管税务机关所在地

C. 车船税纳税义务发生时间为取得车船所有权或管理权的次月

D. 不需要办理登记的车船不缴纳车船税

三、判断题

1. 某企业以自有房产作抵押向银行贷款,应计算并缴纳契税。   ( )

2. 张某欠刘某200万元债务,无法偿还,于是用价值220万元的房子向刘某抵偿债务,刘某需要缴纳这套房子的契税。   ( )

3. 个人所有的房产,除出租外,一律免征房产税。   ( )

4. 城建税和教育费附加,是增值税和消费税的附加税费,因此,它们本身并没有独立的征税对象。（ ）

5. 房产税按照房产租金收入计算应纳税额的,适用税率为1.2%。（ ）

6. 房产税按季征收,分期缴纳。（ ）

四、计算题

1. 吉祥公司2022年度自有房屋8栋。其中6栋用于本公司的生产经营,房产原值2 000万元,不包括冷暖通风设备100万元,另两栋房屋租给某公司作经营用房,一次性取得租金收入100万元。

要求:计算吉祥公司应纳的房产税额(该省规定按房产原值一次扣除30%后的余值计税)。

2. 2022年4月,吉祥公司将一套房屋以800万元的价格卖给如意公司。

要求:计算如意公司当年应缴纳的契税(当地契税税率为3%)。

3. 某运输企业2022年初拥有小轿车5辆,2022年3月外购货车12辆(整备质量为10吨),并于当月办理登记手续,假设货车年税额为整备质量每吨50元,小轿车年税额为每辆500元。

要求:计算该企业2022年应缴纳车船税多少元。

4. 居民王兴有两套住房,将一套私有房屋出售给居民张某,房屋成交价格为100万元。王兴将另一处两居室住房与居民李某交换成两处一居室住房,并支付换房差价款10万元。

要求:计算王某、张某、李某的应交契税(当地契税税率为3%)。

5. 飞翔厂2022年1月1日房产原值合计为3 000万元,4月1日将其中原值为1 000万元的商铺出租给某商户(3月31日已交付),该商户以一批价值40万元的原材料抵当年房租,同类商铺不含税月租金5万元。当地政府规定允许按房产原值减除20%后的余值计税。

要求:计算该企业当年应缴纳房产税多少万元。

项目九　目的税和行为税类法律制度

学习目标

1. **知识目标**
   - 了解城市维护建设税、教育费附加、印花税、车辆购置税等征税范围与特点
   - 掌握城市维护建设税、教育费附加、印花税、车辆购置税的纳税人、征税对象及税率
   - 掌握企业所得税应纳税额的计算
2. **能力目标**
   - 能准确计算城市维护建设税、教育费附加、印花税、车辆购置税的应纳税额
   - 掌握企业所得税税收优惠政策

【导入案例】

2022年11月,国家税务总局济南市税务局稽查局公布了对蓝星石油有限公司济南分公司行政处罚。信息显示,蓝星石油有限公司济南分公司2014—2015年未申报缴纳印花税276 121.50元。依据《中华人民共和国税收征收管理法》第六十四条第二款,处百分之五十的罚款共计138 060.75元,处罚决定日期为2022年9月16日。

请思考:财务人员在日常经营中注重流转税、所得税等主体税种的缴纳,却"忽视"印花税等小税种的申报缴纳,这种做法是否存在税务风险?

任务一　城市维护建设税法律制度

一、城市维护建设税法律制度

城市维护建设税(以下简称"城建税"),是国家对缴纳增值税、消费税(以下简称"二税")的单位和个人就其实际缴纳的"二税"税额为计税依据而征收的一种税。它属于特定目的税,是国家为加强城市的维护建设,扩大和稳定城市维护建设资金的来源而采取的一项税收措施。

城建税是1984年工商税制全面改革中设置的一个新税种。1985年2月8日,国务院发布《中华人民共和国城市维护建设税暂行条例》,从1985年起施行。1994年税制改革时,保留了该税种,作了一些调整,并准备适时进一步扩大征收范围和改变计征办法。2016年5月1日,我国营改增试点全面启动,营业税退出历史舞台,城市维护建设税的计税依据由增值税、消费税和营业税调整为增值税、消费税。2020年8月11日,第十三届全国人民代表大会常务委员会第二十一次会议通过《中华人民共和国城市维护建设税法》,该法自2021年9月1日起施行;1985年2月8日国务院发布的《中华人民共和国城市维护建设税暂行条例》同时废止。

城建税为开发建设新兴城市,扩展、改造旧城市,发展城市公用事业,以及维护公共设施等提供了稳定的资金来源,使城市的维护建设随着经济的发展而不断发展,体现了对受益者课税、权利与义务相一致的原则。

与其他税种相比,城建税具有以下两个显著特点:

(1) 它是一种附加税,以纳税人实际缴纳的增值税、消费税额为计税依据,附加于上述"二税"税额,本身没有特定的、独立的征税对象。

(2) 具有特定目的。城建税税款专门用于城市的公用事业和公共设施的维护建设。城建税实际上是一种附加税的性质。

二、城市维护建设税的纳税人

城建税的纳税人是在征税范围内从事工商经营,并缴纳增值税、消费税的单位和个人,包括国有企业、集体企业、私营企业、股份制企业、其他企业和行政单位、事业单位、军事单位、社会团体、其他单位,以及个体工商户和其他个人。

《国务院关于统一内外资企业和个人城市维护建设税和教育费附加制度的通知》(国发〔2010〕35号文件)和《财政部 国家税务总局关于对外资企业征收城市维护建设税和教育费附加费有关问题的通知》(财税〔2010〕103号文件)明确了外商投资企业、外国企业和外籍人员适用现行有效的城建税和教育费附加政策规定,凡是缴纳增值税、消费税的外商投资企业、外国企业和外籍人员纳税人均需按规定缴纳城建税和教育费附加。2010年12月1日起,外商投资企业和外国企业及外籍个人开始征收城市维护建设税。

三、城市维护建设税的税率

城建税的税率是指纳税人应缴纳的城建税税额与纳税人实际缴纳的"二税"税额之间的比率。城建税按纳税人所在地的不同,设置了以下三档地区差别比例税率:

(1) 纳税人所在地为市区的,税率为7%。
(2) 纳税人所在地为县城、镇的,税率为5%。
(3) 纳税人所在地不在市区、县城或者镇的,税率为1%。

纳税单位和个人缴纳城建税的适用税率,一律按其纳税所在地的规定税率执行。县政府设在城市市区,其在市区办的企业,按照市区的规定税率计算纳税。纳税人所在地为工矿区的,应根据行政区划分别按照7%、5%、1%的税率缴纳城建税。

城建税的适用税率,一般规定按纳税人所在地的适用税率执行,但对下列两种情况,可按纳税人缴纳"二税"所在地的规定税率就地缴纳城市维护建设税：①由受托方代收、代扣"二税"的单位和个人；②流运经营等无固定纳税地点的单位和个人。

四、城市维护建设税应纳税额的计算

（一）计税依据

城建税是在纳税人缴"二税"时，分别与这两个税同时缴纳，并以纳税人实际缴纳的"二税"税额为计税依据。对"二税"加收的滞纳金和罚款不作为城建税的计税依据，但纳税人在被查补"二税"和被处以罚款时，应同时对其偷漏的城建税进行补税、征收滞纳金和罚款。

由海关代征的进口产品的增值税、消费税，不征收城建税。

城建税以"二税"税额为计税依据并同时征收，如果要免征或者减征"二税"，也要同时免征或减征城建税。但对出口产品退还的增值税、消费税，不退还已缴纳的城建税。

（二）应纳税额的计算

城建税应纳税额的计算公式如下：

$$应纳税额＝(实际缴纳的增值税税额＋实际缴纳的消费税税额)×适用税率$$

【案例9-1】

某市区一企业2022年10月份实际缴纳增值税385 000元，缴纳消费税438 000元。

要求：计算该企业当月应纳的城建税额。

【案例分析】

$$应纳城建税额＝(385\,000＋438\,000)×7\%＝57\,610(元)$$

五、城市维护建设税的税收优惠

城建税原则上不单独减免，但因城建税又具有附加性质，当主税发生减免时，城建税相应发生税收减免。城建税的税收减免具体有以下几种情况：

（1）海关对进口产品代征增值税、消费税的，不征收城建税，即进口不征。

（2）对出口产品退还增值税、消费税的，不退还已缴纳的城建税；经国家税务局正式审核批准的当期免抵的增值税税额应纳入城建税和教育费附加的计征范围，分别按规定的税（费）率征收城建税和教育费附加，即出口不退，免抵要交。

（3）对新办的商贸企业（从事批发、批零兼营以及其他非零售业务的商贸企业除外），当年新招用下岗失业人员达到职工总数30%以上（含30%），并与其签订1年以上期限劳动合同的，经劳动保障部门认定税务机关审核3年内免征城建税和教育费附加。

（4）对下岗失业人员从事个体经营（除建筑业、娱乐业以及广告业、桑拿、按摩、网吧、氧吧外）的，自领取税务登记证之日起，3年内免征城建税和教育费附加。

（5）自2022年1月1日至2024年12月31日，对增值税小规模纳税人、小型微利企业和个人工商户可以在50%的税额幅度内减征城市维护建设税。

（6）对"二税"实行先征后返、先征后退、即征即退办法的，除另有规定外，对随"二税"附征的城建税和教育费附加，一律不予退（返）还。

六、城市维护建设税的征收管理

1. 纳税环节

城建税的纳税环节是指城建税法规定的纳税人应当缴纳城建税的环节。城建税的纳税环节,实际上是纳税人缴纳"二税"的环节,纳税人只要发生"二税"的纳税义务,就要在同样的环节,分别计算缴纳城建税。

2. 纳税地点

城建税以纳税人实际缴纳的"二税"税额为计税依据,分别与"二税"同时缴纳,纳税人缴纳"二税"的地点,就是该纳税人缴纳城建税的地点。

3. 纳税期限

城建税是由纳税人在缴纳"二税"时同时缴纳,与纳税人缴纳"二税"的期限一致。根据增值税法和消费税法规定,"二税"的纳税期限均分别为1日、3日、5日、10日、15日或者1个月。"二税"纳税人的具体纳税期限,由主管税务机关根据纳税人应纳税额大小分别核定;不能按照固定期限纳税的,可以按次纳税。

任务二 教育费附加法律制度

一、教育费附加的概念

教育费附加是对缴纳增值税、消费税的单位和个人,就其实际缴纳的税额为计算依据征收的一种附加税。

教育费附加是为加快地方教育事业,扩大地方教育经费的资金而征收的一项专用基金。国家在增拨教育基本建设投资和教育经费的同时,充分调动企、事业单位和其他各种社会力量办学的积极性,开辟多种渠道筹措经费。

二、教育费附加的纳税人

凡缴纳增值税、消费税的单位和个人,均为教育费附加的纳费义务人。凡代征增值税、消费税的单位和个人,为代征教育费附加的义务人。

农业、乡镇企业,由乡镇人民政府征收农村教育事业附加,不再征收教育费附加。

2010年12月1日起,外商投资企业和外国企业及外籍个人开始征收教育费附加。

三、教育费附加的征收率

根据《国务院关于教育费附加征收问题的紧急通知》(国发明电〔1994〕2号文件)的精神,教育费附加征收率为"二税"税额的3%。

四、教育费附加应纳税费的计算

1. 计算依据

教育费附加以纳税人实际缴纳的"二税"税额为计算依据。

2. 应纳税费的计算

教育费附加应纳税费的计算公式如下:

$$应纳税额＝（实际缴纳的增值税税额＋实际缴纳的消费税税额）×征收率$$

【案例9-2】

某市区一企业2022年10月份实际缴纳增值税385 000元,缴纳消费税438 000元。

要求:计算该企业当月应纳的教育费附加。

【案例分析】

$$应纳教育费附加＝（385\ 000＋438\ 000）×3\%＝24\ 690（元）$$

任务三　印花税法律制度

一、印花税的概念

印花税是对在经济活动和经济交往中书立、使用具有法律效力凭证的单位和个人征收的一种税。它具有征收面广、税率低、税负轻、由纳税人自行完成纳税义务、兼有凭证税和行为税性质等特点。

1949年中华人民共和国成立后,中央人民政府政务院于1950年1月30日颁布《全国税政实施要则》,确立了印花税为全国统一开征的税种之一。1953年,由于对22种主要产品实行从产到销的一次性征收商品流通税而部分停征印花税。1958年,国务院将货物税、商品流通税、营业税和印花税合并简化为工商统一税,印花税不再单独征收。改革开放后,随着商品经济的迅速发展,重新开征印花税具备了一定的客观条件,1988年8月6日,国务院发布《中华人民共和国印花税暂行条例》,同年10月1日在全国重新统一开征印花税,同年9月29日财政部发布《中华人民共和国印花税暂行条例实施细则》。之后,财政部、国家税务总局又陆续发布了一些有关印花税的规定。2021年6月10日,第十三届全国人民代表大会常务委员会第二十九次会议通过了《中华人民共和国印花税法》,该法自2022年7月1日起施行。

二、印花税的纳税人

在我国境内书立应税凭证、进行证券交易的单位和个人,或者在我国境外书立在境内使用的应税凭证的单位及个人,为印花税的纳税人,应当依法缴纳印花税。

应税凭证是指印花税法所附《印花税税目税率表》列明的合同、产权转移书据和营业账簿。证券交易是指转让在依法设立的证券交易所、国务院批准的其他全国性证券交易场所交易的股票和以股票为基础的存托凭证。证券交易印花税对证券交易的出让方征收,不对受让方征收。

单位是指国内各类企业、事业、机关、团体、部队,以及中外合资经营企业、合作经营企业、外资企业、外国公司企业和其他经济组织及其在华机构等单位;个人是指个体工商户和其他个人。按照征税项目划分,具体纳税人可以分为以下五类。

1. 立合同人

立合同人,即各类合同的当事人,但不包括合同的担保人、证人、鉴定人。

2. 立据人

立据人,即订立产权转移书据的单位和个人。

3. 立账簿人

立账簿人,即设立并使用营业账簿的单位和个人。

4. 使用人

使用人,即在国外书立、领受,但在国内使用应税凭证的单位和个人。

5. 电子凭证的签订人

电子凭证的签订人,即以电子形式签订各类应税凭证的单位和个人。

需要注意的是,由两方或两方以上当事人共同书立应税凭证的,其当事人各方都是印花税的纳税人,应各就其所持凭证的计税金额履行纳税义务。由于经济的发展,无纸化办公的实现,电子凭证取代了纸质凭证,但电子凭证的性质和纸质凭证的性质无任何改变。

三、印花税的税目、税率

印花税的税目分为四大类 15 个税目。印花税税率采用比例税率。

为便于理解,现作简化税目、税率表,如表 9-1 所示。

表 9-1　　　　　　　　　　印花税税目税率表

	税目	税率	备注
合同(指书面合同)	借款合同	借款金额的 0.05‰	是指银行业金融机构、经国务院银行业监督管理机构批准设立的其他金融机构与借款人(不包括同业拆借)的借款合同
	融资租赁合同	租金的 0.05‰	—
	买卖合同	价款的 0.3‰	是指动产买卖合同(不包括个人书立的动产买卖合同)
	承揽合同	报酬的 0.3‰	—
	建设工程合同	价款的 0.3‰	—
	运输合同	运输费用的 0.3‰	是指货运合同和多式联运合同(不包括管道运输合同)
	技术合同	价款、报酬或者使用费的 0.3‰	不包括专利权、专有技术使用权转让书据
	租赁合同	租金的 1‰	—
	保管合同	保管费的 1‰	—
	仓储合同	仓储费的 1‰	—
	财产保险合同	保险费的 1‰	不包括再保险合同

(续表)

税目		税率	备注
产权转移书据	土地使用权出让书据	价款的 0.5‰	转让包括买卖（出售）、继承、赠与、互换、分割
	土地使用权、房屋等建筑物和构筑物所有权转让书据（不包括土地承包经营权和土地经营权转移）	价款的 0.5‰	
	股权转让书据（不包括应缴纳证券交易印花税的）	价款的 0.5‰	—
	商标使用权、著作权、专利权、专有技术使用权转让书据	价款的 0.3‰	
营业账簿	—	实收资本（股本）、资本公积合计金额的 0.25‰	—
证券交易	—	成交金额的 1‰，减半征收	—

四、印花税的计算

（一）计税依据

印花税的计税依据，按照下列方法确定：

（1）应税合同的计税依据，为合同所列的金额，不包括列明的增值税税款。

（2）应税产权转移书据的计税依据，为产权转移书据所列的金额，不包括列明的增值税税款。应税合同、产权转移书据未列明金额的，印花税的计税依据按照实际结算的金额确定。

计税依据按照前款规定仍不能确定的，按照书立合同、产权转移书据时的市场价格确定；依法应当执行政府定价或者政府指导价的，按照国家有关规定确定。

（3）应税营业账簿的计税依据，为账簿记载的实收资本（股本）、资本公积合计金额；

（4）证券交易的计税依据，为成交金额。证券交易无转让价格的，按照办理过户登记手续时该证券前一个交易日收盘价计算确定计税依据；无收盘价的，按照证券面值计算确定计税依据。

（二）应纳税额的计算

1. 从价计征方式

印花税根据不同征税项目，实行从价计征征收方式。

印花税的应纳税额按照计税依据乘以适用税率计算，计算公式如下：

$$应纳税额 = 计税金额 \times 适用税率$$

2. 应纳税额计算的特殊规定

（1）同一应税凭证载有两个以上税目事项并分别列明金额的，按照各自适用的税目税率分别计算应纳税额；未分别列明金额的，从高适用税率。

（2）同一应税凭证由两方以上当事人书立的，按照各自涉及的金额分别计算应纳税额。

（3）已缴纳印花税的营业账簿，以后年度记载的实收资本（股本）、资本公积合计金额比已缴纳印花税的实收资本（股本）、资本公积合计金额增加的，按照增加部分计算应纳税额。

【案例9-3】

甲公司签订钢材采购合同一份，采购金额为9 000万元；签订以货换货合同一份，用库存的2 000万元A型钢材换取对方相同金额的B型钢材；签订销售合同一份，销售金额为5 000万元。

要求：计算该公司签订的上述合同应缴纳的印花税。

【案例分析】

应缴纳的印花税=（9 000+2 000×2+5 000）×0.3‰=5.4（万元）

【案例9-4】

某企业于2022年1月开业，领受营业执照、房产证、土地使用证各一件；建账时设立的营业账簿中，"实收资本"账户记载金额为5 000万元，其他营业账簿共5本。

要求：计算该企业应缴纳的印花税。

【案例分析】

因营业执照、房产证、土地使用证、其他营业账簿已经不在税目税率表规定范围，所以不征收印花税。该企业只有资金账簿应缴纳印花税。

应缴纳的印花税=5 000×0.25‰=1.25（万元）

五、印花税的税收优惠

尽管印花税具有征税范围广、税率低、税负轻等特点，但税法还是对有关凭证制定了若干免税规定，纳税人应当加以运用。税法规定，下列凭证可以免征印花税：

（1）应税凭证的副本或者抄本。

（2）依照法律规定应当予以免税的外国驻华使馆、领事馆和国际组织驻华代表机构为获得馆舍书立的应税凭证。

（3）中国人民解放军、中国人民武装警察部队书立的应税凭证。

（4）农民、家庭农场、农民专业合作社、农村集体经济组织、村民委员会购买农业生产资料或者销售农产品书立的买卖合同和农业保险合同。

（5）无息或者贴息借款合同、国际金融组织向中国提供优惠贷款书立的借款合同。

（6）财产所有权人将财产赠与政府、学校、社会福利机构、慈善组织书立的产权转移书据。

（7）非营利性医疗卫生机构采购药品或者卫生材料书立的买卖合同。

（8）个人与电子商务经营者订立的电子订单。

根据国民经济和社会发展的需要,国务院对居民住房需求保障、企业改制重组、破产、支持小型微型企业发展等情形可以规定减征或者免征印花税,报全国人民代表大会常务委员会备案。

六、印花税的征收管理

(一) 纳税地点

纳税人为单位的,应当向其机构所在地的主管税务机关申报缴纳印花税;纳税人为个人的,应当向应税凭证书立地或者纳税人居住地的主管税务机关申报缴纳印花税。

不动产产权发生转移的,纳税人应当向不动产所在地的主管税务机关申报缴纳印花税。

纳税人为境外单位或者个人,在境内有代理人的,以其境内代理人为扣缴义务人;在境内没有代理人的,由纳税人自行申报缴纳印花税,具体办法由国务院税务主管部门规定。

证券登记结算机构为证券交易印花税的扣缴义务人,应当向其机构所在地的主管税务机关申报解缴税款以及银行结算的利息。

(二) 纳税义务发生时间

印花税的纳税义务发生时间为纳税人书立应税凭证或者完成证券交易的当日。

证券交易印花税扣缴义务发生时间为证券交易完成的当日。

(三) 纳税期限

印花税按季、按年或者按次计征。实行按季、按年计征的,纳税人应当自季度、年度终了之日起 15 日内申报缴纳税款;实行按次计征的,纳税人应当自纳税义务发生之日起 15 日内申报缴纳税款。

证券交易印花税按周解缴。证券交易印花税扣缴义务人应当自每周终了之日起 5 日内申报解缴税款以及银行结算的利息。

(四) 缴纳方法

印花税可以采用粘贴印花税票或者由税务机关依法开具其他完税凭证的方式缴纳。印花税票粘贴在应税凭证上的,由纳税人在每枚税票的骑缝处盖戳注销或者画销。

印花税票由国务院税务主管部门监制。

(五) 纳税贴花的其他具体规定

(1) 在应税凭证书立或领受时即行贴花完税,不得延至凭证生效日期贴花。

(2) 印花税票应粘贴在应纳税凭证上,并由纳税人在每枚税票的骑缝处盖戳注销或划销,严禁揭下重用。

(3) 已经贴花的凭证,凡修改后所载金额增加的部分,应补贴印花。

(4) 对已贴花的各类应税凭证,纳税人须按规定期限保管,不得私自销毁,以备纳税检查。

(5) 凡多贴印花税票者,不得申请退税或者抵扣。

(6) 纳税人对凭证不能确定是否应当纳税的,应及时携带凭证,到当地税务机关鉴别。

(7) 纳税人同税务机关对凭证的性质发生争执的,应检附该凭证报请上一级税务机关核定。

(8) 纳税人对纳税凭证应妥善保存。凭证的保存期限,凡国家已有明确规定的,按规定办理;其他凭证均应在履行纳税义务完毕后保存 1 年。

七、印花税的处罚规定

印花税由税务机关依照《中华人民共和国印花税法》和《中华人民共和国税收征收管理法》的规定征收管理。

纳税人、扣缴义务人和税务机关及其工作人员违反本法规定的,依照《中华人民共和国税收征收管理法》和有关法律、行政法规的规定追究法律责任。

任务四 车辆购置税法律制度

一、车辆购置税的概念

车辆购置税是对在我国境内购置规定车辆的单位和个人征收的一种税,它由车辆购置附加费演变而来。就其性质而言,其属于直接税的范畴。其特点为纳税范围单一、纳税环节单一、税率单一、纳税具有特定目的。车辆购置税属于价外税,税负不发生转嫁。

车辆购置附加费的征收是国家向购车单位和个人在购车时征收用于公路建设的专用资金,由交通管理部门进行征收。为了加快公路建设,扭转交通运输紧张状况,使公路建设有长期稳定的资金来源,国家规定对所有购置车辆的单位和个人包括国家机关和军队一律征收车辆购置附加费。2000年10月22日,国务院颁布《中华人民共和国车辆购置税暂行条例》规定,从2001年1月1日起开始向有关车辆征收车辆购置税,原有的车辆购置附加费取消。2014年12月2日,《车辆购置税征收管理办法》(国家税务总局令第33号)公布,于2015年2月1日起实施。2018年12月29日第十三届全国人民代表大会常务委员会第七次会议通过《中华人民共和国车辆购置税法》,并于2019年7月1日起施行。

二、车辆购置税的纳税人与征税对象

车辆购置税的纳税人为购置(包括购买、进口、自产、受赠、获奖或以其他方式取得并自用)应税车辆的单位和个人。所称单位,包括国有企业、集体企业、私营企业、股份制企业、外商投资企业、外国企业以及其他企业和事业单位、社会团体、国家机关、部队以及其他单位;所称个人,包括个体工商户以及其他个人。征收范围包括汽车、摩托车、电车、挂车、农用运输车。

三、车辆购置税的应税行为

车辆购置税的应税行为是指在中华人民共和国境内购置应税车辆的行为。具体来讲,这种应税行为包括以下几种情况:

(1) 购买自用行为,包括购买使用国产应税车辆和购买自用进口应税车辆。

(2) 进口自用行为,指直接进口使用应税车辆的行为。

(3) 受赠使用行为。

(4) 自产自用行为。

(5) 获奖自用行为。

(6) 其他自用行为,如拍卖、抵债、走私、罚没等方式取得并自用的应税车辆。

四、车辆购置税的税率

我国车辆购置税实行统一比例税率,税率为10%。

五、车辆购置税的计算

(一) 计税依据

1) 购买自用应税车辆,以计税价格为计税依据。

计税价格的组成为纳税人购买应税车辆而支付给销售者的全部价款和价外费用(不包括增值税税款)。

$$计税价格=含增值税的销售价格÷(1+增值税税率或征收率)$$

2) 进口自用应税车辆,以组成计税价格为计税依据。

$$组成计税价格=关税完税价格+关税+消费税$$

3) 其他自用应税车辆计税依据的确定。

纳税人自产、受赠、获奖和以其他方式取得并自用的应税车辆的计税价格,按购置该型号车辆的价格确认,不能取得购置价格的,则由主管税务机关参照国家税务总局规定相同类型应税车辆的最低计税价格核定。

4) 以最低计税价格为计税依据的确定。

现行政策规定:"纳税人购买自用或者进口自用应税车辆,申报的计税价格低于同类型应税车辆的最低计税价格,又无正当理由的,按照最低计税价格征收车辆购置税。"

几种特殊情形应税车辆的最低计税价格规定如下:

(1) 对已缴纳车辆购置税并办理了登记注册手续的车辆,底盘(车架)发生更换,其计税按最新核发的同类型新车最低计税价格的70%计算。

(2) 免税、减税条件消失的车辆,其计税依据的确定方式为:

$$计税依据=同类型新车最低计税价格×[1-(已使用年限×10\%)]×100\%$$

其中,规定使用年限按10年计算;超过使用年限的车辆,计税依据为0,不再征收车辆购置税。未满1年的应税车辆计税依据为最新核发的同类型车辆最低计税价格。

(3) 国家税务总局未核定最低计税价格的车辆,计税依据为已核定同类型车辆的最低计税价格。

5) 进口旧车、不可抗力因素导致受损的车辆、库存超过3年的车辆、行驶8万公里以上的试验车辆、国家税务总局规定的其他车辆,凡纳税人能出具有效证明的,计税依据为纳税人提供的统一发票或有效凭证注明的计税价格。

6) 对于国家授权的执法部门没收的走私车辆、被司法机关和行政执法部门依法没收并拍卖的车辆,其库存(或使用)年限超过3年或行驶里程超过8万公里的,主管税务机关依据纳税人提供的统一发票或有效证明注明的价格确定计税依据。

7）车辆购置税计税依据使用统一货币单位计量。

纳税人以外汇结算应税车辆价款的，按照申报纳税之日中国人民银行公布的人民币基准汇价，折合成人民币计算应纳税额。

（二）应纳税额的计算

车辆购置税应纳税额的计算公式如下：

$$应纳税额 = 计税价格 \times 税率$$

【案例9-5】

李某于2022年2月13日，从广州市某汽车公司购买一辆轿车供自己使用，支付车款110 000元（含增值税）。另外支付的各项费用有：临时牌照费用200元，购买工具、用具1 600元，代收保险费400元，车辆装饰费4 800元。各项款项由汽车销售公司开具发票。

要求：计算李某应缴纳的车辆购置税。

【案例分析】

$$计税价格 = (110\,000 + 200 + 1\,600 + 400 + 4\,800) \div (1 + 17\%) = 100\,000（元）$$

$$应缴纳的车辆购置税 = 100\,000 \times 10\% = 10\,000（元）$$

六、车辆购置税的税收优惠

（一）车辆购置税减免的具体规定

（1）外国驻华使馆、领事馆和国际组织驻华机构及其外交人员自用车辆免税。

（2）中国人民解放军和中国人民武装警察部队列入军队武器装备订货计划的车辆免税。

（3）设有固定装置的非运输车辆免税。

（4）防汛部门和森林消防等部门购置的由指定厂家生产的指定型号的用于指挥、检查、调度、报汛（警）、联络的专用车辆免税。

（5）回国服务的留学人员用现汇购买1辆个人自用国产小汽车免税。

（6）长期来华定居专家购置1辆自用小汽车免税。

（7）三轮农用运输车免税。

（8）城市公交企业购置的公共汽电车辆免税。

（9）有国务院规定予以免税或者减税的其他情形的，按照规定免税或者减税。

（二）车辆购置税的退税

（1）公安机关车辆管理机构不予办理车辆登记注册手续的，凭生产企业或经销商开具的退车证明和退车发票、完税证明正本、公安机关车辆管理机构出具的注销车辆号牌证明办理退税手续。

（2）因质量等原因发生退回所购车辆的，凭生产企业或经销商的退货证明、退车发票、完税证明正本和副本办理退税手续。

七、车辆购置税的征收管理

1. 纳税环节

车辆购置税实行一车一申报制度，是对应税车辆的购置行为课征的，因此，征税环节选择在使用环节(即最终消费环节)。现行政策规定,纳税人应当在向公安机关等车辆管理机构办理车辆登记注册手续前,缴纳车辆购置税。即车辆购置税是在应税车辆上牌登记注册前的使用环节征收。车辆购置税选择单一环节,实行一次课征制度,购置已征车辆购置税的车辆,不再征收车辆购置税。但减税、免税条件消失的车辆,即减税、免税车辆因转让后改变用户或改制后车型、用途(或使用性质)发生变化等原因不属于免税、减税范围的,仍应按规定缴纳车辆购置税。

2. 纳税地点

纳税人购置应税车辆,应当向车辆登记注册地的主管税务机关申报纳税;购置不需办理车辆登记注册手续的应税车辆,应当向纳税人所在地的主管税务机关申报纳税。车辆登记注册地是指车辆的上牌落籍地或落户地。概括地讲,车辆购置税的纳税地点为应税车辆登记注册地(即上牌照落户地)或居住地。

3. 纳税期限

纳税人购买自用的应税车辆,自购买之日起60日内申报纳税;进口自用的应税车辆,应当自进口之日起60日内申报纳税;自产、受赠、获奖和以其他方式取得并自用应税车辆的,应当在取得之日起60日内申报纳税。

免税车辆因转让、改变用途等原因,其免税条件消失的,纳税人应在免税条件消失之日起60日内到主管税务机关重新申报纳税。免税车辆发生转让,但仍属于免税范围的,受让方应当自购买或取得车辆之日起60日内到主管税务机关重新申报免税。

车辆购置税税款应当一次缴清。

八、车辆购置税的处罚规定

税务机关发现纳税人未按规定缴纳车辆购置税的,有权责令其补缴;纳税人拒绝缴纳的,税务机关可以通知公安机关车辆管理部门暂扣纳税人的车辆牌照。

纳税人缴清税款后,主管税务机关及时通知公安机关车辆管理部门解除暂扣车辆牌照。

【知识拓展】

印花税的历史

印花税的纳税人按规定的应税比例和定额自行购买并粘贴印花税票,即完成纳税义务。证券交易印花税,是印花税的一部分,根据书立证券交易合同的金额对卖方计征,税率为1‰。经国务院批准,财政部决定从2008年9月19日起,对证券交易印花税政策进行调整,由现行双边征收改为单边征收,即只对卖出方(或继承及赠与A股、B股股权的出让方)征收证券(股票)交易印花税,对买入方(受让方)不再征税。税率仍保持1‰。

印花税是一个很古老的税种,人们比较熟悉,但它的起源却鲜为人知。从税史学理论上讲,任何一种税种的出台,都离不开当时的政治与经济的需要,印花税的产生也是如此,且其间有不少趣闻。

1624年,荷兰政府发生经济危机,财政困难。当时执掌政权的统治者摩里斯(Maurs)为了解决财政需要的问题,拟提出要用增加税收的办法来解决支出的困难,但又怕人民反对,便要求政府的大臣们出谋献策。众大臣议来议去,就是想不出两全其美的妙法来。于是,荷

兰的统治阶级就采用公开招标办法,以重赏来寻求新税设计方案,谋求敛财之妙策。印花税就是从千万个应征者设计的方案中精选出来的"杰作"。可见,印花税的产生较之其他税种,更具有传奇色彩。

印花税的设计者可谓独具匠心。他观察到人们在日常生活中使用契约、借贷凭证之类的单据很多,连绵不断,所以,一旦征税,税源将很多。而且,人们还有一个心理,认为凭证单据上由政府盖个印,就成为合法凭证,在诉讼时可以有法律保障,因而对缴纳印花税也乐于接受。正是这样,印花税被资产阶级经济学家誉为税负轻微、税源畅旺、手续简便、成本低廉的"良税"。英国的哥尔柏(Kolebe)说过:"税收,就是拔最多的鹅毛,听最少的鹅叫。"印花税就是这种具有"听最少鹅叫"特点的税种。

从1624年世界上第一次在荷兰出现印花税后,由于印花税"取微用宏",简便易行,欧美各国竞相效法。丹麦在1660年、法国在1665年、部分北美国家在1671年、奥地利在1686年、英国在1694年先后开征了印花税。它在不长的时间内,就成为世界上普遍采用的一个税种,在国际上盛行。

根据我国《印花税暂行条例》规定,个人买卖房地产按交易合同记载金额的5‰的税率对买卖双方征收印花税。

印花税的名称来自中国。1889年(光绪十五年)总理海军事务大臣奕劻奏请清政府开办用某种图案表示完税的税收制度。可能由于翻译原因,其被称为印花税。其后的1896年和1899年,陈璧、伍延芳分别再次提出征收印花税,并了解了多国税收章程。直到1903年,清政府才下决心正式办理,但立即遭到各省反对,只得放弃。1904年军机大臣奕劻、1907年度支部因禁止鸦片又请清政府开办税收业务并拟就《印花税规则》及《办事章税》,此次终获批准,再次决定于1908年先由直隶试办,但又遭商民反对,拖至1911年辛亥革命至清灭亡,清政府始终没能实现征收印花税之事。在此特别指出,西方各国并没有明确的印花税概念,早期提出印花税概念的是中国清政府,其清政府为了简便起见,将各类税种统统纳入了印花税范畴。印花税乃是中国的发明。为了实行印花税制,清政府曾分别于1896年请英国印制了3年印花税票,1902年请日本、1908年请美国两次印制税票。由于不能实施,唯有"红印花"后被加盖成邮票,而日本、美国所印税票均没有被派上用场。

辛亥革命后,北洋政府于1912年10月正式公布了《印花税法》,并于1913年正式实施。这是中国征收印花税的起始。1913年至1949年年底,中华民国政府共印制发行了9套印花税票,地方印制29套印花税票,同时还印制了契税票、汇兑印纸、司法印纸等税票。其中有名的为"长城图""嘉禾图""孙中山像"等印花税票。在此期间,中国共产党领导的各革命根据地、解放区也印制了多种印花税票。自1938年5月晋察冀边区开始,东北、山东、华中、陕甘宁、东江等地都印制发行了印花税票。其中有的是在中华民国税票上加字;有的是由革命政府自行印制的,如"帆船""工厂""运输"等印花税票。

中华人民共和国成立后,由于税收不统一,中央政府于1950年1月30日公布了《全国税政实施要则》,于1950年12月公布了《印花税暂行条例》,并于1951年1月公布了《印花税暂行条例施行细则》,从此统一了印花税法。在此期间,中央政府分别于1949年11月发行"旗球图"印花税票;于1952年7月发行"机器图""鸽球图"印花税票,并一直用到1958

年。全国施行税改时期,中央取消了印花税并将其并入工商统一税。1988年8月6日,中华人民共和国国务院11号令发布《中华人民共和国印花税暂行条例》,规定重新在全国统一开征印花税。同年10月1日,我国正式恢复征收印花税,国家税务总局监制发行了新中国第三套印花税票,图案表现了宇航、钻井、海陆空交通、炼钢、收割机、大学等,该套印花税票被称为"建设图"。2001年,中国印制发行了"社会主义现代化建设图"一套9枚的印花税票,还印制了小型张一枚。2003年,中国又印制发行了恢复印花税收后的第三套印花税票"中国世界文化遗产图"一套9枚,同时印制了小型张1枚、六连张1枚、小全张1枚、小本票1种,并制作了纪念册。

(资料来源:中华财会网)

课后练习题

一、单项选择题

1. 纳税人所在地为市区的,城市维护建设税税率为( )。
   A. 1%   B. 5%   C. 7%   D. 11%

2. 根据国务院《关于教育费附加征收问题的紧急通知》的精神,教育费附加征收率为"二税"税额的( )。
   A. 1%   B. 3%   C. 5%   D. 7%

3. 对新办的商贸企业(从事批发、批零兼营以及其他非零售业务的商贸企业除外),当年新招用下岗失业人员达到职工总数( ),并与其签订1年以上期限劳动合同的,经劳动保障部门认定税务机关审核3年内免征城市维护建设税和教育费附加。
   A. 10%以上(含10%)   B. 20%以上(含20%)
   C. 30%以上(含30%)   D. 50%以上(含50%)

4. 对出口产品退还增值税、消费税的,( )已缴纳的城建税。
   A. 不退还   B. 部分退还   C. 全退还   D. 先征后退

5. 对下岗失业人员从事个体经营(除建筑业、娱乐业以及广告业、桑拿、按摩、网吧、氧吧外)的,自领取税务登记证之日起,( )年内免征城市维护建设税和教育费附加。
   A. 5   B. 3   C. 2   D. 1

6. 合同及证照中,应缴纳印花税的是( )。
   A. 法律顾问合同   B. 审计咨询合同
   C. 贴息贷款合同   D. 发电厂与电网订立的购电合同

7. 下列选项中,印花税税率为0.5‰的应税凭证是( )。
   A. 租赁合同   B. 股权转让书据
   C. 专利权转让书据   D. 借款合同

8. 关于印花税的计税依据,下列表述中,正确的是( )。
   A. 货物运输合同以运输费用和装卸费用总额为计税依据
   B. 建筑安装工程承包后又转包的,以承包总额扣除转包金额后为计税依据

C. 以物易物方式进行商品交易签订的合同,以购销合计金额为计税依据

D. 由委托方提供主要材料的加工合同,以加工费和主要材料金额合计为计税依据

9. 下列关于车辆购置税的说法中,正确的是(   )。

   A. 外国公民在境内购置汽车,免征车辆购置税

   B. 已税车辆更换变速箱,不需要重新办理车辆购置税纳税申报

   C. 纳税人购买四轮农用运输车,免征车辆购置税

   D. 参加比赛获奖所得的汽车,不需要缴纳车辆购置税

10. 根据车辆购置税法的有关规定,下列表述中,错误的是(   )。

    A. 车辆购置税实行比例税率

    B. 车辆购置税属于直接税

    C. 外国公民在中国境内购置车辆免税

    D. 受赠使用的新车需要缴纳车辆购置税

二、多项选择题

1. 城建税以纳税人实际缴纳的(   )税额为计税依据。

   A. 增值税　　　B. 消费税　　　C. 关税　　　D. 企业所得税

2. 2010年12月1日起,(   )及外籍个人开始征收城市维护建设税。

   A. 外商投资企业　B. 外国企业　　C. 外籍个人　　D. 国有企业

3. 城建税税款专门用于城市的(   )维护建设。

   A. 企业内部环境　　　　　　　B. 企业外部环境

   C. 公用事业　　　　　　　　　D. 公共设施

4. 对增值税、消费税实行(   )办法的,除另有规定外,对随"二税"附征的城市维护建设税和教育费附加,一律不予退(返)还。

   A. 即征即退　　B. 即征即返　　C. 先征后返　　D. 先征后退

5. 城市维护建设税的纳税人是在征税范围内从事工商经营,并缴纳增值税、消费税的单位和个人,包括(   )等。

   A. 国有企业　　　　　　　　　B. 私营企业

   C. 行政单位　　　　　　　　　D. 个体工商户

6. 下列合同和书据,应按"产权转移书据"税目征收印花税的有(   )。

   A. 商品房销售合同

   B. 土地使用权出让合同

   C. 土地使用权转让合同

   D. 个人无偿赠与书立的产权转移书据

7. 下列关于征收印花税的说法中,正确的有(   )。

   A. 印花税应当在书立或领受时贴花

   B. 企业因改制签订的产权转移书据应缴纳印花税

   C. 印花税票应贴在应纳税凭证上,由纳税人注销或划销

   D. 税务机关可以委托单位或个人代售印花税票,按代售金额5%的比例支付代售手续费

8. 购买下列车辆,应计算缴纳车辆购置税的有( )。
   A. 出租车　　　　　　　　　　B. 救护车
   C. 摩托车　　　　　　　　　　D. 国际组织驻华机构自用车辆
9. 纳税人已经缴纳车辆购置税,在办理车辆登记注册手续前,可以申请退还车辆购置税的有( )。
   A. 被盗的车辆
   B. 因设计制造缺陷召回的车辆
   C. 因质量原因退回的车辆
   D. 公安机关车辆管理机构不予办理登记注册手续的车辆
10. 下列属于车辆购置税的应税行为的有( )。
    A. 购买自用　　　　　　　　　B. 受赠使用
    C. 自产自用　　　　　　　　　D. 获奖自用

三、判断题

1. 教育费附加以纳税人应缴纳的增值税、消费税税额为计算依据。（　）
2. 海关对进口产品代征增值税、消费税的,征收城市维护建设税。（　）
3. 纳税人在被查补"二税"和被处以罚款时,应同时对其偷漏的城建税进行补税、征收滞纳金和罚款。（　）
4. 城建税纳税人实际缴纳的增值税、消费税税额的地点,就是该纳税人缴纳城建税的地点。（　）
5. 城建税属于资源税,是国家为加强城市的维护建设,扩大和稳定城市维护建设资金的来源而采取的一项税收措施。（　）
6. 由两方或两方以上当事人共同书立应税凭证的,其当事人各方都是印花税的纳税人,应各就其所持凭证的计税金额履行纳税义务。（　）
7. 印花税在合同兑现时,应计税贴花。（　）
8. 已经缴纳印花税的凭证副本或者抄本也应计税贴花。（　）
9. 车辆购置税的应税行为是指在中华人民共和国境内外购置应税车辆的行为。（　）
10. 城市公交企业购置的公共汽电车辆,免征车辆购置税。（　）

四、计算题

1. 某县城一企业2022年12月份应缴纳增值税38 000元,应缴纳消费税23 000元。实际缴纳增值税35 000元,实际缴纳消费税20 000元。
   要求:计算该企业应缴纳的城市维护建设税及教育费附加。
2. 某城市一企业2022年12月份实际缴纳进口环节增值税15 800元、消费税13 500元、关税16 500元;境内销售商品实际缴纳增值税48 000元,实际缴纳消费税35 000元。
   要求:计算该企业应缴纳的城市维护建设税及教育费附加。
3. 某公司作为受托方签订甲、乙两份加工承揽合同。甲合同约定:由委托方提供主要材料(金额300万元),受托方只提供辅助材料(金额20万元),受托方另收取加工费50万元;乙合同约定:由受托方提供主要材料(金额200万元)并收取加工费40万元。

要求:计算该公司签订的上述合同应缴纳的印花税。

五、综合实训题

1. 某汽车修配厂与机械进出口公司签订购买价值为 2 000 万元的测试设备合同,为购买此设备与工商银行签订借款 2 000 万元的借款合同。后因故购销合同作废,改签融资租赁合同,租赁费 1 000 万元。

要求:计算该厂签订的上述合同应缴纳的印花税。

2. 甲公司 2021 年 8 月开业,实收资本 6 000 万元。2022 年增加资本公积 200 万元,3 月份与乙公司签订受托加工合同,约定由甲公司提供原材料 100 万元,并向乙公司收取加工费 20 万元;5 月份与丙公司签订技术开发合同记载金额 100 万元。

要求:计算甲公司 2022 年应缴纳的印花税。

3. 张某 2022 年 9 月 8 日从上海大众汽车有限公司购买 1 辆桑塔纳轿车供自己使用,支付车价款 106 000 元(含增值税),另支付代收临时牌照费 150 元,代收保险费 352 元,支付购买工具和零配件价款 2 035 元,车辆装饰费 250 元。支付的各项价费均由上海大众汽车有限公司开具机动车销售统一发票和有关票据。

要求:计算张某应缴纳的车辆购置税。

4. 某部队在更新武器装备过程中,将设有雷达装置的东风 EQ5092TLD 雷达车进行更换,该车使用年限为 10 年,已使用 4 年,属列入军队武器装备计划的免税车辆,部队更换车辆时将雷达装备拆除,并将其改制为后勤用车。由于只改变车厢及某些部件,经审核,该车发动机、底盘、车身和电气设备四大组成部分的性能技术数据与东风 EQ1092F F202 型 5 吨汽车的性能数据相近。东风 EQ1092F F202 型 5 吨汽车核定的最低计税价格为 56 000 元。

要求:计算改制的这辆汽车应纳的车辆购置税税额。

项目十　税收征收管理法

学习目标

1. 知识目标
- 了解税款征收的原则、征收方式、征收制度
- 掌握税务登记、账簿、凭证管理、纳税申报的内容
- 掌握税务检查的形式、方法
- 理解税务行政复议与税务行政诉讼的概念及特点、受案范围与管辖、程序等内容

2. 能力目标
- 能熟练运用税收征收管理法规分析和解决实际税款征收管理过程中的涉税问题
- 能熟练进行税务登记及纳税申报工作

【导入案例】

某税务所在某年5月10日实施检查中发现某个体超市在该年4月15日领取营业执照后,未办理税务登记。据此,该税务所于当日作出责令该个体超市必须在该年5月15日前办理税务登记,逾期不办理的,将按照《税收征收管理法》有关规定处以罚款的决定。

请思考:某税务所的处理是否有效?

任务一　税收征收管理法概述

一、税收征收管理法的概念

税收征收管理法是有关税收征收管理法律规范的总称,包括税收征收管理法及税收征收管理的有关法律、法规和规章。《中华人民共和国税收征收管理法》(以下简称《税收征收管理法》)于1992年9月4日第七届全国人民代表大会常务委员会第二十七次会议通过,并于1993年1月1日起施行。1995年2月28日,第八届全国人民代表大会常务委员会第十二次会议通过了对《税收征收管理法》的第一次修正;2001年4月28日,第九届全同人民代表大会常务委员会第二十一次会议通过了对《税收征收管理法》的第二次修订,并于2001年5月1日起施行。2013年和2015年全国人民代表大会常务委员会对《税收征收管现法》又

进行过两次修订。

二、《税收征收管理法》的立法目的

（一）加强税收征收管理

税收征收管理是国家征税机关依据国家税收法律、行政法规的规定，按照统一的标准，通过一定的程序，对纳税人应纳税额组织入库的一种行政活动，是国家将税收政策贯彻实施到每个纳税人，有效地组织税收收入及时、足额入库的一系列活动的总称。税收征管工作的好坏，直接关系到税收职能作用能否很好地发挥。加强税收征收管理，是《税收征收管理法》立法的首要目的。

（二）规范税收征收和缴纳行为

《税收征收管理法》既要为税务机关、税务人员依法行政提供标准和规范，税务机关、税务人员必须依照该法的规定进行税收征收，其一切行为都要依法进行，违者要承担法律责任；同时也要为纳税人缴纳税款提供标准和规范，纳税人只有按照法律规定的程序和办法缴纳税款，才能更好地保障自身的权益。因此，在该法中加入"规范税收征收和缴纳行为"的目的，是对依法治国、依法治税思想的深刻理解和运用，为《税收征收管理法》其他条款的修订指明了方向。

（三）保障国家税收收入

税收收入是国家财政的主要来源，组织税收收入是税收的基本职能之一。《税收征收管理法》是税收征收管理的标准和规范，其根本目的是保证税收收入的及时、足额入库，这也是任何一部《税收征收管理法》都具有的目的。

（四）保护纳税人的合法权益

税收征收管理作为国家的行政行为，一方面要维护国家的利益，另一方面要保护纳税人的合法权益不受侵犯。纳税人按照国家税收法律、行政法规的规定缴纳税款之外的任何其他款项，都是对纳税人合法权益的侵害。保护纳税人的合法权益一直是《税收征收管理法》的立法目的。

（五）促进经济发展和社会进步

税收是国家宏观调控的重要杠杆，《税收征收管理法》是市场经济的重要法律规范。这就要求税收征收管理的措施，如税务登记、纳税申报、税款征收、税收检查、税收政策等，要以促进经济发展和社会进步为目标，方便纳税人，保护纳税人。因此，在该法中加入"促进经济和社会发展"的目的，表明了税收征收管理的历史使命和前进方向。

二、税收征收管理法的适用范围

我国税收的征收机关有税务部门和海关部门，税务机关征收各种工商税收，海关征收关税。《税收征收管理法》只适用于由税务机关征收的各种税收的征收管理。海关征收的关税及代征的增值税、消费税，适用其他法律、法规的规定。

值得注意的是，目前还有一部分政府收费由税务机关征收，如教育费附加。这些收费不适用《税收征收管理法》，不能采取《税收征收管理法》规定的措施，其具体管理办法由收费的条例和规章决定。

三、《税收征收管理法》的遵守主体

(一) 税务行政主体——税务机关

《税收征收管理法》和《中华人民共和国税收征收管理法实施细则》(以下简称《实施细则》)规定:"税务机关是指各级税务局、税务分局、税务所和省以下税务局的稽查局。稽查局专司逃避追缴欠税、骗税、抗税案件的查处。国家税务总局应明确划分税务局和稽查局的职责,避免职责交叉。"上述规定既明确了税收征收管理的行政主体(执法主体),也明确了《税收征收管理法》的遵守主体。

(二) 税务行政管理相对人——纳税人、扣缴义务人和其他有关单位

法律、行政法规规定负有纳税义务的单位和个人为纳税人。法律、行政法规规定负有代扣代缴、代收代缴税款义务的单位和个人为扣缴义务人。纳税人、扣缴义务人必须依照法律、行政法规的规定缴纳税款、代扣代缴、代收代缴税款。纳税人、扣缴义务人和其他有关单位应当按照国家有关规定如实向税务机关提供与纳税和代扣代缴、代收代缴税款有关的信息。所以,纳税人、扣缴义务人和其他有关单位是税务行政管理的相对人,是《税收征收管理法》的遵守主体,必须按照《税收征收管理法》的有关规定接受税务管理,享受合法权益。

(三) 有关单位和部门

地方各级人民政府应当依法加强对本行政区域内税收管理工作的领导或者协调,支持税务机关依法执行职务,依照法定税率计算税额,依法征收税款。各有关部门和单位应当支持、协助税务机关依法执行职务。那么,这也进一步说明包括地方各级人民政府在内的有关单位和部门同样是《税收征收管理法》的遵守主体,必须遵守《税收征收管理法》的有关规定。

任务二 税 务 管 理

一、税务登记管理

税务登记是税务机关对纳税人的生产、经营活动进行登记并据此对纳税人实施税务管理的一种法定制度。税务登记又称纳税登记,它是税务机关对纳税人实施税收管理的首要环节和基础工作,是征纳双方法律关系成立的依据和证明,也是纳税人必须依法履行的义务。根据《税收征收管理法》和国家税务总局印发的《税务登记管理办法》,我国税务登记制度大体包括以下内容。

(一) 设立税务登记

企业在外地设立的分支机构和从事生产、经营的场所,个体工商户和从事生产、经营的事业单位(以下统称"从事生产、经营的纳税人"),向生产、经营所在地税务机关申报办理税务登记:

(1) 从事生产、经营的纳税人领取工商营业执照的,应当自领取工商营业执照之日起30内申报办理税务登记,税务机关发放税务登记证及副本。

(2) 从事生产、经营的纳税人未办理工商营业执照但经有关部门批准设立的,应当自有关部门批准设立之日起30日内申报办理税务登记,税务机关发放税务登记证及副本。

(3) 从事生产、经营的纳税人未办理工商营业执照也未经有关部门批准设立的,应当自纳税义务发生之日起30日内申报办理税务登记,税务机关发放临时税务登记证及副本。

(4) 有独立的生产经营权、在财务上独立核算并定期向发包人或者出租人上交承包费或租金的承包承租人,应当自承包承租合同签订之日起30日内,向其承包租赁业务发生地税务机关申报办理税务登记,税务机关发放临时税务登记证及副本。

(5) 境外企业在中国境内承包建筑、安装、装配、勘探工程和提供劳务的,应当自项目合同或协议签订之日起30内,向项目所在地税务机关申报办理税务登记,税务机关发放临时税务登记证及副本。

(6) 规定以外的其他纳税人,除了国家机关、个人和无固定生产、经营场所的流动性农村小商贩,均应当自纳税义务发生之日起30日内,向纳税义务发生地税务机关申报办理税务登记,税务机关发放税务登记证及副本。

根据《税务总局关于推进工商营业执照、组织机构代码证和税务登记证"三证合一"改革的若干意见》(税总发〔2014〕152号),税务登记证和工商营业执照、组织机构代码证实行"三证合一",由"三证联办"和"一证三码"逐渐发展为"一证一码"。

根据《国家税务总局关于落实"三证合一"登记制度改革的通知》(税总函〔2015年〕482号),自2015年10月1日起,新设立企业、农民专业合作社领取由工商行政管理部门核发加载法人和其他组织社会统一社会信用代码的营业执照后,无须再次进行税务登记,不再领取税务登记证。企业办理涉税事宜时,在完成补充信息采集后,凭加载统一代码的营业执照可代替税务登记证使用。工商登记"一个窗口"统一受理申请后,申请材料和登记信息在部门间共享,各部门数据互换、档案互认。

根据《国家税务总局关于明确社会组织等纳税人使用统一社会信用代码及办理税务登记有关问题的通知》(税总函〔2016〕121号),对于2016年1月1日以后在机构编制、民政部门登记设立并取得统一社会信用代码的纳税人,以18位统一社会信用代码为其纳税人识别号,按照现行规定办理税务登记,发放税务登记证件。

【案例11-1】

2012年7月,李某的儿子李一大学毕业后为其父的培训学校,注册为个体工商户,并为培训学校提供午餐及晚餐配送服务。2018年8月,李某突发心肌梗塞死亡,培训学校的经营状况随之一落千丈。截至2020年1月,培训学校停止经营,李一的生意也大受影响。此后,李一只能沿街向零星顾客出售快餐,勉强维持生计。2023年2月1日,当地税务局找到李一,告知其自成立个体工商户以来,未办理税务登记,已经构成偷税。要求对李一核定补缴自2012年7月至2022年12月的税款共计358 328.46元,滞纳金共计583 284.12元,并处以不缴税款金额3倍的罚款共计1 074 985.38元,合计2 016 579.96元。李一因自其父过世后经营状况一直不佳,无力支付数额巨大的税款。请问:当地税务局的处理是否妥当,为什么?

【案例分析】

税务局的处理不妥当。李一向当地华税律师事务所咨询,随后华税律师事务所与当地税务机关进行沟通协调。华税律师事务所经过详细了解案件情况,认为李一虽未办理税务登记,少缴了税款,但由于未缴税款大部分已经超过了追溯期限,不应再被追缴,且不构成偷税,李一的行为应适用《中华人民共和国税收征收管理法》第52条第2款的规定,追征期为3年或5年。由于李一经营收入较少,不缴税款金额不大,追征期应为3年。当地税务机关最终认可了华税律师事务所的观点,向李一追缴税款13 290.15元,滞纳金6 325.73元,罚款13 290.15元,合计32 906.03元。

(二) 变更、注销税务登记

变更税务登记是指纳税人税务登记内容发生变化时向税务机关申报办理的税务登记手续;注销税务登记是指纳税人税务登记内容发生了根本性变化,依法需终止履行纳税义务时向税务机关申报办理的税务登记手续。

1. 变更税务登记的适用范围及时间要求

纳税人已在工商行政管理机关办理变更登记的,应当自工商行政管理机关变更登记之日起30日内,向原税务登记机关如实提供下列证件、资料,申报办理变更税务登记:

(1) 工商登记变更表。

(2) 纳税人变更登记内容的有关证明文件。

(3) 税务机关发放的原税务登记证件(登记证正、副本和《税务登记表》等)。

(4) 其他有关资料。

纳税人按照规定不需要在工商行政管理机关办理变更登记,或者其变更登记的内容与工商登记内容无关的,应当自税务登记内容实际发生变化之日起30日内,或者自有关机关批准或者宣布变更之日起30日内,持下列证件到原税务登记机关申报办理变更税务登记:

(1) 纳税人变更登记内容的有关证明文件。

(2) 税务机关发放的原税务登记证件(登记证正、副本和《税务登记表》等)。

(3) 其他有关资料

纳税人提交的有关变更登记的证件、资料齐全的,应如实填写《税务登记变更表》,符合规定的,税务机关应当日办理;不符合规定的,税务机关应通知其补正。

税务机关应当于受理当日办理变更税务登记。纳税人《税务登记表》和《税务登记证》中的内容都发生变更的,税务机关按变更后的内容重新发放税务登记证件;纳税人《税务登记表》的内容发生变更而《税务登记证》中的内容未发生变更的,税务机关不重新发放税务登记证件。

2. 注销税务登记的适用范围及时间要求

(1) 纳税人发生解散、破产、撤销以及其他情形,依法终止纳税义务的,应当在向工商行政管理机关或者其他机关办理注销登记前,持有关证件和资料向原税务登记机关申报办理注销税务登记;按规定不需要在工商行政管理机关或者其他机关办理注册登记的,应当自有关机关批准或者宣告终止之日起15日内,持有关证件和资料向原税务登记机关申报办理注销税务登记。

(2) 纳税人被工商行政管理机关吊销营业执照或者被其他机关予以撤销登记的,应当自营业执照被吊销或者被撤销登记之日起 15 日内,向原税务登记机关申报办理注销税务登记。

(3) 纳税人因住所、经营地点变动,涉及变更税务登记机关的,应当在向工商行政管理机关或者其他机关申请办理变更、注销登记前,或者住所、经营地点变动前,持有关证件和资料,向原税务登记机关申报办理注销税务登记,并自注销税务登记之日起 30 日内向迁达地税务机关申报办理税务登记。

(4) 境外企业在中国境内承包建筑、安装、装配、勘探工程和提供劳务的,应当在项目完工、离开中国境内前 15 日内,持有关证件和资料,向原税务登记机关申报办理注销税务登记。

根据税总函〔2016〕121 号文件,已实行"三证合一,一照一码"登记模式的企业、农民专业合作社办理注销登记,须先向主管税务机关申报清税,填写《清税申报表》。清税完毕后由受理税务机关根据清税结果向纳税人统一出具《清税证明》。

(三) 停业、复业登记

实行定期定额征收方式的个体工商户需要停业的,应当在停业前向税务机关申报办理停业登记。纳税人的停业期限不得超过 1 年。纳税人在申报办理停业登记时,应如实填写《停业复业报告书》,说明停业理由、停业期限、停业前的纳税情况和发票的领、用、存的情况,并结清应纳税款、滞纳金、罚款。税务机关应收存其《税务登记证》正(副)本、《发票领购簿》、未使用完的发票和其他税务证件。纳税人在停业期间发生纳税义务的,应当按照税收法律、行政法规的规定申报缴纳税款。纳税人应当于恢复生产经营之前,向税务机关申报办理复业登记,如实填写《停业复业报告书》,领回并启用《税务登记证》《发票领购簿》及其停业前领购的发票。纳税人停业期满不能及时恢复生产经营的,应当在停业期满前到税务机关办理延长停业登记,并如实填写《停业复业报告书》。

(四) 非正常户处理

已办理税务登记的纳税人未按照规定的期限进行纳税申报,税务机关依法责令其限期改正。纳税人逾期不改正的,税务机关可以按照《税收征收管理法》第七十二条"从事生产、经营的纳税人、扣缴义务人有本法规定的税收违法行为,拒不接受税务机关处理的,税务机关可以收缴其发票或者停止向其发售发票"的规定处理。纳税人负有纳税申报义务,但连续 3 个月所有税种均未进行纳税申报的,税收征管系统自动将其认定为非正常户,并停止其《发票领购簿》和发票的使用。对欠税的非正常户,税务机关依照《税收征收管理法》及其《实施细则》的规定追征税款及滞纳金。已认定为非正常户的纳税人,就其逾期未申报行为接受处罚、缴纳罚款,并补办纳税申报的,税收征管系统自动解除非正常状态,无须纳税人专门申请解除。

二、账簿、凭证管理

账簿是纳税人、扣缴义务人连续地记录其各种经济业务的账册或簿籍。凭证是纳税人用来记录经济业务,明确经济责任,并据以登记账簿的书面证明。账簿、凭证管理是继税务登记之后税收征管的又一重要环节,在税收征管中占有十分重要的地位。

(一)账簿、凭证管理

1. 对账簿、凭证设置的管理

(1)设置账簿的范围。根据《税收征收管理法》第十九条和《税收征收管理法实施细则》第二十二条的有关规定,所有的纳税人和扣缴义务人都必须按照有关法律、行政法规和国务院财政、税务主管部门的规定设置账簿。账簿是指总账、明细账、日记账以及其他辅助性账簿。总账、日记账应当采用订本式。从事生产、经营的纳税人应当自领取营业执照或者发生纳税义务之日起15日内设置账簿。扣缴义务人应当自税收法律、行政法规规定的扣缴义务发生之日起10日内,按照所代扣、代收的税种,分别设置代扣代缴、代收代缴税款账簿。生产、经营规模小又确无建账能力的纳税人,可以聘请经批准从事会计代理记账业务的专业机构或者财会人员代为建账和办理账务;聘请上述机构或者人员有实际困难的,经县以上税务机关批准,可以按照税务机关的规定,建立收支凭证粘贴簿、进货销货登记或者使用税控装置。

(2)对会计核算的要求。根据《税收征收管理法》第十九条的有关规定,所有纳税人和扣缴义务人都必须根据合法、有效的凭证进行账务处理纳税人建立的会计电算化系统应当符合国家有关规定,并能正确、完整核算其收入或者所得。纳税人使用计算机记账的,应当在使用前将会计电算化系统的会计核算软件、使用说明书及有关资料报送主管税务机关备案纳税人、扣缴义务人会计制度健全,能够通过计算机正确、完整计算其收入和所得或者代扣代缴、代收代缴税款情况的,其计算机输出的完整的书面会计记录,可视同会计账簿。纳税人、扣缴义务人会计制度不健全,不能通过计算机正确、完整计算其收入和所得或者代扣代缴、代收代缴税款情况的,应当建立总账及与纳税或者代扣代缴、代收代缴税款有关的其他账簿。账簿、会计凭证和报表应当使用中文。民族自治地方可以同时使用当地通用的一种民族文字。外商投资企业和外国企业可以同时使用一种外国文字。如外商投资企业、外国企业的会计记录不使用中文的,应按照《税收征收管理法》第六十条第二款"未按照规定设置、保管账簿或者保管记账凭证和有关资料"的规定处理。

2. 对财务会计制度的管理

(1)备案制度。根据《税收征收管理法》第二十条和《税收征收管理法实施细则》第二十四条的有关规定,凡从事生产、经营的纳税人必须将所采用的财务、会计制度和具体的财务、会计处理办法,接税务机关的规定,自领取税务登记证件之日起15日内,及时报送主管税务机关备案。

(2)财会制度、办法与税收规定相抵触的处理办法。根据《税收征收管理法》第二十条的有关规定,当从事生产、经营的纳税人、扣缴义务人所使用的财务会计制度和具体的财务、会计处理办法与国务院、财政部和国家税务总局有关税收的规定相抵触时纳税人、扣缴义务人必须按照国务院制定的税收法规的规定或者财政部、国家税务总局制定的有关税收的规定计缴税款。

3. 关于账簿、凭证的保管

根据《税收征收管理法》第二十四条的有关规定,从事生产经营的纳税人、扣缴义务人必须按照国务院财政、税务主管部门规定的保管期限保管账簿、记账凭证、完税凭证及其他有关资料。账簿、记账凭证、完税凭证及其他有关资料不得伪造、变造或者擅自损毁。"除另有规定,根据《税收征收管理法实施细则》第二十九条的规定,账簿、记账凭证、报表、完税凭证发票、出口凭证以及其他有关涉税资料应当保存10年。

(二) 发票管理

根据《税收征收管理法》第二十一条的规定,税务机关是发票的主管机关,负责发票的印制、领购、开具、取得、保管、缴销的管理和监督。在全国范围内统一式样的发票由国家税务总局确定。在省、自治区、直辖市范围内统一式样的发票,由省、自治区、直辖市税务局(以下简称"省税务局")确定。

发票的基本联次包括存根联、发票联、记账联。存根联由收款方或开票方留存备查;发票联由付款方或受票方作为付款原始凭证;记账联由收款方或开票方作为记账原始凭证。发票的基本内容包括:发票的名称、发票代码和号码、联次及用途、客户名称、开户银行及账号、商品名称或经营项目、计量单位、数量、单价、大小写金额、开票人开票日期、开票单位(个人)名称(章)等。

根据《税收征收管理法》第二十二条的规定,增值税专用发票由国务院税务主管部门指定的企业印制;其他发票按照国务院税务主管部门的规定,分别由省、自治区直辖市税务局指定企业印制。未经规定的税务机关指定,不得印制发票。

1. 发票的领购管理

(1) 需要领购发票的单位和个人,应当持税务登记证件、经办人身份证明、按照国务院税务主管部门规定式样制作的发票专用章的印模,向主管税务机关办理发票领购手续。主管税务机关根据领购单位和个人的经营范围和规模,确认领购发票的种类、数量以及领购方式,在5个工作日内发给发票领购簿。单位和个人领购发票时,应当按照税务机关的规定报告发票使用情况,税务机关应当按照规定进行查验。

(2) 需要临时使用发票的单位和个人,可以凭购销商品、提供或者接受服务以及从事其他经营活动的书面证明、经办人身份证明,直接向经营地税务机关申请代开发票,依照税收法律、行政法规规定应当缴纳税款的,税务机关应当先征收税款、再开具发票。税务机关根据发票管理的需要,可以按照国务院税务主管部门的规定委托其他单位代开发票。禁止非法代开发票。

临时到本省、自治区、直辖市以外从事经营活动的单位或者个人,应当凭所在地税务机关的证明,向经营地税务机关领购经营地的发票。临时在本省、自治区、直辖市以内跨市、县从事经营活动领购发票的办法,由省、自治区、直辖市税务机关规定。

税务机关对外省、自治区、直辖市来本辖区从事临时经营活动的单位和个人领购发票的,可以要求其提供保证人或者根据所领购发票的票面限额以及数量交纳不超过1万元的保证金,并限期缴销发票。按期缴销发票的,解除保证人的担保义务或者退还保证金;未按期缴销发票的,由保证人或者以保证金承担法律责任。税务机关收取保证金应当开具资金往来结算票据。

2. 发票的开具和保管

单位、个人在购销商品、提供或者接受经营服务以及从事其他经营活动中,应当按照规定开具、使用、取得发票。普通发票开具、使用、取得的管理,应注意以下几点(增值税专用发票开具、使用、取得的管理,按增值税有关规定办理):

(1)销售商品、提供服务以及从事其他经营活动的单位和个人,对外发生经营业务收取款项,收款方应当向付款方开具发票;特殊情况下,由付款方向收款方开具发票。

(2)所有单位和从事生产、经营活动的个人在购买商品、接受服务以及从事其他经营活动支付款项时,应当向收款方取得发票。取得发票时,不得要求变更品名和金额。

(3)不符合规定的发票,不得作为财务报销凭证,任何单位和个人有权拒收。

(4)开具发票应当按照规定的时限、顺序、栏目,全部联次一次性如实开具,并加盖发票专用章。

任何单位和个人不得有下列虚开发票行为:①为他人、为自己开具与实际经营业务情况不符的发票;②让他人为自己开具与实际经营业务情况不符的发票;③介绍他人开具与实际经营业务情况不符的发票。

安装税控装置的单位和个人,应当按照规定使用税控装置开具发票,并按期向主管税务机关报送开具发票的数据。使用非税控电子器具开具发票的,应当将非税控电子器具使用的软件程序说明资料报主管税务机关备案,并按照规定保存、报送开具发票的数据。

开具发票的单位和个人应当建立发票使用登记制度,设置发票登记簿,并定期向主管税务机关报告发票使用情况。开具发票的单位和个人应当在办理变更或者注销税务登记的同时,办理发票和发票领购簿的变更、缴销手续。开具发票的单位和个人应当按照税务机关的规定存放和保管发票,不得擅自损毁。已经开具的发票存根联和发票登记簿,应当保存5年。保存期满,报经税务机关查验后销毁。

3. 发票的检查

税务机关在发票管理中有权进行下列检查:

(1)检查印制、领购、开具、取得、保管和缴销发票的情况。

(2)调出发票查验。

(3)查阅、复制与发票有关的凭证、资料。

(4)向当事各方询问与发票有关的问题和情况。

(5)在查处发票案件时,对与案件有关的情况和资料,可以记录、录音、录像、照相和复制。

印制、使用发票的单位和个人,必须接受税务机关依法检查,如实反映情况,提供有关资料,不得拒绝、隐瞒。税务人员进行检查时,应当出示税务检查证。税务机关需要将已开具的发票调出查验时,应当向被查验的单位和个人开具发票换票证。发票换票证与所调出查验的发票有同等的效力。被调出查验发票的单位和个人不得拒绝接受。税务机关需要将空白发票调出查验时,应当开具收据;经查无问题的,应当及时返还。单位和个人从中国境外取得的与纳税有关的发票或者凭证,税务机关在纳税审查时有疑义的,可以要求其提供境外公证机构或者注册会计师的确认证明,经税务机关审核认可后方可作为记账核算的凭证。税务机关在发票检查中需要核对发票存根联与发票联的填写情况时,可以向持有发票或者发票存根联的单位发出发票填写情况核对卡,有关单位应当如实填写,按期报回。

4. 网络发票管理

网络发票是指符合国家税务总局统一标准并通过国家税务总局及省、自治区、直辖市税务局公布的网络发票管理系统开具的发票。国家积极推广使用网络发票管理系统开具发票,并提供便捷的网络发票信息查询渠道。自2013年4月1起:

(1) 税务机关应根据开具发票的单位和个人的经营情况,核定其在线开具网络发票的种类、行业类别、开票限额等内容。开具发票的单位和个人需要变更网络发票核定内容的,可向税务机关提出书面申请,经税务机关确认,予以变更。

(2) 开具发票的单位和个人开具网络发票应登录网络发票管理系统,如实完整填写发票的相关内容及数据,确认保存后打印发票。开具发票的单位和个人在线开具的网络发票,经系统自动保存数据后即完成开票信息的确认、查验。

(3) 单位和个人取得网络发票时,应及时查询验证网络发票信息的真实性、完整性对不符合规定的发票,不得作为财务报销凭证,任何单位和个人有权拒收。

(4) 开具发票的单位和个人需要开具红字发票的,必须收回原网络发票全部联次或取得受票方出具的有效证明,通过网络发票管理系统开具金额为负数的红字网络发票开具发票的单位和个人作废开具的网络发票,应收回原网络发票全部联次,注明"作废",并在网络发票管理系统中进行发票作废处理。开具发票的单位和个人应当在办理变更税务登记或者注销税务登记的同时,办理网络发票管理系统的用户变更、注销手续并缴销空白发票。

(5) 税务机关根据发票管理的需要,可以按照国家税务总局的规定委托其他单位通过网络发票管理系统代开网络发票。税务机关应当与受托代开发票的单位签订协议,明确代开网络发票的种类、对象、内容和相关责任等内容。

(6) 开具发票的单位和个人必须如实在线开具网络发票,不得利用网络发票进行转借、转让、虚开发票及其他违法活动。当网络出现故障,无法在线开具发票时,可离线开具发票。开具发票后,不得改动开票信息,并于4小时内上传开票信息。

(7) 省级以上税务机关在确保网络发票电子信息正确生成、可靠存储、查询验证安全唯一等条件的情况下,可以试行电子发票。

(三) 税控管理

税控管理是税收征收管理的一个重要组成部分,也是近期提出来的一个崭新的概念它是税务机关利用税控装置对纳税人的生产经营情况进行监督和管理,以保障国家税收收入,防止税款流失,提高税收征管工作效率,降低征收成本的各项活动的总称。

《税收征收管理法》第二十三条规定,国家根据税收征收管理的需要,积极推广使用税控装置。纳税人应当按照规定安装、使用税控装置,不得损毁或者擅自改变税控装置。同时《税收征收管理法》第六十条中规定,未按照规定安装、使用税控装置,损毁或者拟自改动税控装置的,由税务机关责令限期改正,可以处以2 000元以下的罚款;情节严重的,处2 000元以上1万元以下的罚款。这不仅使推广使用税控装置有法可依,而且可以打击在推广使用税控装置中的各种违法犯罪活动。

三、纳税申报管理制度

纳税申报是纳税人按照税法规定的期限和内容向税务机关提交有关纳税事项书面报告的法律行为,既是纳税人履行纳税义务、税务机关界定纳税人法律责任的主要依据也是税务机关税收管理信息的主要来源和税务管理的重要制度。

(一)纳税申报的对象

根据《税收征收管理达》第二十五条的规定,纳税申报的对象为纳税人和扣缴义务人。纳税人在纳税期内没有应纳税款的,也应当按照规定办理纳税申报。纳税人享受减税、免税待遇的,在减税、免税期间应当按照规定办理纳税申报。

(二)纳税申报的内容

纳税申报的内容,主要在各税种的纳税申报表和代扣代缴、代收代缴税款报告表中体现,还可以在随纳税申报表附报的财务报表和有关纳税资料中体现。纳税人和扣缴义务人的纳税申报和代扣代缴、代收代缴税款报告的主要内容包括:税种、税目、应纳税项目或者应代扣代缴、代收代缴税款项目,计税依据,扣除项目及标准,适用税率或者单位税额,应退税项目及税额、应减免税项目及税额,应纳税额或者应代扣代缴、代收代缴税额,以及税款所属期限、延期缴纳税款、欠税、滞纳金等。

(三)纳税申报的期限

《税收征收管理法》规定纳税人和扣缴义务人都必须按照法定的期限办理纳税申报期限有两种:一种是法律、行政法规明确规定的;另一种是税务机关按照法律、行政法规的原则规定,结合纳税人生产经营的实际情况及其所应缴纳的税种等相关问题予以确定的。两种期限具有同等的法律效力。

(四)纳税申报的要求

纳税人办理纳税申报时,应当如实填写纳税申报表,并根据不同的情况相应报送下列有关证件、资料:

(1)财务会计报表及其说明材料。

(2)与纳税有关的合同、协议书及凭证。

(3)税控装置的电子报税资料。

(4)外出经营活动税收管理证明和异地完税凭证。

(5)境内或者境外公证机构出具的有关证明文件。

(6)税务机关规定应当报送的其他有关证件、资料。

(7)扣缴义务人办理代扣代缴、代收代缴税款报告时,应当如实填写代扣代缴、代收代缴税款报告表,并报送代扣代缴、代收代缴税款的合法凭证以及税务机关规定的其他有关证件、资料。

(五)纳税申报的方式

《税收征收管理法》第二十六条规定,纳税人、扣缴义务人可以直接到税务机关办理纳税申报,或者报送代扣代缴、代收代缴税款报告表,也可以按照规定采取邮寄、数据电文或者其他方式办理上述申报、报递事项。目前,纳税申报的形式主要有以下三种:

(1) 直接申报是指纳税人自行到税务机关办理纳税申报。这是一种传统申报方式。

(2) 邮寄申报是指经税务机关批准的纳税人使用统一规定的纳税申报特快专递专用信封,通过邮政部门办理交寄手续,并向邮政部门索取收据作为申报凭据的方式。

纳税人采取邮寄方式办理纳税申报的,应当使用统一的纳税申报专用信封,并以邮政部门收据作为申报凭据。邮寄申报以寄出的邮戳日期为实际申报日期。

(3) 数据电文是指经税务机关确定的电话语音、电子数据交换和网络传输等电子方式。例如,目前纳税人的网上申报,就是数据电文申报方式的一种形式。

纳税人采取电子方式办理纳税申报的,应当按照税务机关规定的期限和要求保存有关资料;并定期书面报送主管税务机关。纳税人、扣缴义务人采取数据电文方式办理纳税申报的,其申报日期以税务机关计算机网络系统收到该数据电文的时间为准。

除了上述方式,实行定期定额缴纳税款的纳税人,可以实行简易申报、简并征期等申报纳税方式。简易申报是指实行定期定额缴纳税款的纳税人在法律、行政法规规定的期限内或税务机关依据法律、行政法规的规定确定的期限内缴纳税款的,税务机关可以视同申报;简并征期是指实行定期定额缴纳税款的纳税人,经税务机关批准,可以采取将纳税期限合并为按季、半年、年的方式缴纳税款。

(六) 延期申报管理

延期申报是指纳税人、扣缴义务人不能按照税法规定的期限办理纳税申报或扣缴税款报告。根据《税收征收管理法》第二十七条和《税收征收管理法实施细则》第三十七条及有关法规的规定,纳税人因有特殊情况,不能按期进行纳税申报的,经县以上税务机关核准,可以延期申报。但应当在规定的期限内向税务机关提出书面延期申请,经税务机关核准、在核准的期限内办理。如纳税人、扣缴义务人因不可抗力,不能按期办理纳税申报或者报送代扣代缴、代收代缴税款报告表的,可以延期办理,但应当在不可抗力情形消除后立即向税务机关报告。经核准延期办理纳税申报的,应当在纳税期内按照上期实际缴纳的税额或者税务机关核定的税额预缴税款,并在核准的延期内办理纳税结算。

任务三　税款征收与税务检查

税款征收是税收征收管理工作中的中心环节,是全部税收征管工作的目的和归宿,在整个税收工作中占据着极其重要的地位。

一、税款征收的原则

(一) 税务机关是征税的唯一行政主体

《税收征收管理法》第二十九条规定,除税务机关、税务人员以及经税务机关依照法律、行政法规委托的单位和个人外,任何单位和个人不得进行税款征收活动。《税收征收管理法》第四十一条同时规定,采取税收保全措施、强制执行措施的权力,不得由法定的税务机关以外的单位和个人行使。

（二）税务机关只能依照法律、行政法规的规定征收税款

《税收征收管理法》第二十八条规定，税务机关只能依照法律、行政法规的规定征收税款。未经法定机关和法定程序调整，征纳双方均不得随意变动。税务机关代表国家向纳税人征收税款。不能任意征收，只能依法征收。

（三）税务机关不得违反法律、行政法规的规定开征、停征、多征、少征、提前征收或者延缓征收税款或者摊派税款

《税收征收管理法》第二十八条规定，税务机关依照法律、行政法规的规定征收税款，不得违反法律、行政法规的规定开征、停征、多征、少征、提前征收、延缓征收或者摊派税款。税务机关是执行税法的专职机构，既不得在税法生效之前先行向纳税人征收税款，也不得在税法尚未失效时停止征收税款，更不得擅立章法，新开征种税。

在税款征收过程中，税务机关应当按照税收法律、行政法规预先规定的征收标准进行征税。不得擅自增减改变税目、调高或降低税率、加征或减免税款、提前征收或延缓征收税款以及摊派税款。

（四）税务机关征收税款必须遵守法定权限和法定程序

税务机关执法必须遵守法定权限和法定程序，这也是税款征收的一项基本原则。例如，采取税收保全措施或强制执行措施时，办理减税、免税、退税时，核定应纳税额时，进行纳税调整时，针对纳税人的欠税进行清理、采取各种措施时，税务机关都必须按照法律或者行政法规规定的审批权限和程序进行操作，否则就是违法。

（五）税务机关征收税款或扣押、查封商品、货物或其他财产时，必须向纳税人开具完税凭证或开付扣押、查封的收据或清单

《税收征收管理法》第三十四条规定，税务机关征收税款时，必须给纳税人开具完税凭证。《税收征收管理法》第四十七条规定，税务机关扣押商品、货物或者其他财产时，必须开付收据；查封商品、货物或者其他财产时，必须开付清单。这是税款征收的又一基本原则。

（六）税款、滞纳金、罚款统一由税务机关上缴国库

《税收征收管理法》第五十三条规定，税务机关应当按照国家规定的税收征管范围和税款入库预算级次，将征收的税款缴入国库。这也是税款征收的一个基本原则。

（七）税款优先

《税收征收管理法》第四十五条规定，第一次在税收法律上确定了税款优先的地位，确定了税款征收在纳税人支付各种款项和偿还债务时的顺序。税款优先的原则不仅增强了税法的刚性，而且增强了税法在执行中的可操作性。

（1）税收优先于无担保债权。这里所说的税收优先于无担保债权是有条件的，也就是说，税收并不是优先于所有的无担保优权，对于法律上另有规定的无担保费权，不能行使税收优先权。

（2）纳税人发生欠税在前的，税收优先于抵押权、质权和留置权的执行。这里有两个前提条件：其一，纳税人有欠税；其二，欠税发生在前，即纳税人的欠税发生在以其财产设定抵押、质押或被留置之前。纳税人在有欠税的情况下设置抵押权、质权、留置权时，纳税人应当向抵押权人、质权人说明其欠税情况。

欠缴的税款是指纳税人发生纳税义务,但未按照法律、行政法规规定的期限或者未按照税务机关依照法律、行政法规的规定中确定的期限向税务机关申报缴纳的税款或者少缴的税款。纳税人应缴纳税款的期限届满之次日是纳税人欠缴税款的发生时间。

(3) 税收优先于罚款、没收非法所得。纳税人欠缴税款,同时又被税务机关决定处以罚款、没收非法所得的,税收优先于罚款、没收非法所得;纳税人欠缴税款,同时又被税务机关以外的其他行政部门处以罚款、没收非法所得的,税款优先于罚款、没收非法所得。

二、税款征收的方式

税款征收方式是指税务机关根据各税种的不同特点、征纳双方的具体条件而确定的计算征收税款的方法和形式。税款征收的方式主要有以下几种。

(一) 查账征收

查账征收是指税务机关按照纳税人提供的账表所反映的经营情况,依照适用税率计算缴纳税款的方式。这种方式一般适用于财务会计制度较为健全,能够认真履行纳税义务的纳税单位。

(二) 查定征收

查定征收是指税务机关根据纳税人的从业人员、生产设备、采用原材料等因素,对其生产的应税产品查实核定产量、销售额并据以征收税款的方式。这种方式一般适用于账册不够健全,但是能够控制原材料或进销货的纳税单位。

(三) 查验征收

查验征收是指税务机关通过查验数量,对纳税人应税商品按市场一般销售单价计算其销售收入并据以征税的方式。这种方式一般适用于经营品种比较单一、经营地点、时间和商品来源不固定的纳税单位。

(四) 定期定额征收

定期定额征收是指税务机关通过典型调查,逐户确定营业额和所得额并据以征税的方式。这种方式一般适用于无完整考核依据的小型纳税单位。

(五) 委托代征税款

委托代征税款是指税务机关委托代征人以税务机关的名义征收税款,并将税款缴入国库的方式。这种方式一般适用于小额、零散税源的征收。

(六) 邮寄纳税

邮寄纳税是一种新的纳税方式。这种方式主要适用于那些有能力按期纳税,但采用其他方式纳税又不方便的纳税人。

(七) 其他方式

如利用网络申报、用IC卡纳税等方式。

三、税款征收制度

(一) 代扣代缴、代收代缴税款制度

(1) 对法律、行政法规没有规定负有代扣、代收税款义务的单位和个人,税务机关不得

要求其履行代扣、代收税款义务。

(2) 税法规定的扣缴义务人必须依法履行代扣、代收税款义务。如果扣缴义务人不履行义务，就要承担法律责任。除按《税收征收管理法》及其《税收征收管理法实施细则》的规定给予处罚，应当责成扣缴义务人限期将应扣未扣、应收未收的税款补扣或补收。

(3) 扣缴义务人依法履行代扣、代收税款义务时，纳税人不得拒绝。纳税人拒绝的，扣缴义务人应当及时报告税务机关处理。税务机关按照规定付给扣缴义务人代扣、代收手续费。扣缴义务人应扣未扣、应收而不收税款的，由税务机关向纳税人追缴税款，对扣缴义务人处应扣未扣、应收未收税款50%以上3倍以下的罚款。

(4) 扣缴义务人代扣、代收税款，只限于法律、行政法规规定的范围，并依照法律行政法规规定的征收标准执行。对法律、法规没有规定代扣、代收的，扣缴义务人不能超越范围代扣、代收税款，扣缴义务人也不得提高或降低标准代扣、代收税款。

(5) 税务机关按照规定付给扣缴义务人代扣、代收手续费。代扣、代收税款手续费只能由县(市)以上税务机关统一办理退库手续，不得在征收税款过程中坐支。

(二) 延期缴纳税款制度

纳税人和扣缴义务人必须在税法规定的期限内缴纳、解缴税款。但考虑到纳税人在履行纳税义务的过程中，可能会遇到特殊困难的客观情况，为了保护纳税人的合法权益，《税收征收管理法》第三十一条第二款规定，纳税人因有特殊困难，不能按期缴纳税款的。经省、自治区、直辖市税务局批准，可以延期缴纳税款，但最长不得超过3个月。

特殊困难的主要内容包括：一是因不可抗力，导致纳税人发生较大损失，正常生产经营活动受到较大影响的；二是当期货币资金在扣除应付职工工资、社会保险费后，不足以缴纳税款的。当期货币资金是指纳税人申请延期缴纳税款之目的资金余额，其中不含国家法律和行政法规明确规定企业不可动用的资金；应付职工工资是指当期计提数。

纳税人在申请延期缴纳税款时应当注意以下几个问题：

(1) 在规定期限内提出书面申请。纳税人需要延期缴纳税款的，应当在缴纳税款期限届满前提出申请，并报送下列材料：申请延期缴纳税款报告、当期货币资金余额情况及所有银行存款账户的对账单、资产负债表、应付职工工资和社会保险费等税务机关要求提供的支出预算。

税务机关应当自收到申请延期缴纳税款报告之日起20日内作出批准或者不予批准的决定；不予批准的，从缴纳税款期限届满之次日起加收滞纳金。

(2) 税款的延期缴纳，必须经省、自治区、直辖市税务局批准，方为有效。

(3) 延期期限最长不得超过3个月，同一笔税款不得滚动审批。

(4) 批准延期内免予加收滞纳金。

(三) 税收滞纳金征收制度

《税收征收管理法》第三十二条规定，纳税人未按照规定期限缴纳税款的，扣缴义务人未按照规定期限解缴税款的，税务机关除责令限期缴纳外，从滞纳税款之日起按日加收滞纳税款万分之五的滞纳金。

对纳税人、扣缴义务人、纳税担保人应缴纳的欠税及滞纳金不再要求同时缴纳，可以先行缴纳欠税,再依法缴纳滞纳金。欠税是指依照《欠税公告办法(试行)》(国家税务总局令第9号公布,第44号修改)第三条、第十三条规定认定的,纳税人扣缴义务人、纳税担保人超过税收法律、行政法规规定的期限或者超过税务机关依照税收法律、行政法规规定确定的纳税期限未缴纳的税款。

加收滞纳金的具体操作应按下列程序进行:

(1) 先由税务机关发出催缴税款通知书,责令限期缴纳或解缴税款,告知纳税人如不按期履行纳税义务,将依法按日加收滞纳税款万分之五的滞纳金。

(2) 从滞纳之日起加收滞纳金(加收滞纳金的起止时间为法律、行政法规规定或者税务机关依照法律、行政法规的规定确定的税款缴纳期限届满次日起至纳税人、扣缴义务人实际缴纳或者解缴税款之日止)。

(3) 拒绝缴纳滞纳金的,可以按不履行纳税义务实行强制执行措施,强行划拨或者强制征收。

【案例11-2】

华庆公司为增值税一般纳税人,于2022年8月初填开了50万元的增值税税款缴纳凭证,税务机关核定的纳税期限截至2022年8月15日,但该公司于2022年8月30日才缴纳该笔税款。请分析这种情况下税务机关应如何进行处理?

【案例分析】

根据《税收征管法实施细则》的规定,纳税人未按规定期限缴纳税款的,税务机关除责令限期缴纳外,从滞纳税款之日起,按日加收滞纳税款0.5‰的滞纳金。因此,税务机关可以对该公司加收3 750元(500 000元×0.5‰×15天)的滞纳金。

(四) 减免税收制度

根据《税收征收管理法》第三十三条及《税收征收管理法实施细则》第四十三条的有关规定,纳税人办理减税、免税应注意下列事项:

(1) 纳税人应依照法律、行政法规的规定办理减税、免税。

(2) 地方各级人民政府、各级人民政府主管部门、单位和个人违反法律、行政法规规定,擅自作出的减税、免税决定无效,税务机关不得执行,并向上级税务机关报告。

(3) 享受减税、免税优惠的纳税人,减税、免税期满,应当自期满次日起恢复纳税;减税、免税条件发生变化的,应当在纳税申报时向税务机关报告;不再符合减税、免税条件的,应当依法履行纳税义务;未依法纳税的,税务机关应当予以追缴。

(五) 税额核定和税收调整制度

1. 税额核定制度

1) 根据《税收征收管理法》第三十五条的规定,纳税人(包括单位纳税人和个人纳税人)有下列情形之一的,税务机关有权核定其应纳税额:

(1) 依照法律、行政法规的规定可以不设置账簿的。

(2) 依照法律、行政法规的规定应当设置但未设置账簿的。

(3) 擅自销毁账簿或者拒不提供纳税资料的。

（4）虽设置账簿，但账目混乱或者成本资料、收入凭证、费用凭证残缺不全，难以查账的。

（5）发生纳税义务，未按照规定的期限办理纳税申报，经税务机关责令限期申报，逾期仍不申报的。

（6）纳税人申报的计税依据明显偏低，又无正当理由的。

2) 目前税务机关核定税额的方法主要有以下四种：

（1）参照当地同类行业或者类似行业中，经营规模和收入水平相近的纳税人的税负水平核定。

（2）按照营业收入或成本加合理的费用和利润的方法核定。

（3）按照耗用的原材料、燃料、动力等推算或者测算核定。

（4）按照其他合理的方法核定。

采用以上一种方法不足以正确核定应纳税额时，可以同时采用两种以上的方法核定。

纳税人对税务机关采取热定的方法核定的应纳税额有异议的，应当提供相关证据经税务机关认定后，调整应纳税额。

2. 税收调整制度

税收调整制度主要是指关联企业的税收调整制度。《税收征收管理法》第三十六条规定，企业或者外国企业在中国境内设立的从事生产、经营的机构、场所与其关联企业之间的业务往来，应当按照独立企业之间的业务往来收取或者支付价款、费用；不按照独立企业之间的业务往来收取或者支付价款、费用，而减少其应纳税的收入或者所得额的，税务机关有权进行合理调整。

1) 关联企业是指有下列关系之一的公司、企业和其他经济组织：

（1）在资金、经营、购销等方面，存在直接或者间接的拥有或者控制关系。

（2）直接或者间接地同为第三者所拥有或者控制。

（3）在利益上具有相关联的其他关系。

2) 纳税人与其关联企业之间的业务往来有下列情形之一的，税务机关可以调整其应纳税额：

（1）购销业务未按照独立企业之间的业务往来作价。

（2）融通资金所支付或者收取的利息超过或者低于没有关联关系的企业之间所能同意的数额，或者利率超过或者低于同类业务的正常利率。

（3）提供劳务，未按照独立企业之间的业务往来收取或者支付劳务费用。

（4）转让财产、提供财产使用权等业务往来，未按照独立企业之间的业务往来作价或者收取、支付费用。

（5）未按照独立企业之间业务往来作价的其他情形。

（六）税收保全措施

税收保全措施是指税务机关对可能由于纳税人的行为或者某种客观原因，致使以后税款的征收不能保证或难以保证的案件，采取限制纳税人处理或转移商品、货物或其他财产的措施。

根据《税收征收管理法》第三十八条规定，税务机关有根据认为从事生产、经营的纳税人有逃避纳税义务行为的，可以在规定的纳税期之前责令限期缴纳税款；在限期内发现纳税人有明显的转移、隐匿其应纳税的商品、货物以及其他财产迹象的，税务机关应责令其提供纳税担保。如果纳税人不能提供纳税担保，经县以上税务局（分局）局长批准，税务机关可以采取下列税收保全措施：

（1）书面通知纳税人开户银行或者其他金融机构冻结纳税人的金额相当于应纳税款的存款。

（2）扣押、查封纳税人的价值相当于应纳税款的商品货物或者其他财产。

纳税人在上款规定的限期内缴纳税款的，税务机关必须立即解除税收保全措施；限期期满仍未缴纳税款的，经县以上税务局（分局）局长批准，税务机关可以书面通知纳税人开户银行或者其他余融机构，从其冻结的存款中扣缴税款，或者依法拍卖或者变卖所扣押、查封的商品、货物或者其他财产，以拍卖或者变卖所得抵缴税款。

采取税收保全措施不当，或者纳税人在期限内已缴纳税款.税务机关未立即解除税收保全措施。使纳税人的合法利益遭受损失的，税务机关应当承担赔偿责任。个人及其所扶养家属维持生活必需的住房和用品，不在税收保全措施的范围之内。

（七）税收强制执行措施

税收强制执行措施是指当事人不履行法律、行政法规规定的义务，有关国家机关采用法定的强制手段，强迫当事人履行义务的行为。根据《税收征收管理法》第四十条的规定，从事生产、经营的纳税人、扣缴义务人未按照规定的期限缴纳或者解缴税款，纳税担保人未按照规定的期限缴纳所担保的税款，由税务机关责令限期缴纳，逾期仍未缴纳的，经县以上税务局（分局）局长批准，税务机关可以采取下列强制执行措施：

（1）书面通知其开户银行或者其他金融机构从其存款中扣缴税款。

（2）扣押、查封、依法拍卖或者变卖其价值相当于应纳税款的商品、货物或者其他财产，以拍卖或者变卖所得抵缴税款。

税务机关采取强制执行措施时，对上述规定中所列纳税人、扣缴义务人、纳税担保人未缴纳的滞纳金同时强制执行。个人及其所扶养家属维持生活必需的住房和用品，不在强制执行措施的范围之内。

（八）税款的退还和追征制度

1. 税款的退还

《税收征收管理法》第五十一条规定，纳税人超过应纳税额缴纳的税款，税务机关发现后应当立即退还；纳税人自结算缴纳税款之日起3年内发现的，可以向税务机关要求退还多缴的税款并加算银行同期存款利息，税务机关及时查实后应当立即退还；涉及从国库中退库的，依照法律、行政法规中有关国库管理的规定退还。

根据上述规定，税务机关在办理税款退还时应注意以下几个问题：

1）税款退还的前提是纳税人已经缴纳了超过应纳税额的税款。

2）税款退还的范围包括以下几点：

（1）工技术差错和结算性质的退税。

（2）为加强对收入的管理，规定纳税人先按应纳税额如数缴纳入库，经核实后再从中退还应退的部分。

3）退还的方式包括以下几点：

（1）税务机关发现后立即退还。

（2）纳税人发现后申请退还。

4）退还的时限包括以下几点：

（1）纳税人发现的，可以自结算缴纳税款之日起3年内要求退还。

（2）税务机关发现的多缴税款，《税收征收管理法》没有规定期限的，推定为无限期。即税务机关发现的多缴税款，无论多长时间、都应当退还给纳税人。

（3）对纳税人超过应纳税额缴纳的税款，无论是税务机关发现的，还是纳税人发现后提出退还申请的，税务机关经核实后都应当立即办理退还手续，不应当拖延。《税收征收管理法实施细则》第七十八条规定，税务机关发现纳税人多缴税款的，应当自发现之日起10日内办理退还手续；纳税人发现多缴税款，要求退还的，税务机关应当自接到纳税人退还申请之日起30日内查实并办理退还手续。

2. 税款的追征

《税收征收管理法》第五十二条规定，因税务机关责任，致使纳税人、扣缴义务人未缴或者少缴税款的，税务机关在3年内可要求纳税人、扣缴义务人补缴税款，但是不得加收滞纳金。因纳税人、扣缴义务人计算失误，未缴或者少缴税款的，税务机关在3年内可以追征税款、滞纳金；有特殊情况的，追征期可以延长到5年。所称特殊情况，是指纳税人或者扣缴义务人因计算错误等失误，未缴或者少缴、未扣或者少扣、未收或者少收税款，累计数额在10万元以上的。对逃避缴纳税款、抗税、骗税的，税务机关追征其未缴或者少缴的税款、滞纳金或者所骗取的税款，不受前款规定期限的限制。

根据上述规定，税务机关在追征税款时应注意以下几个方面：

（1）对于纳税人、扣缴义务人和其他当事人逃避缴纳税款、抗税和骗取税款的，应无限期追征。

（2）纳税人、扣缴义务人未缴或者少缴税款的，其补缴和追征税款的期限，应自纳税人、扣缴义务人应缴未缴或少缴税款之日起计算。

（3）应注意明确划分征纳双方的责任。

【案例11-3】

某市税务分局于2022年5月对以企业查账。他们在查账中发现：2018年1月，该企业销售给本系统产品金额达20万元，未作销售，把以前所借4万元的款全部抵掉，未计算缴纳增值税额。税务部门要求企业补税并接受罚款，但该企业现任负责人认为，税务部门所查问题已经过去4年多了，企业原领导也被更换，应免予追究。

【案例分析】

本案例中的纳税人单位领导的观念是错误的。

《税收征收管理法》规定，因纳税人、扣缴义务人计算错误等失误，未缴或者少缴税款的，税务机关在3年内可以追征税款、滞纳金；特殊情况的，追征期可以延长到5年。对偷税、抗税、骗税的，税务机关追究其未缴或者少缴的税款、滞纳金或者所骗取的税款，不受5年期限的限制。

该纳税人不仅要补缴增值税和所得税，还应缴纳滞纳金和罚款。

四、税务检查法律制度

根据《税收征收管理法》及其实施细则的规定，税务机关的检查权利主要包括资料检查权、实地检查权、资料取得权、税情询问权、单证查核权、存款查核权。税务机关对从事生产、经营的纳税人以前纳税期的纳税情况依法进行税务检查时，发现纳税人有逃避纳税义务行为，并有明显的转移、隐匿其应纳税的商品、货物以及其他财产或者应纳税的收入迹象的，可以依法采取税收保全措施或者强制执行措施。

任务四 法律责任

法律责任是指违反法律规定的行为应当承担的法律后果，也是对违法的制裁。这里主要指税收法律责任。税收法律责任是指税收法律关系的主体违反税收法律制度的行为应当承担的法律后果，分为行政责任和刑事责任两种。

一、税务违法行政处罚

行政处罚是指国家行政机关及法定授权组织依法对违反法律规范，尚未构成犯罪的公民、法人和其他组织所给予的行政法律制裁。税务行政处罚是行政处罚的一部分，其法律依据是《行政处罚法》和《税收征收管理法》，其特点与行政处罚一样，主体是税务机关，即必须是具有执法主体资格的各级税务机关，客体是违反法律、法规的管理相对人。涉及税务违法行政处罚的种类主要有以下几种：

(1) 责令限期改正。责令限期改正主要适用于情节轻微或尚未构成实际危害后果的违法行为，是一种较轻的处罚形式，既可以起到教育的作用，又具有一定的处罚作用。

(2) 罚款。罚款是指税务机关强迫违反税法的当事人在一定的期限内向国家缴纳一定数额的金钱的制裁措施。罚款既不影响被处罚人的人身自由及其安全，又能起到对违法行为的惩戒作用，因而这是税务违法行政处罚中运用最多的一种处罚形式。

(3) 没收非法所得、没收非法财产。

(4) 收缴未用发票和暂停供应发票。《税收征收管理办法》规定从事生产、经营的纳税人、扣缴义务人有本法规定的税收违法行为，拒不接受税务机关处理的，税务机关可以收缴其发票或者停止向其发售发票。

(5) 停止出口退税权。停止出口退税权是指税务机关对骗税或者其他税务违法行为的出口企业停止其一定时间的出口退税权的处罚形式。如《税收征收管理办法》第六十六条规定，以假报出口或者其他欺骗手段，骗取国家出口退税款，由税务机关追缴其骗取的退税款，并处骗取税款1倍以上5倍以下的罚款；构成犯罪的，依法追究刑事责任。对骗取国家出口退税款的,税务机关可以在规定期间内停止为其办理出口退税。

二、税务违法刑事处罚

根据《税收征收管理办法》和《刑法》的规定,涉及危害税收征管罪的税务违法刑事犯罪及处罚的种类主要有逃避缴纳税款、逃税罪、抗税罪、骗税罪和非法印制发票罪等。

1. 偷税罪及处罚

纳税人伪造、变造、隐匿、擅自销毁账簿、记账凭证,或者在账簿上多列支出或者不列、少列收入,或者经税务机关通知申报而拒不申报或者进行虚假的纳税申报,不缴纳或者少缴应纳税款的,是偷税。对纳税人偷税未构成犯罪的,由税务机关追缴其不缴或者少缴的税款、滞纳金,并处不缴或者少缴的税款50%以上5倍以下的罚款;构成犯罪的,依法追究刑事责任。其具体包括:偷税数额在1万以上不满10万元且偷税数额占应纳税额10%以上不满30%的,或者因偷税被税务机关给予两次行政处罚又偷税的,处3年以下有期徒刑或者拘役,并处偷税数额1倍以上5倍以下罚金;偷税数额在10万元以上且偷税数额占应纳税额30%以上的,处3年以上7年以下有期徒刑,并处偷税数额1倍以上5倍以下罚金。

2. 逃税罪及处罚

纳税人欠缴应纳税款,采取转移或者隐匿财产的手段,妨碍税务机关追缴欠缴的税款,未构成犯罪的,由税务机关追缴欠缴的税款、滞纳金,并处欠缴税款50%以上5倍以下的罚款;构成犯罪的,依法追究刑事责任。其具体包括:欠缴的税款数额在1万元以上不满10万元的,处3年以下有期徒刑或者拘役,并处欠缴税款1倍以上5倍以下罚金;欠缴的税款数额在10万元以上的,处3年以上7年以下有期徒刑,并处欠缴税款1倍以上5倍以下罚金。

3. 抗税罪及处罚

纳税人以暴力、威胁方法拒不缴纳税款的,是抗税。情节轻微,未构成犯罪的,由税务机关追缴其拒缴的税款、滞纳金,并处拒缴税款1倍以上5倍以下的罚款。构成犯罪的,除由税务机关追缴其拒缴的税款、滞纳金外,处3年以下有期徒刑或者拘役,并处拒缴税款1倍以上5倍以下罚金;情节严重的,处3年以上7年以下有期徒刑,并处拒缴税款1倍以上5倍以下罚金。

4. 骗税罪及处罚

以假报出口或者其他欺骗手段,骗取国家出口退税款,由税务机关追缴其骗取的退税款,并处骗取税款1倍以上5倍以下的罚款;构成犯罪的,依法追究刑事责任。其具体包括:数额较大的,处5年以下有期徒刑或者拘役,并处骗取税款1倍以上5倍以下罚金;数额巨大或者有其他严重情节的,处5年以上10年以下有期徒刑,并处骗取税款1倍以上5倍以下罚金;数额特别巨大或者有其他特别严重情节的,处10年以上有期徒刑或者无期徒刑,并处骗取税款1倍以上5倍以下罚金或者没收财产。

5. 非法印制发票罪及处罚

非法印制发票,未构成犯罪的,由税务机关销毁非法印制的发票,没收违法所得和作案工具,并处1万元以上5万元以下的罚款;构成犯罪的,处两年以下有期徒刑、拘役或者管制,并处或者单处1万元以上5万元以下罚金;情节严重的,处两年以上7年以下有期徒刑,

并处 5 万元以上 50 万元以下罚金。单位犯此罪的,对单位判处罚金,并对其直接负责人的主管人员或者其他直接责任人员,依照个人犯该罪的规定处罚。

任务五 税务行政复议与诉讼

一、税收行政复议的概念

税务行政复议是指当事人(纳税人、扣缴义务人、纳税担保人及其他税务当事人)不服税务机关及其工作人员做出的税务具体行政行为,依法向上一级税务机关(复议机关)提出申请,复议机关经审理对原税务机关具体行政行为依法做出维持、变更、撤销等决定的活动。

当事人提出申请是引起税务行政复议的重要条件之一。当事人不申请,就不可能通过行政复议这种形式获得救济。税务行政复议案件的审理一般由原处理税务机关的上一级税务机关进行。

根据《税收征收管理法》第八十八条的规定,对于因征税问题引起的争议,税务行政复议是税务行政诉论的必经前置程序,未经复议不能向法院起诉,经复议仍不服的,才能起诉;对于因处罚、保全措施及强制执行引起的争议,当事人可以选择适用复议或诉讼程序,如选择复议程序,对复议决定仍不服的,可以向法院起诉。

二、税务行政复议的受案范围

行政复议机关受理申请人可以对税务机关下列具体行政行为不服提出行政复议申请:

(1) 征税行为。征税行为包括确认纳税主体、征税对象、征税范围、减税、免税、退税、抵扣税款、适用税率、计税依据、纳税环节、纳税期限、纳税地点和税款征收方式等具体行政行为,征收税款、加收滞纳金、扣缴义务人、受税务机关委托的单位和个人作出的代扣代缴、代收代缴、代征行为等。

(2) 行政许可、行政审批行为。

(3) 发票管理行为,包括发售、收缴、代开发票等。

(4) 税收保全措施、强制执行措施。

(5) 包括罚款、没收财物和违法所得、停止出口退税权的行政处罚行为。

(6) 不依法履行下列职责的行为:①颁发税务登记;②开具、出具完税凭证,外出经营活动税收管理证明;③行政赔偿;④行政奖励;⑤其他不依法履行职责的行为。

(7) 资格认定行为。

(8) 不依法确认纳税担保行为。

(9) 政府信息公开工作中的具体行政行为。

(10) 纳税信用等级评定行为。

(11) 通知出入境管理机关阻止出境行为。

(12) 其他具体行政行为。

申请人对具体行政行为提出行政复议申请时不知道该具体行政行为所依据的规定的,

可以在行政复议机关作出行政复议决定以前提出对该规定的审查申请。

三、税务行政复议的管辖

根据《行政复议法》和《复议规则》的规定,我国一般实行"上一级行政主管机关进行复议"的原则。具体内容如下:

(1) 对各级国家税务局的具体行政行为不服的,向其上一级国家税务局申请行政复议。

(2) 对各级地方税务局的具体行政行为不服的,可以选择向其上一级地方税务局或者该税务局的本级人民政府申请行政复议。

省、自治区、直辖市人民代表大会及其常务委员会、人民政府对地方税务局的行政复议管辖另有规定的,从其规定。

(3) 对国家税务总局的具体行政行为不服的,向国家税务总局申请行政复议。

对行政复议决定不服的,申请人可以向人民法院提起行政诉讼,也可以向国务院申请裁决。国务院的裁决为最终裁决。

(4) 对下列税务机关的具体行政行为不服的,按照下列规定申请行政复议:①对计划单列市税务局的具体行政行为不服的,向省税务局申请行政复议。②对税务所(分局)、各级税务局的稽查局的具体行政行为不服的,向其所属税务局申请行政复议。③对两个以上税务机关共同作出的具体行政行为不服的,向共同上一级税务机关申请行政复议;对税务机关与其他行政机关共同作出的具体行政行为不服的,向其共同上一级行政机关申请行政复议。④对被撤销的税务机关在撤销以前所作出的具体行政行为不服的,向继续行使其职权的税务机关的上一级税务机关申请行政复议。⑤对税务机关作出逾期不缴纳罚款加处罚款的决定不服的,向作出行政处罚决定的税务机关申请行政复议。但是对已处罚款和加处罚款都不服的,一并向作出行政处罚决定的税务机关的上一级税务机关申请行政复议。

有前款第②③④⑤项所列情形之一的,申请人也可以向具体行政行为发生地的县级地方人民政府提交行政复议申请,由接受申请的县级地方人民政府依法转送。

四、税务行政复议的程序

(一) 税务行政复议的申请

申请人对税务机关的征税行为不服的,应当先向行政复议机关申请行政复议。对行政复议决定不服的,可以向人民法院提起行政诉讼。值得注意的是,申请人按照前款规定申请行政复议的,必须依照税务机关根据法律、法规确定的税额、期限,先行缴纳或者解缴税款和滞纳金,或者提供相应的担保,才可以在缴清税款和滞纳金以后或者所提供的担保得到做出具体行政行为的税务机关确认之日起60日内提出行政复议申请。

申请人向行政复议机关申请行政复议,行政复议机关已经受理的,在法定行政复议期限内申请人不得向人民法院提起行政诉讼;申请人向人民法院提起行政诉讼,人民法院已经依法受理的,不得申请行政复议。

(二) 税务行政复议的受理

行政复议机关收到行政复议申请以后,应当在5日内审查,决定是否受理。对符合规定

的行政复议申请,自行政复议机构收到之日起即为受理;受理行政复议申请,应当书面告知申请人。对不符合规定的行政复议申请,决定不予受理,并书面告知申请人。对不属于本机关受理的行政复议申请,应当告知申请人向有关行政复议机关提出。行政复议机关收到行政复议申请以后未按照前款规定期限审查并做出不予受理决定的,视为受理。

对先向行政复议机关申请行政复议,对行政复议决定不服再向人民法院提起行政诉讼的具体行政行为,行政复议机关决定不予受理或者受理以后超过行政复议期限不作答复的,申请人可以自收到不予受理决定书之日起或者行政复议期满之日起15日内,依法向人民法院提起行政诉讼。

行政复议期间具体行政行为不停止执行,但是有下列情形之一的,可以停止执行:①被申请人认为需要停止执行的;②行政复议机关认为需要停止执行的;③申请人申请停止执行,行政复议机关认为其要求合理,决定停止执行的;④法律规定停止执行的。

(三)税务行政复议审查和决定

行政复议原则上采用书面审查的办法,但是申请人提出要求或者行政复议机构认为有必要时,应当听取申请人、被申请人和第三人的意见,并可以向有关组织和人员调查了解情况。

申请人在行政复议决定做出以前撤回行政复议申请的,经行政复议机构同意,可以撤回。申请人撤回行政复议申请的,不得再以同一事实和理由提出行政复议申请。但是,申请人能够证明撤回行政复议申请违背其真实意思表示的除外。

申请人在申请行政复议时可以一并提出行政赔偿请求,行政复议机关对符合国家赔偿法的规定应当赔偿的,在决定撤销、变更具体行政行为或者确认具体行政行为违法时,应当同时决定被申请人依法赔偿。申请人在申请行政复议时没有提出行政赔偿请求的,行政复议机关在依法决定撤销、变更原具体行政行为确定的税款、滞纳金、罚款和对财产的扣押、查封等强制措施时,应当同时责令被申请人退还税款、滞纳金和罚款,解除对财产的扣押、查封等强制措施,或者赔偿相应的价款。

五、税务行政诉讼的概念

税务行政诉讼是指公民、法人和其他组织认为税务机关及其工作人员的具体税务行政行为违法或者不当,侵犯了其合法权益,依法向人民法院提起行政诉论,由人民法院对具体税务行政行为的合法性和适当性进行审理并做出裁决的司法活动,其目的是保证人民法院正确、及时审理税务行政案件,保护纳税人、扣缴义务人等当事人的合法权益,维护和监督税务机关依法行使行政职权。税务行政诉讼作为行政诉讼的一个重要组成部分,也必须遵循《行政诉讼法》所确立的基本原则和普遍程序,并具有本部门的特点。

六、税务行政诉讼的原则

除共有原则(如人民法院独立行使审判权,实行合议、回避、公开、辩论、两审、终审等),税务行政诉讼还必须遵循以下几个特有原则:

(1)人民法院特定主管原则。根据《行政诉论法》第十一条的规定,人民法院只能受理因具体行政行为引起的税务行政争议案。

(2) 不适用调解原则。税收行政管理权是国家权力的重要组成部分,税务机关无权依自己意愿进行处置,因此,人民法院也不能对税务行政诉讼法律关系的双方当事人进行调解。

(3) 起诉不停止执行原则。当事人不能以起诉为理由而停止执行税务机关所做出的具体行政行为,如税收保全措施和税收强制执行措施。

(4) 税务机关负举证责任原则。由于税务行政行为是税务机关单方依一定事实和法律做出的,只有税务机关最了解做出该行为的证据。税务机关如果不提供或不能提供证据,就可能败诉。

(5) 由税务机关负责赔偿的原则。依据《中华人民共和国国家赔偿法》的有关规定,税务机关及其工作人员因执行职务不当,给当事人造成人身及财产损害,应负担赔偿责任。

七、税务行政诉讼的管辖

税务行政诉讼管辖是指人民法院受理第一审税务案件的职权分工。具体来讲,税务行政诉讼的管辖分为级别管辖、地域管辖和裁定管辖。

1. 级别管辖

级别管辖是上下级人民法院之间受理第一审税务行政案件的分工和权限。根据《行政诉讼法》的规定,基层人民法院管辖一般的税务行政诉讼案件;中、高级人民法院管辖本辖区内重大、复杂的税务行政诉讼案件;最高人民法院管辖全国范围内重大、复杂的税务行政诉讼案件。

2. 地域管辖

涉税案件的地域管辖,分一般地域管辖和特殊地域管辖两种。

一般地域管辖是指按照最初作出具体行政行为的机关所在地来确定管辖法院。凡是未经复议直接向人民法院提起诉讼的,或者经过复议,复议裁决维持原具体行政行为,当事人不服向人民法院提起诉讼的,根据《行政诉讼法》第十七条的规定,均由最初作出具体行政行为的税务机关所在地人民法院管辖。

特殊地域管辖是指根据特殊行政法律关系或特殊行政法律关系所指的对象来确定管辖法院。税务行政案件的特殊地域管辖主要是指经过复议的案件,复议机关改变原具体行政行为的,由原告选择最初作出具体行政行为的税务机关所在地的人民法院或者复议机关所在地人民法院管辖。原告可以向任何一个有管辖权的人民法院起诉,最先收到起诉状的人民法院为第一审法院。

3. 裁定管辖

裁定管辖是指人民法院依法自行裁定的管辖,包括移送管辖、指定管辖及管辖权的转移三种情况。

移送管辖是指人民法院发现受理的案件不属于本院管辖的,应当移送给有管辖权的人民法院审理。受移送的人民法院认为受移送的案件按照规定不属于本院管辖的,应当报请上级人民法院指定管辖,不得再自行移送。

指定管辖是指上级人民法院以裁定的方式,指定某下一级人民法院管辖某一案件。有管辖权的人民法院因特殊原因不能行使对行政诉讼的管辖权的,由其上级人民法院指定管辖;人民法院对管辖权发生争议且协商不成的,由他们共同的上级人民法院指定管辖。

管辖权的转移是指上级人民法院有权审理下级人民法院管辖的第一审税务行政案件,也可以将自己管辖的第一审行政案件移交下级人民法院审判。下级人民法院对其管辖的第一审税务行政案件,认为需要由上级人民法院审判的,可以报请上级人民法院决定。

八、法院在税收诉讼中的审查范围

依据法律法规,法院在税收诉讼中的主要任务是对涉税执法行为的合法性进行审查,包括征税机关的法定职权、作出具体涉税执法行为的事实和法律依据等内容。

事实上,在具体的税收诉讼中,法院行使其审判权的过程,主要是对上述三个方面进行审查的过程。

九、税务行政诉讼的起诉和受理

(一)税务行政诉讼的起诉

税务行政诉讼起诉是指公民、法人或者其他组织认为自己的合法权益受到税务机关行政行为的侵害,而向人民法院提出诉讼请求,要求人民法院行使审判权,依法予以保护的诉讼行为。在税务行政诉讼等行政诉讼中,起诉权是单向性的权利,税务机关不享有起诉权,只有应诉权,即税务机关只能作为被告;与民事诉讼不同,作为被告的税务机关不能反诉。

纳税人、扣缴义务人等税务管理相对人在提起税务行政诉讼时,必须符合下列条件:

(1) 原告是认为具体行政行为侵犯其合法权益的公民、法人或者其他组织。

(2) 有明确的被告。

(3) 有具体的诉讼请求和事实、法律根据。

(4) 属于人民法院的受案范围和受诉人民法院管辖。

此外,提起税务行政诉讼,还必须符合法定的期限和必经的程序。根据《税收征收管理法》第八十八条及其他相关规定,对税务机关的征税行为提起诉讼,必须先经过复议;对复议决定不服的,可以在接到复议决定书之日起15日内向人民法院起诉。对其他具体行政行为不服的,当事人可以在接到通知或者知道之日起15日内直接向人民法院起诉。

税务机关作出具体行政行为时,未告知当事人诉权和起诉期限,致使当事人逾期向人民法院起诉的,其起诉期限从当事人实际知道诉权或者起诉期限时计算,但最长不得超过2年。

(二)税务行政诉讼的受理

根据法律规定,人民法院接到诉状,经过审查,应当在7日内决定是否立案。不符合起诉条件的作出不予立案的裁定。裁定书应当载明不予立案的理由。原告对裁定不服的,可以提起上诉。

十、税务行政诉讼的审理和判决

人民法院审理行政案件实行合议、回避、公开审判和两审终审的审判制度。审理的核心是审查被诉具体行政行为是否合法,即做出该行为的税务机关是否依法享有该税务行政管理权;该行为是否依据一定的事实和法律做出;税务机关做出该行为是否遵照必备的程序等。

人民法院对受理的税务行政案件,经过调查、收集证据、开庭审理之后,分别作出如下判决:维持判决、撤销判决、履行判决、变更判决。对一审人民法院的判决不服,当事人可以上诉。对发生法律效力的判决,当事人必须执行,否则人民法院有权依对方当事人的申请予以强制执行。

【知识拓展】

曹操:责弟治税

建安九年,曹操颁布租调制,明令规定:田租(税)按亩征收,每亩土地每年纳租谷四升;户调按户征收,每户纳绢二匹、绵二斤。同时曹操还规定,各地要严加检查,不许豪强地主漏交田租、户调。租调制的实施,使战乱后的社会经济得到了恢复和发展,并为后来隋唐实行租庸调制奠定了基础。曹操强调依法办事,严格贯彻租调制。他带头守法,"以己率下,每岁发调",向国家缴纳赋税,还大力支持地方官员依法征税,打击违法的豪强,并重用严于执法的官员。曹洪自恃是曹操的堂弟,居功自傲,公然支持他在长社县的宾客拒不缴纳田租、户调,阻止租调制的实行。长社县令杨沛依法办事,断然把那些违法不缴税的宾客"收而治之"。曹洪闻讯后,急忙找曹操惩处杨沛。杨沛毫不畏惧,并依法诛杀了抗税不交的宾客。曹操听说此事后,反而表扬了杨沛,还重用杨沛为京兆尹。

资料来源:小懂. 中国历史税收小故事[EB/OL]. (2021-12-01)[2023-03-16]. https://www.caifuzhishi.cn/46273.html.

课后练习题

一、单选题

1. 根据税收征收管理法律制度的规定,下列各项中,属于税款征收措施的是( )。
   A. 查账征收　　　B. 税务行政复议　　　C. 税收保全　　　D. 自行申报

2. 根据税收征收管理法律制度的规定,税务机关可以采取的税款征收措施不包括( )。
   A. 责令缴纳　　　　　　　　　　　B. 责令提供纳税担保
   C. 取消税收优惠　　　　　　　　　D. 采取税收保全措施

3. 根据税收征收管理法律制度的规定,下列费用中,不属于纳税担保范围的是( )。
   A. 罚款　　　　　　　　　　　　　B. 税款
   C. 实现税款、滞纳金的费用　　　　D. 税收滞纳金

4. 根据税收征收管理法律制度的规定,下列各项中,不属于纳税主体权利的是( )。
   A. 税收立法权　　　　　　　　　　B. 要求保密权
   C. 纳税申报方式选择权　　　　　　D. 知情权

5. 下列各项中,属于税务行政主体的是( )。

A. 税务机关　　　B. 纳税人　　　C. 扣缴义务人　　　D. 其他有关单位

二、多选题

1. 根据税收征收管理法律制度的规定,下列各项中,属于纳税人权利的有(　　)。
   A. 陈述权　　　B. 核定税款权　　　C. 税收监督权　　　D. 税收法律救济权
2. 根据税收征收管理法律制度的规定,下列各项中,属于纳税申报方式的有(　　)。
   A. 邮寄申报　　　B. 数据电文申报　　　C. 自行申报　　　D. 简易申报
3. 根据税收征收管理法律制度的规定,下列情形中,税务机关有权核定纳税人应纳税额的有(　　)。
   A. 纳税人设置的账簿账目混乱难以查账
   B. 纳税人按法律、行政法规规定应当设置但未设置账簿的
   C. 纳税人虽设置账簿,但成本资料、收入凭证、费用凭证残缺不全,难以查账的
   D. 纳税人未按照规定的期限缴纳税款,经税务机关责令限期缴纳,逾期仍不缴纳的
4. 根据税收征收管理法律制度的规定,下列情形中,可以不办理税务登记的有(　　)。
   A. 国家机关
   B. 企业在外地设立的分支机构
   C. 无固定生产经营场所的流动性农村小商贩
   D. 负有个人所得税纳税义务的自然人
5. 下列各项中,属于虚开发票行为的有(　　)。
   A. 为自己开具与实际经营业务情况不符的发票
   B. 为他人开具与实际经营业务情况不符的发票
   C. 让他人为自己开具与实际经营业务情况不符的发票
   D. 介绍他人开具与实际经营业务情况不符的发票

三、判断题

1. 纳税人有骗税行为,由税务机关追缴其骗取的退税款并按照规定处以罚款;构成犯罪的依法追究刑事责任。(　　)
2. 税收法律责任分为行政责任和刑事责任两种。(　　)
3. 纳税人编造虚假计税依据的,由税务机关责令限期改正,并处以罚款。(　　)
4. 海关征收关税,适用《谁说征收管理法》。(　　)
5. 纳税人对税务检查人员未出示税务检查证和税务检查通知书的,有权拒绝检查。(　　)

四、案例分析

王某在大学城经营一家书店,为了扩大经营,思维活跃的他进了一些电子产品,后来发现电子产品的销路很好,电子产品的品种越来越多,经营范围也越来越大。该辖区的税务主管部门在税务检查中发现这一情况后,立即责令王某办理税务变更手续。但王某不以为然,他认为虽然增加了经营项目,但店名没有改变,也未到工商行政管理机关办理变更登记,因此不应该办理税务变更登记。请思考王某的观点是否正确。